客家故园

KEJIAGUYUAN

罗 勇 龚文瑞 著

序言

孟建柱

江西，素有“物华天宝，人杰地灵”之称。千百年来，勤劳、智慧、勇敢的江西人民，创造了光辉灿烂的历史文化，在中华民族文明史上，书写了辉煌的篇章。

江西是最早孕育中国文明的地区之一，早在商周时期，先民们就创造了灿烂的青铜文化。在漫长的历史进程中，一代又一代江西人凭借自然与资源优势所创造的难以计数的经典推动着江西历史的发展与社会的进步。可以说，一部江西的发展史，就是经典诞生的历史。

这片古老的土地，人文荟萃，“文章节义之邦”的盛誉自古传扬。这里文化昌盛、教育发达，尊师重教、勤奋笃学的风尚长盛不衰，历代名人辈出，群星璀璨，如晋代著名诗人陶渊明，唐宋文学八大家江西就有欧阳修、王安石、曾巩三家，其中王安石又被称为中国 11 世纪的改革家。宋代中国著名学者朱熹、陆象山，宋代最大诗派——江西诗派创始人黄庭坚，诗词作家晏殊、晏几道、杨万里，民族英雄文天祥，享有“东方莎士比亚”之称的明代著名戏剧家、文学家汤显祖，17 世纪中国最有成就的科学家宋应星，明末清初大画家八大山人朱耷，清末著名工程师詹天佑等都诞生在这里。这些文学家、政治家、科学家独领风骚，彪炳史册，光耀千秋，为中华民族的文明做出了突出贡献。在现代史上，江西也有许多名人，如无产阶级革命家、人民军队的杰出将领方志敏，杰出的爱国主义战士、著名社会活动家、中国新闻工作者楷模邹韬奋，著名物理学家吴有训等等，他们作为江西人的杰出代表，在各自奋斗的领域中，具有崇高地位和重大影响。

这片红色的土地，被誉为中国革命的“红色摇篮”：人民军队的第一面军旗在这里升起；中国第一个农村革命根据地在这里开辟；中国革命的星星之火在这里点燃；共和国的雏形在这里形成；现代工人运动在这里发起；举世闻名的二万五千里长征从这里出发；具有原创意义的民族精神——伟大的井冈山精神在这里孕育……这些红色经典，记录了江西在中国革命历史上的突出地位和为中国革命的胜利做出的巨大贡献。这些红色经典，像一座座丰碑，矗立在人们的心中，成为中国人民永远的情结。

这片神奇的土地，是一方令人心驰神往的绿色家园。连绵秀丽的山峦，清澈纯净的水域，如诗如画的田园乡村，把这片大地装点得秀美多姿。境内，湖光山色交相辉映，名胜古迹星罗棋布。闻名中外的世界文化景观庐山，钟灵毓秀，俊伟缥缈，云雾四季变幻；雄伟的井冈山，把革命的胜迹与美丽的自然风光巧妙地结合在一起，既是中国革命的摇篮，又是风景宜人的旅游胜地；被誉为中国道教第一山的龙虎山，神奇的传说和旖旎风光，为她披上了一层神秘的面纱；位于赣东北的三清山兼具泰山之雄伟，华山之峻峭，衡山之烟云，黄山之奇松，庐山之飞瀑的特点；鄱阳湖是中国最大的淡水湖，她精妙地构成了中国大地上最佳的生态园，是世界最大的候鸟栖息地，成为天然的世界珍禽乐园。16.69万平方公里的赣鄱大地，满目青翠，处处皆景，是中国旅游资源最富集的观光宝地之一。

这片美丽神奇的土地，又是瓷器的故乡，在英语中，表示瓷器的china，后来成为中国的代称，而中国的瓷都就是江西的景德镇。景德镇具有近2000年的制瓷历史，它集全国名窑之大成，汇各地良工之精华。景瓷以“白如玉、薄如纸、明如镜、声如磬”四大特点成为中华民族一个特殊的文明符号。景德镇博大精深的陶瓷文化和辉煌成就，对世界和人类文明产生了深刻影响。

这难以计数的经典，是古老中国文明的缩影，汇入了中华民族不朽的经典史册，她传承着中华文明，辉映着江西的历史，照亮了江西前行的长路，江西人为之感到骄傲和自豪。

作为当代江西人，我们有责任真实地记录这些经典，客观地反映这些经典，把她介绍给全国人民和世界人民，为世人为后代留下一部系统而又翔实的历史资料。我高兴地看到，现在，《经典江西》丛书完成了这个任务。这套丛书，由中共江西省委宣传部组织编纂，分《红色摇篮》《绿色山水》《千年窑火》《客家故园》《书院春秋》《赣鄱华章》六个分册，系统地介绍了江西灿烂的历史文化，生动地描述了江西的自然风光，讲述了江西历史名人的趣闻轶事，再现了江西的文明瑰宝，集中展示了千百年来江西波澜壮阔、丰富多彩的历史画卷，是一部融知识性、资料性、可读性于一体的通俗读物。我希望，丛书的编纂出版，能引起所有关注江西建设和发展的同志的研究兴趣；使江西人从中受到教益，外界由此增进对江西的了解。

经典是历史的，不朽的。但任何经典，都不能成为妨碍人们继续前进的沉重负担，我们不能为前人创造的经典所束缚而固步自封。因为我们的历史再悠久，文物古迹再精美，文明的源头再长，这都是昨天的故事，不再是今天的资本。先辈们创造的业绩和经典的可贵，在于给后人提供继续前进的力量，在于激发人们研究和解决新问题的智慧。

毛泽东同志说过：人类总是不断发展的，自然界也总是不断发展的，永远不会停止在一个水平上，因此，人类总得不断地总结经验，有所发现，有所发明，有所创造，有所前进。现在，江西的历史还在发展，在新的历史条件下，我们面临的许多新情况、新问题，在前人创造的经典里和既往的历史经验中找不到现成的答案，如何不断适应新形势、新变化、新任务的要求，如何从江西悠久的历史文明中汲取精华，在新的起点上实现新跨越，再创江西今日的辉煌，是每一个江西人都应思考的问题。我相信，广大干部群众，特别是青年，通过阅读这套丛书，一定能从中汲取信心和力量，增长智慧和才干，在建设江西、富民兴赣的伟大实践中创造江西新的经典，续写当代江西更加辉煌的历史新篇章。

目

录

营前古村

卷首语

行走在气势磅礴的赣江源头，我们无法不对这片土地产生深深的眷恋和崇敬——她见证了江西大地的沧桑，她孕育了伟大的客家民系，她向世人展示了宽阔的胸怀和坚强的品格！

遥望蓝天，穿过时间的隧道，我们依稀可以听见秦木客划破原始森林的歌声与号声，也依稀可以看见汉灌婴大军战马踏破青山的雄姿。正是这些古老而激越的歌声与号声，这些伟岸而豪迈的雄姿，让这片有着3000年人类活动史的蛮荒之地，开始了她2200年的文明历程。

遥想西晋末年，五胡乱华，中原大地，烽火连天，刀光剑影，哀鸿遍野。客家先民，为避战乱，携家带口，举族南迁。从此，拉开了千年南徙的悲壮历史画卷。

迁徙，是人类生存选择的需要，也是文化传播、交融与各色文化模式形成的过程。客家，是迁徙中形成的民系。他们来自中原，沿着河流山川的走向流移，希求远离战乱，追寻安定的生活。家园的边界跟在脚下，走到哪，划到哪。他们选择了赣南和赣南之南。于是他们成就了这里，这里也成就了他们。

唐中叶以后，中原扰攘，动乱频繁。先有安史之乱，继有黄巢农民大起义。客家先民，再度南移。他们或出鄱阳湖逆赣江而上，进入江西的赣县、兴国、于都、南康、大余、信丰、安远等县；或出鄱阳湖，逆抚河、盱江，进入赣南的宁都、石城、瑞金、会昌等县；或从浙江方向越仙霞岭，沿武夷山东麓南下，进入闽西地区。他们到达赣南闽西后，有些又通过宁都、石城—宁化，瑞金—长汀，会昌—武平等交通带，发生双向移动，最后定居下来。这是一次客家先民大规模进入赣闽边区的迁徙，这一迁徙过程直至五代之季。

南迁纪念鼎

处女般清纯的江西大地，敞开热情而宽阔的胸怀，拥抱着一批又一批人困马乏的客家先民。在这里，他们找到了新

文庙

的希望；在这里，他们建设了自己的家园；在这里，他们与畲、瑶等少数民族杂居错处，相互融合。于是，两宋时期，一个新的汉族民系——客家在这里孕育成长起来。

从此，深情的客家山歌在山林溪水间飘起！从此，美丽的客家风情图在江西大地呈现！深情的山歌，从和风细雨式的曼妙轻唱，夹杂进采茶调、南北词、东河戏，演绎成了热烈浪漫的多音重唱，唱了个千年不止。美丽的风情图，在山区的宁静与自然中，掺进了围屋、祠堂、门榜，描绘出古代先民的伟大创造和风俗情韵。

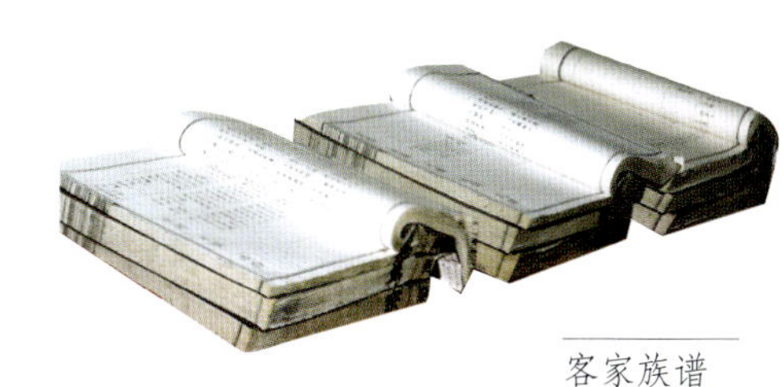
客家族谱

于是，关西、东龙、白鹭……一个个古村落，把客家人浓浓的生活镌刻在多姿多彩的围屋、祠堂、天井上，直至客家人的灵魂深处；门岭古道，闽粤通衢、梅岭雄关……一处处边关隘，将客家人浩大的自强梦延伸至闽粤、东南亚，至天涯海角；玉带桥、永镇桥、永宁桥……一座座风雨桥，深印着故园与海内外的客家人时时迎来送往、客去客来的足迹。

滔滔梅江、桃江、赣江……一条条江河，汇纳了无数客家人别离的泪水、拉纤的汗水；巍巍项山、峰山、南山……一列列山峦，叠印过无数客家人奋斗的足迹，听过他们世代的山歌；赣州、南安、宁都、义宁等众多州府的志书，记录了无数客家俊杰雄才名垂青史的事迹——兴国县的钟氏绍京，书法名家，江南首相；虔州城里的曾幾一门，世代为宦，旷世家族；翠微峰上的易堂九子，清风傲骨，才华横溢；南安镇的戴氏叔侄，状元宰相，荣归一身；唐江镇的卢氏一族，乡试考举，风采无限；义宁州的陈氏“四杰”，道德文章，誉满乾坤……

兴国三僚，有“风水文化第一村”称号，风水盛行，国师辈出，其中廖均卿为明十三陵设计师；赣县白鹭，有“商而优则仕”理念，华屋逶迤，人文荟萃，其中钟崇俨为赣南名戏东河戏祖师爷；龙南杨村，有“围屋故乡”之称，圆围方围，星罗棋布，其中赖福之构筑的燕翼围堪称之最。客家乡村，人杰地灵，天性好客，有“老爷会”、“上丁节”，让你领略客家浓浓亲情的美味小吃；有采茶戏、闹灯彩、九狮拜象、竹篙火龙，让你体验客家缤纷璀璨的民风民俗……

客家故园大地，瑰丽山川引无数英雄竞折腰！尘外亭的清风领略过马祖道一的禅意，三僚村世代讲述着杨筠松的传奇，罗汉岩的古柏蕴涵着周敦颐的理学精神，通天岩的明月记住了苏东坡的音容笑貌，南安府的梅苑走进了汤显祖的《还魂记》，郁孤台的螺石录下了辛弃疾的慷慨高歌，分水岭的古道上印记了杨万里的历史背影，大湖江的夏府铭记了朱熹的“礼义忠孝”，赣江水的滩石最难忘文天祥的《过零丁洋》，通天岩的观心岩回荡着王阳明的讲学声……

琳琅满目的文化精粹在客家故园千古传颂，熠熠闪光。

江西赣州被誉为客家摇篮，是中国客家人聚集地之一，至今保留着纯正的客家语言、完整的客家民俗，是社会各界研究客家文化、探索客家奥秘的理想之地。

美丽的客家故园，为天下客家人珍藏了一幅画卷，一幅描绘客家人生存、发展的千年风情画卷！她以自己民系独有的精神与文化特质，为历史写下了浓墨重彩的华章。本书将引领读者走进客家，走进一个充满浓郁民俗风情的多姿多彩的世界。

关西围

石城县木兰乡陈连村

一

摇篮情深——赣江与客家人

千里赣江，由南而北，贯通江西。她造就了一方水土，养育了一方儿女，塑造了一种别具个性的文化。

江西大地，气候温暖，物产丰饶，自古民风淳厚。西晋末年，唐宋五代，北方扰攘，兵戈不息，客家先民，为避战乱，举家南迁。处女般清纯的赣鄱大地，成了他们理想的家园和迁往他乡的中转站。

由是，自两宋起，一个新的民系——客家民系，在这里孕育成长起来。经历千余年的发展，江西已成为目前海内外最大的客家聚居地。

1. 赣江——客家人的母亲河

赣江，古称赣水。这一名称最早见于《山海经·海内东经》："赣水出聂都山，东北流，入彭泽西也。"《山海经》是中国最古老的一部地理书，大约成书于春秋末年到西汉初年。由此可知，在秦汉以前，"赣水"这一名称可能早已出现。历史时期的地名是常有变化的。西汉时，赣水曾称湖汉水；东汉复称赣水，延至宋代，元时始称赣江。

赣江由源于江西南部崇义县聂都山的章水，和源于赣州东面武夷山余脉石寮崇的贡水，在千年古城赣州的八境台下交汇而成。她，从赣南大地流出，沿途汇纳百溪千涧，交织着红土情

郁孤台下清江水

郁孤台下清江水，
中间多少行人泪。
西北望长安，
可怜无数山。

青山遮不住，
毕竟东流去。
江晚正愁余，
山深闻鹧鸪。

——辛弃疾《菩萨蛮·书江西造口壁》

(左页图)赣江源头

(右页图)大余梅关古驿道

叶选平题词

怀，浩浩荡荡，冲破十八滩，北注鄱阳湖，汇入长江，纵贯江西全省。她是江西的母亲河，也是客家的母亲河。

客家先民南迁第一站

客家民系是历史上由于战乱、饥荒等原因，北方汉民渐次南下进入赣、闽、粤三角区，与当地土著居民古越族的后裔山都木客及畲、瑶等少数民族发生融合后而形成的一个独特而稳定的汉族支系。

客家民系的形成经过了一个漫长的过程。学界一种主导的观点认为，客家民系至迟在南宋时已经形成。在客家民系形成之前，历

山都木客

魏晋南北朝至唐宋时期，在一些历史文献中，常常提到赣南山区有“山都木客”。如，宋乐史《太平寰宇记》引南北朝时雩都（于都）人邓德明《南康记》的记载说，雩都盘古山北五十里有石山，上有玉台，方广数十丈，又有自然石室如屋形。风雨之后，景气明净，颇闻山上鼓吹之声，山都木客为其舞唱之节。学者们经过研究，认为山都木客是古越族的后裔，是一个现已消亡了的古代民族。从其活动的历史看，唐宋时代记载较多，明代只有广西有木客记载，其他地区已不见了，可能是他们已被同化到汉族和其他民族中去了。

安远无为塔

史上渐次南下进入赣、闽、粤三角区的北来汉民，可以称之为“客家先民”。

在赣、闽、粤边客家大本营中，地处赣江源头的赣南因其“南抚百越，北望中州”、“据五岭之要会，扼赣闽粤湘之咽喉”的重要地理位置，成为接纳北来客家先民的第一站。

据有关史籍的记载，从秦代起，就有北方汉民涉足赣南。如秦始皇二十三年(公元前214年)，秦始皇命尉屠睢率50万大军分五路征岭南百越，其中一路就经赣南而进驻今梅岭“守南野之界”。(《淮南子·人间训》)这批戍卒有无留居赣南并传下后裔，已无从稽考。西汉初，赣南已设南野、赣县、雩都三县，三国时又新增揭阳、阳都、平阳、南安四县，共计七县。著名历史地理学家谭其骧认为：“一地方至于创建县治，大致即可以表示该地开发已臻成熟。”当时赣南地已设七县，表明有

赣南最早的客家姓氏

宁都赖氏，据桴源忠诚公墓碑及《松阳赖氏重修族谱》载：西晋“永嘉之乱”，赖功行之子赖忠诚从浙江处州迁高山丛林的肖田桴源，是宁都有文字可查的最早南迁中原汉民。其玄孙光公由桴源官任浙江松阳，遇公为江东太守，赖姓始改松阳郡。硕公字仲方，官任太常少卿，于东晋末又避乱辞官归隐桴源。南朝元嘉初因遭水患，仲方漂流至雪竹坪（今梅江镇）定居。这是宁都县城最早的开基姓氏。

石城郑氏，据石城《井溪村郑氏六修族谱》载：“晋怀帝五年，海内大乱，独江东差安，中国士民避乱者多南迁奔吴，(郑氏)避居豫章西山龙园梅井坪”，至“晋义熙八年壬子(412年)，兄弟迁南康郡揭阳县石鼓逯速(今石城小松镇砾脑)……后移居南桥岭。”这是石城现存最古老的姓氏。

又据赖际熙《崇正同人系谱》卷二《氏族》“钟氏”条载：“东晋末，有钟简者，世居颍州，生三子：长曰善，次曰圣，三曰贤。元熙二年（420年），避寇南迁……贤则徙居江西赣州。”钟氏在赣州居住了一个时期，后移居宁化石壁，成为钟氏入闽始祖。

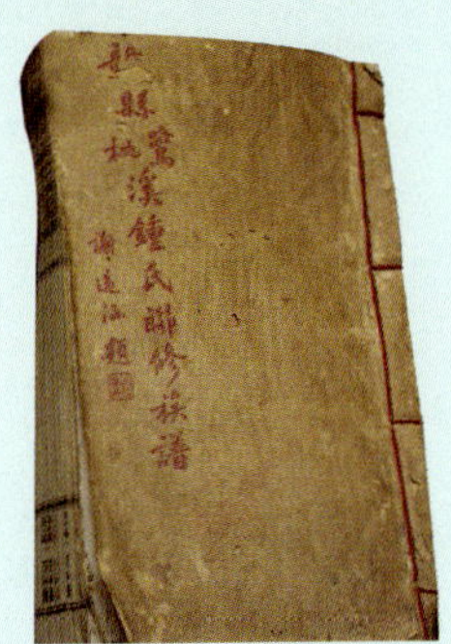

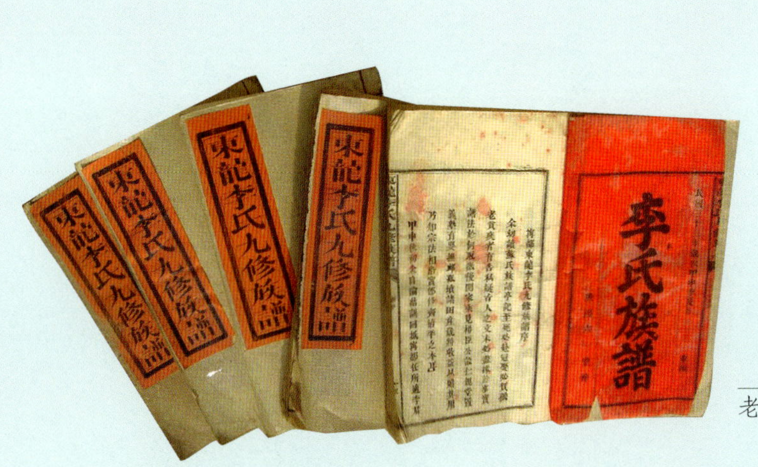

老族谱

相当的人口数量，其中除了当地土著(古越族)外，自然亦有一定数量的汉族人口。但是，今天赣南已经找不到三国以前入居的老姓氏。据对客家姓氏谱籍资料的调查，发现目前赣南最古老的姓氏，如赖、郑、钟等，均是从晋代开始入居的。

上述资料印证了客家学开山鼻祖罗香林先生的观点，他在《客家研究导论》一书中认为，西晋末年“五胡乱华”引发的中原大地汉民南迁浪潮，实开客家先民南迁之先河。这些南迁中原“流人”的一支，已达赣鄱大地乃至赣省中部，其中亦有少部分进入到赣南闽西。

不过，总的来说，自西晋末年至唐前期，迁入客家地区的汉族姓氏是零散的，且“人数无多”。汉人大规模进入赣南，是从唐中叶安史之乱开始的，特别是唐朝末年黄巢农民大起义，中原纷扰，民无宁居，而赣闽边区相对安宁，于是大批客家先民从中原、江淮、浙江和江西中部等地进入赣南和闽西。

这种迁徙过程直至五代之季。罗香林先生在《客家源流考》一书中，列举了19个姓氏族谱资料，来说明这一时期客家先民的南迁之众。包括孙中山的远祖孙俐，也是这一时期迁入赣南的。此外，考察赣南现

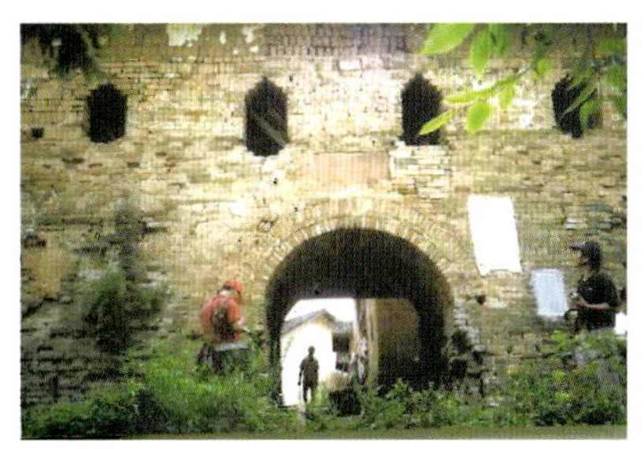
会昌羊角寨通湘门

存的谱籍和史志资料，也发现不少姓氏是这一时期迁入的。如据宁都的统计，这一时期迁入宁都的客家姓氏有曾、宋、朱、谢、黎、管、谭、古、崔、孙、李、刘、罗、胡、戴、严、许、何、彭、王、徐等21姓。而据石城的统计，五代前邑内居民姓氏计有郑、吴、袁、杨、廖、何、白、黄、温、陈、刘、赖、李、王、张、许、邓、罗、谢、曾、周、朱、连、钱、方、赵、蔡、黎、官、巫、康、卢、冯、彭、邹、宋、江、余、程、范、崔、傅、徐、胡、高、熊、毕、钟等48姓。足见这一时期客家先民迁入之众。

从地理形势和客家姓氏源流资料两方面进行考察，可知当时北来客家先民大体从三路进入赣南闽西：一路出鄱阳湖逆赣江而上，进入赣南各县；一路出鄱阳湖，逆抚河、盱江，进入赣南的宁都、石城等县或闽西的宁化、长汀等县；一路从浙江方向越仙霞岭，沿武夷山东麓南下，进入闽西地区。他们到达赣南闽西后，有些又通过宁都、石城—宁化、长汀这一交通带，发生双向移动，最后定居下来。

客家先民大批进入赣闽边区，改变了这一区域的居民格局，他们与当地土著及畲、瑶等少数民族交错杂居，成为客家民系的直接源头。于是，两宋之际，就在这赣江源头，武夷山南，一个新的汉民族支系——客家民系慢慢孕育成长起来。

成长中的事物可塑性是很强的，其发展的空间是非常大的。客家民系在形成的过程中必然要吸收许多新鲜血液，纳入许多新的因素，以便不断壮大自己。

正当宋代客家民系在赣闽边区酝酿形成之际，北方由于受辽、夏、金政权的侵扰，依然战乱频仍，于是又有不少姓氏相继入迁赣闽边区。吴松弟先生在《中国移民史·卷四》一书中作过一项统计，其结果指出："高宗绍兴年间赣州户近12.1万，孝宗淳熙年间为29.3万，年平均增长率达25.6‰，高于全国平均增长率几十倍"；"汀州在孝宗隆兴二年

(1164 年)户数为 174,517 户,较元丰年间增加 9.3 万户,年平均增长率达 9.1‰。这些地区人口的增加，一定程度上要归之于外来人口的迁入。”这么多人口的新迁入,也加速了客家民系的成长进程。

畲族与汉畲交融

畲族是影响客家民系形成的另一重要因素。北宋末至南宋时期,畲族已广泛分布于赣闽粤三角区,且与汉族形成杂居错处的格局。他们在与汉族的长期接触和交往中,互相学习,互相适应,最后融为一体,成为客家民系的一分子。

畲族的名称,最早见于南宋刘克庄的《后村先生大全集》卷九三《漳州谕畲》,其文曰:“畲民不悦(役),畲田不税,其来久矣。”文天祥

畲族祖宗图

的《文山先生全集》卷一一《知潮州寺丞东岩先生洪公行状》载："潮与漳汀接壤，盐寇、輋民，群聚剽劫，累政。"可见当时"畲民"与"輋民"两词并用，潮州所称"輋民"，与漳州的"畲民"，都指的是现今的畲族。

"畲族"名称虽然最早见于南宋，但并不等于说畲族是在这个时期产生的。"其来久矣"，说明它经过了一个长期的发展过程。根据文献记载，赣闽粤边区在"畲民"名称之前还出现过"峒蛮"、"蛮僚"等少数民族名称。如：《资治通鉴》卷二五九《唐纪》七五云："（唐昭宗乾宁元年）是岁，黄连峒蛮二万围汀州（黄连洞在汀州宁化县南），福建观察使王潮遣其将李永勋将万人击之，蛮解去……"清嘉庆《云霄厅志》曰："高宗总章二年（669年），泉、潮间蛮僚啸乱。"学界认为，不论是"峒蛮"还是"蛮僚"，都是说的同一个民族，即指"畲民"的先民。

畲族的起源

上古时期，高辛皇后患耳疾三年，宫廷太医从她耳中挑出一条似蚕金虫，皇后耳疾顿消。于是将金虫育于盘中，天天盼着它长大。不久，金虫变成了一条长一丈二的龙犬。龙犬遍体斑纹，毫光显现，高辛帝见之大喜，赐名龙麒，号曰盘瓠。当时番王数侵边境，高辛帝遣将征讨，均不能擒胜。于是下诏求贤，告示天下：有能平番者，赐金千斤，封邑万户，并妻以第三公主。龙犬得知，即揭榜奔赴敌国，忍辱负重，服侍番王三年，使番王丧失警惕。一日，龙犬乘番王酒醉之际，咬断其头，渡海衔归，献于高辛皇帝。帝大喜，但因龙犬貌丑，欲食前言，不愿将公主下嫁。正在为难之际，龙犬忽作人语："将我放在金钟内，七日七夜便可变成人。"入钟六日，公主怕龙犬饿死，就打开金钟，结果龙犬身子已变成人形，头却未来得及变。于是盘瓠与公主结婚。婚后，入居深山，开山种地为业。先后生下三男一女。长子出生后，用盘子装着去见高辛帝，帝即赐姓"盘"，名"自能"；次子出生后，用篮子装着去见高辛帝，帝即赐姓"蓝"，名"光辉"；三子出生抱去见高辛帝时，正逢天上打雷，遂赐姓"雷"，名"巨祐"；女儿长大后招钟智深为驸马，其后裔遂姓"钟"。从此，盘、蓝、雷、钟畲族子孙在各地繁衍生息。

《高皇歌》

著名史诗《高皇歌》咏道："龙麒起身去广东，文武朝官都来送；凤凰山上去落业，山场地土由其种。……蓝雷钟姓出广东，广东原来住祖宗；……广东路上去安葬，广东路上是祖坟；走落潮州凤凰山，住在广东已多年……"

关于畲族的族源，说法较多，其中最有代表性的有两说，一是"百越"后裔说，二是"长沙武陵蛮"后裔说。笔者赞同后说，即主张畲族不是赣闽粤边区的土著，而是外地迁入的少数民族。畲与瑶、苗同源共祖，最早可溯源至远古的"荆蛮"。那时，他们生活在古荆州地区。楚国时，居于楚境内的部分蛮族开始向南、向西迁徙，从而加速了蛮族重心南移的过程。

汉代，畲与瑶、苗的先人，被称作"盘瓠蛮"。盘瓠蛮的得名，因盘瓠传说而来。盘瓠传说，最早可溯源于《山海经》。《山海经·海内北经》卷一二说："有人曰大行伯，把戈。其东有犬封国。"郭璞注："昔盘瓠杀戎王，高辛以美女妻之，不可以训，乃浮之会稽东海中，得

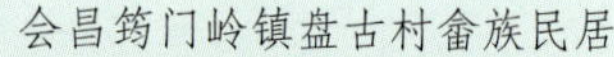

会昌筠门岭镇盘古村畲族民居

三百里地封之，生男为狗，女为美人，是为狗封之国也。”此即盘瓠传说之雏型。东汉应劭的《风俗通义》，东晋郭璞的《玄中记》，干宝的《搜神记》《晋记》，北魏郦道元的《水经注》等，都有类似的记载。南朝宋人范晔将这一神话传说载入正史《后汉书·南蛮列传》，足见汉至南北朝其流传已相当广泛，颇具影响。

盘瓠传说，不仅载诸史籍，而且还被编成史诗，在畲、瑶、苗等族民间广为流传。保留在畲族人民中的《盘瓠王歌》，又称《高皇歌》《麟豹王歌》《盘古歌》，就是一篇七言的历史叙事诗歌，歌词长达400多行，内容涉及畲族的起源、迁徙、经济生活、政治斗争、文化习俗和宗教信仰等方面，被誉为畲族人民的“传家宝”。

（上图）会昌筠门岭镇盘古村畲族人崇拜的盘山千年古银杏

（中图）会昌筠门岭镇盘古村畲族人崇拜的盘山山门

（下图）会昌筠门岭镇盘古村畲族人崇拜的雄奇盘山

陈吊眼和许夫人

陈吊眼在广东畲民中享有崇高的威望，至今仍广泛流传着陈吊王抗元斗争的英雄事迹。传说他后来退守在凤凰山的一座山头上壮烈牺牲，今凤凰山区（广东潮安县）仍保存着历史遗迹“陈吊王寨”。许夫人也是一位畲民中的巾帼英雄，战死在抗元疆场。民国38年版《潮州志》有载：“许夫人，潮州畲妇也。景炎元年，宋帝趋潮州，张世杰招义军，夫人倡率诸峒畲妇应命。二年六月，世杰自将淮兵讨蒲寿庚，夫人率所部往会，兵势稍振。后帝泊浅湾，夫人复率兵海上援之，至百丈埔，遇元兵，与战死焉，土人义而祀之。”

汉、晋时期，盘瓠蛮主要活动于洞庭湖西南的武陵（湖南常德）一带，因地名族，故名“武陵蛮”。由于受到汉族封建统治者的压迫，他们开始向外迁移，并在迁移过程中，逐渐发生分离。其中较早往西迁徙，进入黔北黔西、川南、滇东、桂西的一支，后来演化成了苗族。在隋唐时期进入赣、闽、粤三省交界地区的一支，后来形成为畲族。而唐宋时期由湘南越南岭，分道进入广东、广西的则成为瑶族。

隋唐开始进入赣闽粤交界区的武陵蛮，其迁徙的路线是：从洞庭湖边出发，沿着衡州、郴州等区域南行至南岭北麓，不逾岭而东折湘赣边，入赣中赣南，再至闽西南而粤东，广泛散布于赣闽粤三角区，逐渐形成畲族族群。

畲族在赣闽粤三角区流徙的过程中，曾结集于潮州（隋、唐时期的潮州辖境包括今梅州的大部分县市）的凤凰山一带，并作了较长时期的住留。所以，畲族中流传着关于祖居地凤凰山的传说。

原来，畲族因居住山林，刀耕火种，是不需交粮纳税的。正如《高皇歌》所咏：“当初掌（畲语称‘住’为‘掌’）在凤凰山，做得何（畲语称“有”为“何”）食是清闲；离天三丈无粮纳，离木三丈便种山。”所以，唐宋时期，畲族人口发展很快，几乎占领整个粤东地区。清光绪《嘉应州志》云“梅地古为畲、瑶所居”。可见畲族对粤东地区的影响是很深的。

两宋时期，由于畲族人口急剧增加，加上其他政治、经济等原因，畲族复又由粤东向赣南、闽西等地迁移。流传在闽东、浙南畲族中的《畲族祖先传说》这样说：

“随着人口的急剧增加，凤凰山的名气越来越大。官府知道了，要他们按地纳粮，照人抽税。他们因为交不起粮税，官府便派兵围剿。在交战中阿郎和爱莲（畲族的男女祖先——引者注）不幸牺牲。他们的劳动成果被官府霸占，子孙被迫逃离凤凰山。”

子孙后裔虽然迁走了，但结集地烙下的信息却是深刻的。因此，凤凰山之于畲族，就像宁化石壁之于客家人、南雄珠玑巷之于广府人、洪洞大槐树之于华北人一样，都是移民史上象征意义极强的“祖居地”。

畲族与历史时期迁入的汉族一样，对于赣闽粤这片广袤的山区地域来说，也是移民。因此，他们与不同时期迁入的汉族构成了杂居错处的格局。

杂居错处必然打破民族界限，促进汉畲人民的接触和交往，而这种接触和交往的过程，便是汉畲民族融合的开始。民族融合的规律告诉我们，在阶级社会里，被压迫阶级反抗统治阶级的斗争往往成为民族融合的催化剂。宋元时期，畲民反抗统治或起义之事屡见于史，且有些斗争是跟汉族的下层平民百姓结合在一起的。如：绍兴五年（1135年），虔州、梅州以及汀漳等地蛮僚相继起义。宁宗嘉定元年（1208年），“值江西峒寇李元励窃发”，“众数万，连被吉、郴诸县”，后又向广东南雄挺进，并进逼赣州、南安军，影响及于闽粤赣三省。最后宋王朝“诏以重赏，募人讨之”，起义坚持四年之久而失败。理宗景定二年（1261年）漳州爆发了大规模的畲民起义，“群盗益深，距城仅二十里，郡岌岌危矣”。后朝廷采取剿抚并举的方针，才把这次起义平息下去。通过这场起义，“畲民”这一名称才首次在刘克庄《漳州谕畲》一文中出现。

畲民反抗统治阶级的起义和斗争，加速了汉畲人民的交往和融合。特别是宋末元初，面对蒙古铁蹄的侵扰，汉畲人民联合起来进行抗元斗争，演出了悲壮的一幕幕。

于都县马安乡上宝古村

宋恭宗德祐元年（1275年），元兵攻破鄂州，挥师渡江，南宋震惊，诏诸路勤王。时任赣州知府的文天祥“捧诏涕泣”，起兵勤王，“使陈继周（宁都人）发郡中豪杰，并结溪洞蛮；使方兴招吉州兵，诸豪杰响应，有众万人”。

文天祥的妹婿彭震龙也组织畲民参加抗元队伍，“……乃结峒獠起兵。天祥兵出岭，震龙接应，复永新县”。

当时另一位抗元大臣张世杰的队伍中也有一支由畲族首领陈吊眼和畲民妇许夫人率领的“畲军”配合作战。他们“聚众十万，连五十余寨，扼险自固”，斗争持续六年之久。

继陈吊眼之后，又有黄华和钟明亮领导的畲民起义，他们打出“复宋”旗帜，给元统治者以沉重的打击。这种“抗元”、“复宋”的斗争，一方面反映了汉畲民族联合的现状，另一方面又促进了汉畲之间的团结并走向融合。

随着赣闽粤三角区的进一步开发和人口的壮大，以及汉族与畲瑶等少数民族融合的加深，至南宋后期，客家民系已在赣闽粤这片广袤的山区地域成长起来，其最重要的标志就是客家方言的形成。目前，多数语言学者持客家方言形成于南宋的观点。诚如谢重光先生在《从客家方言的形成看客家民系的形成》一文中所言：“语言学者中关于客家方言形成于南宋的观点是比较符合历史实际的。客家方言之独立，即标志着客家民系业已形成（引张卫东语）。”

因此，南宋是客家民系的形成期，赣南是客家民系的重要发祥地。千里赣江，以其丰润的乳汁，哺育了客家民系。她是客家人的母亲河！

2. “老客”与“新客”

说起江西的客家人，外界都知道有“老客”与“新客”之分。其实，原本并没有这样的称呼，而是近十几年来学者们为了研究的方便而给出的新名号。

所谓“老客”，即是西晋末年“五胡之乱”至明中叶以前入迁赣南并世居的客家人；所谓“新客”，则主要是指明末清初以来广东福建倒迁入赣的客家人。“老客”与“新客”之不同，一个是世居，一个是回迁，两者没有根本的区别，都是客家人。

“老客”

“老客”主要分布在赣南。如前文所述，这里是客家先民南迁的第一站，是客家民系形成的摇篮，所以，唐宋以来入迁的客家姓氏较多。这些姓氏除一部分继续往闽西、粤东迁徙外，一部分则留在了赣南开基立业，生息繁衍。如宁都，南北朝至宋末迁入的姓氏共有40多个，后来发展分布到全县80%的村庄，成为宁都县的基本居民。又如石城，这一时期迁入的姓氏近60个，其后代也散布到全县各地，成为全县的主要姓氏。“老客”一般都在当地繁衍了数十代，居住达几百年之久，形成了人口众多、规模庞大的古村落，且保留了较为完整的宗族文化，如祠堂、族谱、祖坟及其相关的祭祖、续谱等宗族传统。如赣南宁都洛口乡南岭村卢氏，自唐代迁此开基，已传至58代，居住已越千年，现该村卢氏子孙1000多人，在那里形成了卢氏单姓村的格局。洛口乡古夏村李氏，共385户，1923人，占全村人口的90%以上，也基本是一个单姓村（其余4个小姓谢、曾、罗、赖均为招赘而来）。李氏从唐朝末年来此开基，现已繁衍了43世。东山坝大布村罗氏，于北宋熙宁间从永丰水东徙此建村，至今已传37代，现有300多户，1540余人。安远修田杜氏，两宋之交来此开基，至今已繁衍了36代，总人口超过2万。赣县湖江乡夏府谢氏，南宋初年从吉安迁此定居，至今已传30世，500多人。同村戚氏，于南宋末年落居夏府，至今已传至28世，现人口500多人，为夏府村大姓。

“新客”

“新客”除赣南各县市均有分布外，还广泛分布于江西的广昌、永丰、吉安、吉水、泰和、万安、遂川、井冈山、宁冈、永新、莲花、宜春、萍乡、万载、新余、宜丰、奉新、靖安、修水、铜鼓、武宁、横峰、婺源等县市中，成为江西客家的重要组成部分。

那么，是什么原因造成明末清初闽粤客家大批倒迁入赣呢？要说清楚这一问题，还得费点笔墨。让我们从闽粤客家和江西情况两方面来分析。

从闽粤客家方面来看：首先，客家本身人口的发展壮大是造成客民外迁的直接动因。如前所述，两宋时期，客家民系已在赣闽粤边区孕育形成。宋末元初，由于受金人南下和元人入主中原之影响，客家人于是大规模由赣南东北部、中部向西南部转移，由闽西的西北部、西部向闽西纵深和东南南部转移。这两股势力并推进到了粤东和粤北。经过朱明一代的发展，粤东、粤北和闽西客家“系裔日繁，资力日充，而所居地域则类属山多田少，不足供用，于是，乃思为向外扩张”。要言之，壮大起来的

《客家史赞·之四》

明末清初，灾祸绵延；
满人入主，客地蒙殃。
是时客家，叶茂枝繁；
为求生计，转徙它方。
骏马征程，立我纲常；
客家德泽，远披西南。

宁都孙诩墓

新客称谓种种

“新客”初入赣时，各地曾有不同的称呼，有的地方称其为“客纲”，如石城、瑞金一带；有的地方称其为“棚民”，如吴宗慈《江西通志稿·江西棚民始末记》云：“明嘉靖以后，赣浙边缘各省山地有闽粤两省无业之民相继来居，搭棚栽种苎麻，土人名之‘棚民’，或曰‘麻棚’，所以示分别于土著之民也”；有的地方称其为“怀远人”，上述吴宗慈同书又云：“清雍正三年为安辑棚民而在江西义宁州建立怀远都以后，又称他们为‘怀远人’”。因他们来自闽西、粤东客家居地，均操闽粤两系客家语，因此后来又被本地人称为“客籍人”。

客家为生计所迫，必须寻找新的生存空间。他们除向东南沿海地区和西南地区迁徙外，还有一部分人回迁到地广人稀的赣浙两省交界的山区谋求生计。

其次，明嘉靖年间，东南沿海一带闹倭患，一些海盗集团与倭寇相勾结，组成海上武装劫夺集团，其中“倭居十三，而中国叛逆居十七”。他们在浙江、福建、广东等沿海地区猖狂劫夺财物，屠杀居民，掳掠人口，进行骚扰破坏。饱受战乱之苦的闽粤客家，为远避骚扰，一部分回迁于赣南等安全地区。

第三，明末清初，由于满族人的入主中原，引起民族矛盾的激化，并由此带来一系列的动荡与战乱，也促使闽粤客家大批入赣。

清军入关平定中原后，挥师南下，南明几个政权相继覆灭。清军的进攻矛头旋即指向浙、赣、闽、粤地区，铁蹄蹂躏之处，激起了广大人民

客家先民南迁纪念柱

的愤怒反抗。当清军进至粤东、闽西时，客家节义之士，多起而号召举义反清。迨至义师失败，遂多被迫散居各地，一部分退居赣南，与赣南人民及先期转迁赣南的闽粤客民汇合一起，继续展开抗清斗争，直至失败而留居赣南。

（上图）祖宗牌位
（下图）宁都古村

顺治十八年（1661 年），当郑成功领导的反清义师退出江南入海后，清廷欲绝郑成功物资，颁布“迁海令”，封锁了沿海地区，令沿海居民内迁 30 里，向内地挤压，造成了“闽西人稠地窄，米谷不敷”，粤东“地窄人稠”的局面，人口

新客的发展

闽粤客家在初入赣时，由于城镇或平旷肥沃之地已为“本地人”所占有，而他们“本无祖业田产”，所以只好踞山垦荒，或为人佃耕，过着较为艰苦的生活。但由于他们处逆境中求生存，比“本地人”更能吃苦耐劳，且耕植有方，多将泛海所得之苗种如玉米、红薯等高产粮食作物引来播种，故往往又能较快地摆脱贫困境况。随着“客籍人”人口的繁衍和经济的发展，一些地方逐渐出现了“主弱客强”的局势。如瑞金县“界连闽粤，土著十之二三，流寓十之六七，主弱佃强”。宁都州三下乡（今县城以南）的闽客，始则“赤贫赁耕，往往驯致富饶”，后来竟“役财自雄，比比皆是”，致使“城居者家日贫，而产渐为佃有矣”。“客籍”实力的壮大，甚至迫使一些“土著”不得不迁走。如宁都县赖村乡赖村，原为赖氏所创建居住，故名赖村。明中叶，有宋氏一户数人自闽省徙赖村，后置产发家，竟挤走了赖氏，今赖村徒有虚名而实是宋氏棚客后裔。这样，随着时间的推移，“客籍”人口越来越多，地盘越来越大，而“本地人”人口却相对少了，地盘亦相对小了。有的地方甚至有“无柳不成村，无广（广东移民）不成圩”的说法。可见这一时期移民数量之多，分布面之广。

清明祭祖

与土地的再分配形成尖锐的矛盾，民族之间的争斗以及居民集团之间的械斗屡屡发生，于是一部分客民只好携家出走，另谋生路。

随后，康熙十二年（1673年）三藩甲寅之乱，东南一带又罹战乱。闽粤一带客民又离乡背井，或继续往南，或往广西、贵州、四川、云南，或北回入赣，四出奔逃。

总括这一阶段，闽粤一隅动荡战乱凡40余年，客家之民均为避难而入赣。

而这一时期的赣南乃至江西的许多地方，由于诸多因素，恰好为闽粤客家人的回迁创造了极好的条件——

赣南是客家先民南迁的第一站，客家民系的摇篮地，许多迁往闽西、粤东的客民与赣南存在着远祖关系，如孙中山先生的远祖即在赣南宁都。“途穷返本”，“趋利避害”、“避生就熟”，这是人类的通性。闽粤客家在遭战乱或生活上走投无路时，自然会想起自己的“故乡”，想起自己的“远房亲人”。这样，赣南这块土地对他们来说也就特别亲切，特别具有吸引力。

明清之际，由于连年战争，造成江西一些地方人口或死伤或逃亡，以至地广人稀，田园荒芜。如明正德年间王阳明镇压了以谢志珊、蓝天凤为首的畲汉人民起义后，赣南人口流失、田地荒芜现象严重，以致稍后的嘉靖年间海瑞谪调兴国做县令时，看到的情况是“兵燹之后，闾阎十室九空”。海瑞在《兴国八议》中还写道：“兴国县山地全无耕垦，姑置弗议。期间地可田而未垦，及先年为田而近日荒废，里里有之。……访之南、赣二府，大概类兴国。”

迨至清初，1645年7月，由于南明将领降清引兵进入江西，江西人民的抗清斗争蜂拥而起。赣南人民在宁都首揭义旗以后，抗清起义迅速遍及瑞金、石城、兴国、龙南、上犹等县，大小不下数十处。经过几十年的战乱，赣南愈显田地荒芜，人烟稀少。

据清同治本《南安府志》卷二十九载："顺治三年四月初十日，大兵临南安城，其间民多有死难不屈者。师旅之后，继以凶疫，郡户口自是渐凋耗云。"又据乾隆本《上犹县志·杂记》载："自康熙十三年至今，（上犹）人绝烟断，空余四壁，孤城一片荒山。……卑县蕞尔荒陬，迭因寇变，土著百姓徙亡过半，田土悉多荒芜……"

江西其他地方亦有类似情况。如：新修《修水县志》引《全善局志》云：

"康熙十三年至十五年，宁州（今修水、铜鼓二县境）连年兵燹，时遭水旱灾害，民不聊生，死丧及背井离乡者甚众……抛荒田土山塘二千八百多顷，占全县总面积三分之一有余，缺赋粮一万余石无人还纳。"

清道光《吉安府志》云：

"明季兵寇相仍，乡邑之民逃亡殆尽"，"自吉往赣，及至万安，抵

石城大畲村黄家大屋

赣二百余里，沿途之庐舍俱付灰烬，人踪杳绝，第见田园鞠为茂草，效野尽属丘墟”，“官虽设而无民可治，地已荒而无力可耕”。至康熙八、九年，又迭遭大旱，十年，瘟疫旋踵又至，“所在孑遗逃窜，死亡不可胜计”。

针对上述情况，清朝廷在稳定政治局面后，为恢复社会经济，即实行招徕垦荒之策。如康熙八年，清朝统治者在镇压郑成功反清义师后，即将郑成功旧部安插在赣县、兴国屯田。据上犹、崇义一些偏僻乡村棚民后裔介绍，相传他们的祖先始迁来时，当地土广人稀，尚待开发，本地人常将荒地山场送给“棚民”耕作，双方关系融洽，甚而有互通婚姻者。这说明闽粤客家的倒迁入赣，是适应了赣南等地发展生产的需要的，因而是受到当地人欢迎的。总之，无论是从地理上看，还是从经济上看，江西对外迁的闽粤客民都具有强大的吸引力，这就是促使他们一批批倒迁入赣的江西方面的原因。

闽粤客家的大批倒迁入赣，使赣南的居民结构发生了又一次大变化。此前，赣南的居民除一部分畲族（当时又称峯民）外，主要是“五胡乱华”至宋末几个历史时期人口大迁徙中中原南来的客家先民的后裔，他们分散居住在赣南的广大地区。虽然元至明初赣中的吉安、泰和等地又有一部分客系或非客系的汉民迁入，但其比重不是太大。所以就整个区域而言，可说是“地广人稀”，其居民结构也相对的单纯。明嘉靖以后，这种格局发生了显著变化。闽粤客民成群成批地倒迁入赣，他们自成村落，散布于整个赣南地区，并迅速改变着赣南居民的结构。现据赣南各县地名志及其他资料分析估算，现今赣南闽粤入迁客民后裔所占的人口比例大体是：寻乌、全南、定南、龙南、信丰、南康、大余、上犹、崇义等县约占50%～70%；赣县、兴国、于都、瑞金、会昌、安远等县约占40%～50%；宁都、石城约占20%～30%。

由于受客家方言的强烈影响，赣州全区除章贡区和信丰县的嘉定镇使用西南官话，以及兴国的社富乡，赣县的江口、吉埠、茅店三乡的居民在家族内部说闽南话外，其他地方全说客家话。而河东片因闽西客家后裔居多，故语言与闽西客家话较为接近；河西片因粤东客家后裔居多,故语言与粤东客家话较为接近。

显然,无论是从居民结构、人口数量及其地域分布,还是从语言特点等各方面看,闽粤客家倒迁入赣对赣南的影响都是巨大的、显而易见的。它给赣南客家注入了强劲的新鲜血液,使这里唐宋以来世居的“老客家”与明末清初闽粤倒迁入赣的“新客家”融为一体,最终形成了今天的“赣南客家人”。因此可以说,目前赣南居民的格局是在明末清初时期闽粤客家大批倒迁入赣之后形成的。

而且,闽粤客家的倒迁入赣,又不仅仅局限于赣南地区,他们中的一部分进入赣南后,又北上进至赣西之吉安、安福、宜春、萍乡、万载及邻近之醴陵、浏阳、平江,再北至铜鼓、修水。大致言之,即由江西东南部循一弧形线至江西西北部,故上述地区客家后裔亦不少。如已故著名历史学家陈寅恪先生即是修水客家人。他祖上原居福建上杭,属于客家系统,他的六世祖由闽入赣,康熙年间,迁徙南昌府义宁州(今修水)桃里乡陈家大屋。又如,井冈山革命根据地袁文才、王佐两支地方武装,基本上都是客家人。袁文才自己是宁冈茅坪客籍;王佐母亲范氏也是井冈山茨坪客籍,因父亲早逝,他从小便在外婆家跟客家人生活在一起,深受客家精神的熏陶，可以说也是客家人。再如湘鄂赣革命根据地的万载县,第二次国内革命战争时期参加红军的5000多人中,客籍占80%以上;全县29位长征老干部中,有25位是客家人。万芳珍教授在《清前期江西棚民的入籍及土客籍的融合和矛盾》一文中做过这样的估计，现今江西除赣南以外的非纯客县份客籍后裔所占的人口比例为：吉安地区的遂川、井冈山、宁冈等县约占40%;宜春地区的万载、铜鼓、萍乡等县约占30%~60%;九江地区的修水约占20%;上饶地区的玉山、广丰等县约占20%~30%。这一数据说明,倒迁入赣的闽粤客家也扩散到赣南以外的江西广大地区,从而改变了明清以来江西居民的地籍构成,使江西最终成为拥有千万客家人口的“客家故园”。

3. 修水“怀远人”

修水县地处赣西北边陲、湘鄂赣三省交界地区，县境四周群山环抱，具有“八山半水一分田，半分道路和庄园”的典型山区特点。这里是北宋著名诗人、书法家黄庭坚和近代客家陈氏四杰（陈宝箴、陈三立、陈衡恪、陈寅恪）的故乡。

现全县人口70多万，其中客家人口将近10万，他们绝大多数居住在东南部的山区。其祖先都是来自赣南、闽西、粤东三角地带，到此开基已有近三百年，繁衍九至十代。在这二三百年时间里，当地人都叫他们“怀远人”。直到现在，还有一部分人只知道他们是“怀远人”，而不知道“怀远人”就是客家人。为什么把这里的客家人称为“怀远人”呢？这还须从头说起。

据《义宁州志》载：康熙初年，义宁州（包括今修水、铜鼓两县）连遭兵燹和水旱灾害，民不聊生，死丧和背井离乡者甚众，县东南部安、崇、奉、武四乡人口锐减，田地大片荒芜，致使田粮丁赋收不上来。为了恢复生产，当时的知州班衣锦奉旨向广东、福建、赣南等处招民垦荒。上述各地客家人闻风而动，始携妻带子而来，后又以亲邻相邀，于是迁来人数逐年增多，至康熙末年迁来宁州人众已达数万。初在山上搭棚居住，开山垦地，生活极为清苦，时称棚民。这些外来无业之民，得田耕种，其力倍勤，大片荒芜山田几经耕作，土质渐肥，产量倍增，不数年家给人足。于是有的建房屋、修茔墓，联姻结亲，购置田产；有的沿河居住，制造船只，经营水运，更图大业。

按照清朝例规，凡在一个地方居住二十年以上，就可以申请入籍。但许多客籍人居住修水的时间早已超过二十年，屡经申请均未解决入籍问题。种田完粮要顶替别人的户名，虽然不要出丁税，不要当差服役，但子弟读书不能参加科举考试，被当做“异民”看待，地位低下，子子孙孙没有出头之日，这对客籍人来说，是难以忍受的。

雍正元年（1723年）八月，有客籍黄、刘、谢、张、余五姓代表联名具文申请入籍，义宁州知州刘世豪按照定例，批准他们入籍。一面要求各姓客户分别造好人丁、田粮清册，做好准备；一面向南昌知府申报，计划成立“广福乡”安插客户，等候批示。这个消息传开之后，当即受到少数本地士绅、生童反对，纷纷到州衙干涉、阻止，再加上当时县境有人聚众叛乱，不得安宁，入籍问题遂被搁置下来。

雍正二年（1724 年）正月，清廷户部尚书张廷玉奏请在江西、浙江两省安辑棚民。经皇帝批准，诏令于二月由省、府转到义宁州，并着火速办理。本地少数士绅、生童得悉后，向省府各衙门告状，阻止客籍人入籍。知州刘世豪因有了圣旨撑腰，态度更加坚定，给予严词驳斥，不予理睬，上告到省府衙门的状子亦未得到批准。于是反对者一面写匿名信到处张贴，说刘世豪是福建上杭人（实际是江苏上元县人），庇护客籍人，是“养虎遗患”，并威胁客籍人“钱粮不许上缴，书役不准进衙，否则打死不误”；一面向全州八乡发出通关告示，要求全体考生一概不参加当年的考试，各乡里派送的士绅及有名望的人，一定要在四月初四至州城云岩寺开会，商讨对策，要挟州主，阻挠客籍人入籍。到了四月初四，果然有 200 余人齐集州城胡家祠堂开会，会后全部到学馆去退顶、闹事；同时又假造姓名，张贴外出流浪的帖子，帖中列举州主庇护异民混窜版籍，无法生活，只得出走他方，以求生存，以此蛊惑民心，胁迫州主，阻挠客民入籍和考试，致使当年州考五次更改考试日期，均未考成。为此，刘世豪受到上级严厉申斥。五月八日刘世豪具文详细报告原因，南昌知府接到报告后，亲自到州晓谕生童参加考试，捉拿阻考生员，州考才得以进行，这时已经是六月中旬。

罢考问题虽然得到解决，但客民入籍问题仍悬而未决，少数本地士绅、生童继续上告阻挠，一直延至雍正三年（1725 年）五月，才得到藩台批示：“客户土著均属朝廷赤子，况流寓二十年置有田产坟墓者，准予入籍考试，煌煌定例，谁敢抗违……”刘世豪接到批示后，又一次召集全州士绅开会，并调整策略，采取了一个既安抚棚民，又让土著士绅能够接受的折中方案，即客民不再“俱编入土著”，而是另立客户图籍，取名

"怀远都",将符合清廷入籍定例的客户,编入"怀远都"籍,具文上报。

雍正三年八月,总督部院正式批准宁州设立"怀远都","以怀远为名,隐寓招携之义",共分四都,每都两图,每图十甲,总共四都八图八十甲,分别安插在高、崇、奉、武、安、泰六乡之中。一、二都均在铜鼓县境内,三、四都在今修水县境内。从此,客民在义宁州有了生产、生活、居住、参加科举考试等权利。

自从有了怀远都的建置,怀远都人就不再被视为"棚民"、"客民"、"异民",而被称为"怀远人"。修水"怀远人"的称谓正是因"怀远都"而得名的。

中华人民共和国成立后,怀远人和本地人的矛盾完全消失了,过去本地人和怀远人不通婚的现象也不存在了。现在修水很多家庭既有怀远人也有本地人,他们互相尊重,和睦地生活在一起。在语言方面,除农村怀远人聚居的村庄仍讲怀远话外,其他怀远人和本地人杂居的村庄和集镇,两种语言通用,怀远人特别是年轻人和本地人交往时讲本地话,和怀远人交往时讲怀远话;他们不分你我,用勤劳的双手共同建设着自己美好的家园。

4. 井冈山的客家人

井冈山也是客家人的聚居地之一,而且井冈山革命根据地的建立也与客家人息息相关。

井冈山的客家人也是随着明末清初闽粤客家倒迁入赣的大潮而迁入的。当时,井冈山地属吉安府的龙泉(今遂川)、永宁(今宁冈)两县,与南安府的崇义、上犹相接,同处罗霄山东麓,南北连成一片。这一带地界赣粤湘三省,封建统治鞭长莫及,明中叶以来常成为"流民"驻足、"啸聚"之地。

据《明实录》等有关资料的记载,明隆庆年间,在龙泉县西部与永新及湖南衡州和郴州交接的万洋山,聚集了大批流徙于此的各省商民,他们以种靛蓝为业。其中有不少闽粤客家因种靛蓝而留居落籍井冈山的。

井冈客家女

清朝前期，尤其是康、雍、乾三朝，是客民入迁吉安府的高潮，入迁方式主要是应募入垦。当时，今井冈山南部一带，原始森林密布，明末清初，渐有客家人募垦来山，开荒种地。当地许多地名的由来，便与客家人的移垦有关。如著名的井冈山老村，就是兴宁客家蓝氏在此立籍开庄命名的，初名“井江山”，因客家话“江”“冈”同音，后遂谐音变为“井冈山”。

据井冈山客家后裔介绍，他们的祖辈清初始迁来时，当地尚待开发，急需劳动力，土著对客民的迁入并无反感，常有送田地山场给客民耕作的；客民搭棚居山区，猎获野味也常送给土籍。互相间贸易往来，通婚联姻，结为儿女亲家也是常事。于是，闽粤客民生齿日繁，相继流入者愈多，其人口和地盘迅速扩大。经过二三百年的发展，现今井冈山区域的宁冈县有客家自然村 224 个，总户数 2944 户，总人口 16018 人，客家人口占全县总人口的 23%；井冈山市有客家自然村 326 个，总户数 3581 户，总人口 18029 人，客家人口占全县总人口的 38%。

客家人不仅广泛分布于井冈山区域，为这里的开发和建设付出了辛勤劳作，而且还为井冈山革命根据地的创建做出了重大贡献和牺牲！

这里，我们必须先谈谈客家的革命性问题。客家人因为所居大多为贫穷之山区，所以近代以来所遭受的各种剥削压迫最重，最容易激发改变现状的革命思想。洪秀全领导的太平天国革命、孙中山领导的辛亥革命，其领导者和主力军都是客家人。无怪乎日本学者山口县造说：“没有客家，便没有中国革命。”此论虽不免失之偏颇，却也道出了客家的个性特质。

第二次国内革命战争时期，井冈山地区的客家也是较早接受革命思想的。毛泽东在《井冈山的斗争》一文中就说到："这种客籍人从闽粤边起，沿湘、赣两省边界，直至鄂南，大概有几百万人。客籍占领山地，为占领平地的土籍所压迫，素无政治权利。前年和去年的国民革命，客籍表示欢迎，以为出头有日。"所以，他们参加革命的态度较积极，人数也最多。袁文才和王佐两支地方武装，就是这样走上革命道路的，他们基本上都是客家人。

袁文才，又名选三，宁冈茅坪马源坑村客籍人，先祖来自广东梅州。幼年就读于私塾，家境贫寒，时读时辍。1920 年考入永新禾川中学，刚读一年，因地主豪绅的欺压盘剥，父亲猝然去世，家计失主，迫使中途辍学，回家务农，旋因带头抗租抗税，家被抄，兄被抓，母被杀，走投无路，遂横下一条心，1924 年被迫上山落草，参加了井冈山以何亚春、何正山为首的绿林"马刀队"。1925 年夏，马刀队受招安下山，编为宁冈县保卫团，袁文才任团总。1926 年 10 月，在共产党人龙超清的策动下，他率保卫团一举占领县城新城，逮捕清乡局长谢述庭，缴枪 12 枝，驱逐县知事沈清源出境，成立宁冈县人民委员会，并将保卫团改编为宁冈县农民自卫军，袁文才任总指挥。是年 11 月底，中国共产党宁冈支部在砻市成立，吸收袁文才为中国共产党党员，从此，袁文才走上了革命道路。

王佐，又名王云辉，绰号南斗牯，井冈山下七村客家人。他自幼丧父，童年时随母磨豆腐，又给豪门富家放牛，挑石灰，伐薪烧炭，漂泊流离。15 岁开始学裁缝，三年后成了井冈山有名的裁缝师。他还在罗浮拳师王冬文那里学了几年武艺，因悟性高，练得一身好功夫。据说，他骑在马上，一枪射去，可击中野鸡。有一回，他突然遭围，操起一根竹竿一撑，跃身翻过屋背，便不见踪影。

1920 年，王佐入伙井冈山朱孔阳（绰号"朱聋子"）的绿林队伍，为朱聋子"吊羊"（即打土豪）当"水客"（即侦探）。王佐出身贫寒之家，对土豪劣绅有一股子仇恨，所以他落草之后，"打富不打贫"，而朱聋子有时欺侮穷人，王佐不满，一年后，离开绿林，另找出路。

1926 年遂川县农民协会与王佐联络，在井冈山成立 "新遂边陲农民协会"，组建"农民自卫军"，王佐任总指挥。

1927 年，大革命失败后，袁文才率部退出宁冈，在茅坪一带坚持斗争。为了站稳脚跟，他和山上的王佐结为"老庚"（同年出生），彼此约为兄弟，相互支持。从此，他们一个在山上，一个在山下，遥相呼应，互相配合，成为井冈山一带最有声势的地方武装。

1927年9月，毛泽东率领秋收起义队伍向罗霄山脉中段的井冈山转移，先与袁文才取得联系，做通了他的工作；再通过袁文才与何长工做通了王佐的工作，于是，毛泽东率领队伍胜利进驻井冈山的中心茨坪。从此，毛泽东在军阀各霸一方的中国，找到了一块可以立稳脚跟的地方，开始创建第一块红色根据地。

毛泽东来到茨坪后，十分重视对袁、王这两支地方武装的团结、教育、改造工作，派游雪臣、徐彦刚、陈伯钧等到袁、王部队开展政治教育，并按班、排、连编制，进行了近三个月的军事训练。经过训练，袁、王部队的政治觉悟和军事技术都大有提高，王佐本人也于此时光荣地参加了中国共产党。1928年2月，在大陇朱家祠，袁文才、王佐部队正式升编为工农革命军第一军第一师第二团，袁文才任团长，王佐任副团长，何长工任党代表。1928年3月，袁、王率部随毛泽东出击湘南，策应湘南暴动部队上山。1928年5月4日红四军成立时，这支部队编为第三十二团，成为红军第四军的一部分。同年5月下旬，湘赣边界工农兵政府在茅坪成立，袁文才任政府主席，9月任中国共产党宁冈县委书记。从此，袁文才、王佐这支起于绿林的武装，在共产党、毛泽东的领导下成长为一支革命武装，驰骋拼搏在五百里井冈山上，屡建战功，为中国第一块农村革命根据的创立和发展，作出了重要贡献。

1930年2月24日，袁文才、王佐不幸被错杀于永新县城。

新中国成立后，袁文才、王佐均被追认为革命烈士。1965年5月29日毛泽东重上井冈山时，接见了袁文才遗孀谢梅香，并合影留念。

“山大王”王佐

1922年，王佐拉起了一支队伍，在下茅坪的邬王将军庙内聚义，提出了“打富不打贫，打疏不打亲，打远不打近”的口号，盟誓：“不求同日生，但求同日死。”此后，王佐名声大振，绿林中的散兵游勇纷纷带枪前来投靠，附近县的贫苦农民也先后揭竿而起，归顺王佐，使这支队伍日益壮大，枪支也不断增加。王佐也从朱砂冲老仙崖扎棚驻丁，到井冈山主峰岩洞扎营，先后占据了茨坪、大小五井一带，将大本营定居于大井村的白屋。后来，王佐又火并了先后窜上山来的绿林唐光耀、马文林、陈荣彪等几支队伍，成为井冈山最大的绿林武装，成了井冈山的“山大王”。

王太夫人祠

二

“耕读传家”——客家人的生产生活方式

过去，在广大的客家乡村，每当清风月明之夜，常常会听到孩子们传诵着这样一首童谣：

“月光光，秀才郎，骑白马，过莲塘……放条鲤嫲八尺长。鲤嫲头上撑灯盏，鲤嫲肚里做学堂。做个学堂四四方，兜张凳子写文章……”

这首童谣在客家地区普遍流行，寄托着长辈们对子弟读书仕进的热切期望，形象地体现了客家人耕读传家的文化传统。

非耕即读，耕读传家，这是客家人的基本生产生活方式。之所以选择这样的方式，究其原因：一是沿袭了中原的传统。客家先民来自中原，迁徙过程中，他们不仅带来了当地生产技术、生活方式，还引入了中原重农抑商、崇文尚学的传统。二是客家人所处赣闽粤边区均属山区地域，自然环境恶劣，“大山长谷，荒翳险阻”，山多田少，交通不便，客家人世世代代经营着简单粗放型的山地农业。长期的生产生活实践，使他们认识到：要生存，只有勤于耕作；要发展，只有读书仕进，舍此别无他途。石城县岩岭乡上柏熊氏古村，保留着一处明代遗迹，石门斗上赫然刻着“耕读处”三字，其两边对联曰：“开篇自然有益，力耕可以无饥”。这不正是客家人这种历史心态的真实写照么？于是，崇文重教、耕读传家精神在客家人中代代相传，成为客家人的传家宝。

1. 小盆地与聚族而居

客家人耕读传家的生产生活方式是紧紧依附于客家传统社会的。我们这里所说的客家传统社会，主要是指客家乡村宗族社会。它由一个或几个血缘和地缘结合得十分紧密的宗族小社会构成自然村落，若干个自然村落便构成一个客家乡村社区。传统的客家乡村社会有两个明显特征：即以拓荒、种植为基础的小盆地农耕生产和生活方式以及建立在这一方式之上的“聚族而居”的家族制度。客家传统社会的上述特征，是受历史时期社会环境和自然环境诸多因素影响而逐渐形成的。

象征耕读传家传统的对联

崇义上堡乡南流村

如前所述，作为汉民族的一个独特支系，客家先民的主体成分是唐宋以来迁入赣闽粤三角区的中原汉族。由北到南的长距离迁徙，对于安土重迁的中原汉人来说，实属无奈之举！他们不得不抛弃许多东西，却不可能从根本上背离祖祖辈辈所赖以维系其生存的基本手段——以农耕为基础的生产和生活方式。他们来到赣闽粤边区，同时也把这一生产和生活方式带入了这一地区。然而，对于客家先民们来说，赣闽粤边区又是一个经济和文化都远远落后于中原地区的陌生之地。这里“地大山深，疆隅绣错”，没有北方那样广袤而又适宜耕作的良田熟地和灌溉系统，有的只是丘陵密布和溪水纵横而形成的无数个大小不等的盆地。在客家先民大批到来之前，这里的原住居民主要是古越族及其后裔畲瑶等少数民族，还不曾进行大规模的开发。因此，客家先民来到这里后，一切必须从头做起，他们必须向荒山要土地，要衣食住行！于是，一个以拓荒、种植为基础的小盆地农耕文明便在赣闽粤边区孕育和发展起来。随着客家人口的生息繁衍，这一文明圈的范围也不断伸延扩大，以致最终占领了整个赣闽粤三角区。这种以拓荒、种植为基础的小盆地农耕生产生活方式，成为客家传统社会的最重要的经济特征。

小盆地的农耕生产生活方式，因其规模的狭小和水准的低下，使一家一户的几个劳动力就能承担起一切，而无需大规模的社会分工和协作。生产过程的这种分散性和独立性，为客家人的家族制度提供了物质前提。而赣闽粤山多地少的地理格局，又给客家人的家族制度带来独立性和封闭性的特点。因为群山环抱中的小盆地，无法像平原地区那样，为成百上千人提供同一个村落，而更便于一村一族进行聚居和耕作，也就是便于一个自然村居住着有血缘关系的同姓氏族，进行土地的开垦与经营。这种居住模式与耕作模式的血缘属性，形成稳定的社会经济文化结构。所以，客家人的传统聚落往往是单姓的、聚族而居的。“聚族而居”的家族制度成为客家传统社会的重要特征。

客家民居，一般按“左青龙，右白虎，前朱雀，后玄武，中央后土”的标准格式，经觅龙、察砂、观水、点穴等踏勘步骤进行。从中可以体会到客家先民们进入赣南山区，入乡随俗，从风水观念中希冀平安，祈求安居的心态。

石城木兰乡陈连村

2. 宗族兴旺之本

小盆地与聚族而居的生存境况，必然大大强化客家人的群体意识与宗族观念。于是，耕读传家作为客家人的基本生产生活方式，便不仅仅是个人和小家庭生存所系，而是关系到宗族荣耀与发展之大计，是宗族兴旺之本。正如罗香林先生在《客家源流考》中所言：

“刻苦耐劳所以树立事功，容物覃人所以敬业乐群。而耕田读书所以稳定生计与处世立身，关系尤大。有生计，能立身，自然就可久可大，客家人的社会，普通可说都是耕读人家，这在过去为然，现在还未全改，所以在他们普通人家的家庭分子来说，总有人能做到可进可退，可行可藏的地步。这在社会遗业的观点看来，可说是一群迁民经过了生存奋斗而累积了无数经验的优者。”

因此，在传统社会里，许多客家宗族都非常重视耕读传家传统的教育与传承，把这方面的内容列入家法族规而使之“法定化”和“永久化”。如兴国刘氏族规中写道：

“家门之隆替，视人才之盛衰；人才之盛衰，视父兄之培植。每见世家大族箕裘克绍，簪缨不替，端自读书始。凡我族中子弟，姿禀英敏者固

学谷

宁都李氏规定：族中子弟考上秀才的，由祠堂出谷12担，以资奖励。赣县温氏宗祠规定，族内子弟外出参加考试的，提供路费；考取的，祠堂出资助学。赣县夏府戚氏宗祠则规定：考上秀才奖励24担谷，中了举人的，奖给50担谷，参加县考录取入学的，一年给予12担谷作为奖励和资助，考上大学的，一次性奖给100担稻谷。

宜督之肄业，赋性钝者亦须教之识字。"明确把读书识字作为教育后代成才、家族兴旺的根本。

又如，《南康严氏族谱》立族规十条，其中第一条就是《勉读书》，要求"族中子弟无论贫富皆当使之就学，严其教令，陶其性情"。可见其对宗族子弟读书求学问是何等重视！

为了鼓励子弟读书仕进，大大小小的客家家族都从族田中划出一部分作为专门的"学田"，学田所得田租即为"学谷"，专门用于资助和奖励子弟读书。

此外，许多宗族还设立了奖掖读书的各种经济组织。如上犹营前上湾黄氏成立了以祠堂为单位的"宾兴会"（当地客家姓氏均有之），专门筹集读书经费。许多宗族还有"众"这一经济组织形式。

在有条件的地方，一些宗族还纷纷办起了"社学"和"义学"，有的甚至开办书院。如上犹县钟氏宗族，于乾隆九年（1744年）创办"永清书院"，其规模：

"前为大门，进内为会文堂，上造牌楼；又进为大墀，墀内建碑亭二，左右为玲珑墙。由耳门入，东西书室各四楹。又进为尊道堂，左右书室各二楹。堂后为墀，历级而上，为四贤祠。上造奎星阁，左为掌教斋；右为藏书府，外两旁为厨房。又由墀内东耳门出，环旋到岭上，左为光霁亭，右为敬业斋……共计为屋一十三栋，为房四十五间……南北长二十九丈，东西前阔二

“众”

“众”即支脉分家时留作公用的资产，主要是土地。上犹营前黄氏宗族每个公头都有一个“众”。“众”有众谷（收租所得），用以做公益事业，年节祭祖扫墓，资助子弟读书等。如，有子弟考上学校，就从“众”里拨给一定数量的田给其家无偿耕种，毕业后收回归“众”。对于孤苦无靠者，“众”亦给予救济，如其去世无钱安葬，则由“众”费支付解决；如其有遗产（如房屋等）亦收归“众”，“众”可将其掂卖，所得归“众”。“众”由众内族人选出 2 人管理，其职责是负责收租和各项费用的开支，并向族人公布收支账目。又如，宁都黄陂廖氏设有“文昌众”，专门用以奖励本族士子：凡族中考取各种功名的，分等级予以奖励；在校就读学生则按照学校等级以及本房众产的多少分别享受“学租”。

十四丈，后阔一十七丈二尺。藏书数千卷，几榻、器皿俱备。”（光绪《上犹县志》卷三《建置志·学校》）

真是蔚为大观，比之官办书院，恐亦毫不逊色。

3. 呒读书，冇老婆

在客家语言中，“呒”，是不的意思；“冇”是没有的意思。“呒读书，冇老婆”，是客家家庭长辈教育后代小孩的话：不读书，就娶不到老婆。而娶妻生子，既是阴阳和合的生理需要，更是家族繁衍、发展的需要。所谓“不孝有三，无后为大。”“不读书”，在这里便隐含着严重的后果。

因此，在客家传统社会里，如果说重教兴学、耕读传家是宗族兴旺发达根本所系的话，那么对于个人来说，惟读惟耕则似乎成了现实生活的必然选择。如前文所说，因为山多田少，因为商业不发达，要生存，惟有力耕；要出人头地，惟有读书仕进。于是祖辈们训诫后人：

“教子两行正路，惟读惟耕。”

有钱人家固然要送子弟读书，没有钱的人家“砸锅卖铁”、“卖屎缸也要让子女读书”！一句客家谚语这样说：

“地瘦栽松柏，家贫子读书。”

家贫本是读不起书的，但富有进取精神的客家人不甘心一辈子穷，越是贫穷，越是想改变这贫穷面貌，子弟就越是要读书仕进：

“读书肯用功，茅寮里面出相公。”

这成了客家人坚定的信条，生活的准则，普遍的价值观念！

于是，久而久之，在广大的客家地区，重教兴学蔚为风气，谁能读书，谁就受到家庭、宗族乃至社会的褒扬，反之，则为人所瞧不起：

“天光吮起误一日，少年吮学误一生。”

“目不识丁，枉费一生。”

“耕田爱（要）养猪，养子爱读书。”

于都步蟾坊

“子弟吪读书,好比有眼珠。”

“生子吪读书,不如养头猪。”

“吪识字, 一只猪”,“吪识字,蚯蚓一粪箕。”

“吪识诗书,有目无珠。”

…………

于都寒信村育英小学

这些在客家地区广为流传的谚语,犹如道道律条,形成一股强大的舆论压力:不读书,无以成人!不读书,无以立身!

更有一首著名的童谣这样说:

“蟾蜍罗,咯咯咯,吪读书,冇老婆。山鹁鸠,咕咕咕,吪读书,大番薯。”

不会读书,笨得像个大番薯,连老婆都讨不到,又怎么去传宗接代,怎么去延续香火呢?这对祖宗观念极强的客家人来说,是最惧怕的事情。于是,这又把读书与个人的生存和宗族的兴旺发达联系了在一起。可见,客家人从小就被灌输了多么强烈的崇文尚学、耕读传家的观念呵!

4. 南安之学甲江西

客家人崇文重教的风尚,早在北宋时期的赣南就已经遍地开花结果。我们只要看看当时赣南各级各类学校的兴盛、科举名额的增多和著名人物的涌现等情况,便可一窥其貌。

史载,宋代的赣南“虽荒服郡县,必有学”。如南安府学,创建于宋太宗淳化年间(990—994年);赣州府学,创建于宋代前期。9所县学,其中8所创建于北宋前期的太宗——仁宗时期,1所创建于北宋后期的哲宗时期。除府县学外,建于宋代的书院,赣南有3处,它们分别是石城的琴江书院、大余的道源书院和赣州的濂溪书院。仁宗时,理学始祖

客家祠堂

周敦颐曾在赣南做地方官，先后讲学于南安的道源书院和虔州的玉虚观，当时的兴国县令程珦把他的两个儿子送去做学生，这就是程颢和程颐，他们后来都成了理学的重要代表人物。据此，封建时代就有人认为“伊洛文献之传，渊源实肇始于此”。

北宋时，客家民间办学也悄然兴起。如仁宗景祐三年（公元1036年）石城儒生温革尽捐家资，于柏中里建藏书楼，办柏林讲学堂，招收赣闽粤客家子弟就读，培养了不少俊才。其义举闻达于朝廷，受到仁宗皇帝的嘉奖。温革实乃客家民间办学第一人。

又如，宋代于都人陈维，字康侯，年少好学，博闻强记，五举不第，遂应邑人之邀，开义馆教授学生，四面八方来求学者络绎不绝。

客家人办学的热情和积极性，令大学士苏东坡也大为感动。宋徽宗建中靖国元年（公元1101年）苏东坡官贬海南任满北返，途经赣州，看到当时的南安军学规模宏大，有房一百三十间，设礼殿讲堂，就像大国国君所住的地方一样；里面读书的设施和用品，一应俱全；有学生数百人，概由学校给食。于是，他感慨之余，挥笔写就《南安军学记》，称誉“南安之学，甲于江西”。苏东坡之语当然有溢美加勉的意思，但言其办学的热情和积极性甲于江西，却也不失贴切。

由于崇文重教，赣南科举之风大盛。宋代以前赣南中进士者3人，两宋时期赣南共有进士234人（其中北宋92人，南宋142人），猛增近80倍。

北宋时期赣南地区还涌现出一批影响全国的著名人物，如政治人物有石城的陈恕、陈执中父子；他们先后于太宗朝和真宗朝出任参知政事和枢密使，班列宰执，地位显赫，政绩斐然。学者有北宋赣南名门“四曾”的开创人物赣县人曾准（著名爱国诗人曾幾之父），宋代理学的创始者周敦颐十分赏识他，把他视为知己，并亲自为他作传序，云：“虔州曾子忠，实开儒术之先，厥后，曾氏一门皆文学之选”；此外还有为官清正，治学严谨，“不为空言”，为著名理学家程颐赏识的兴国人李潜。文学家有为苏东坡推崇，两人成为至交挚友的上犹人阳孝本；有曾任国子祭酒（中央教育机构总管），被《宋史》誉为“天下高其名”的兴国人李朴。还有文学家兼政治家的赣南第一个状元、宁都人郑獬，他曾知开封府，后入集贤院，主持修撰皇帝起居注，起草诏诰，对朝政多有进谏，且善诗文，《宋史》称其“词章豪伟峭

孝本公真像

全南李氏宗祠

整，流辈莫敢望”。

客家人崇文重教的氛围，使得本来没有多少人问津的赣南山区，在北宋时成为“文人栖身，学者盘桓，谪官流寓，名人荟萃”的热闹地方。如“合肥包拯，字希仁。过虔，师事邑人陈晦之于崆峒山中”。“眉山苏洵，字明允。尝南游至虔，与赣人钟棐友善。……其后洵子轼、辙过虔，必造访棐；又与棐子志仁、志行、志远游，敦通家之好。”其中苏轼两次过虔，寓居虔州水南，一次留月余，一次留40余日，与州人阳孝本、孙志举游，又与季倅赓等和郁孤台诗，可谓流连忘返。稍后，宋代名宦、学者刘安世、张九成、刘黻、江公望等贬官后，都曾经在赣南谪居，并留下了大量的著述。

5. 石旗杆的昭示

在江西客家地区，到处可以看到用石柱雕成的旗杆，或者用两根石柱中间镶嵌的木旗杆子，这是一种功名的象征，客俗语云：“三年中一举，旗杆夹石。”这种石旗杆，又被称为客家人的“华表”。

客家人的“华表”，多在祠堂前竖立，一般长约5米至10米不等，其基座一般为长形石条凿成的方形或圆形状的石柱。石柱上雕刻着各种装饰图案，各节石柱又以石榫相衔接而成，尾部逐渐细小，矗立起来就像是大旗杆似的，故人们称它为“石旗杆”。

能竖上这种旗杆，是家族的荣耀。在我国科举盛行的时代，若是哪家的读书人金榜题名，考上了“进士”，或是获得其他上品位的官职，宗族便请来手艺高超的工匠，精选石料，制作石旗杆。旗杆上凿上获得功名者的姓名、科次、功名、业绩、生平、官衔、品位、年代等，并刻上龙凤呈祥或狮虎相争等吉祥物装饰图案。到了清代，有的客家宗族又立有族规，凡考上秀才、举人者，祠堂也可竖立“石旗杆”。为了表示区别，主要依功名高下、品位大小及文武科名之分，来决定石旗杆的长短，以长者为上。另外，旗杆的底座式样和雕饰图案亦有一定的区别，底座一般有

客家石旗杆

四角、六角、八角形之分，以角多为尊。人们从石龙旗的长短及底座和装饰图案的不同，即可知其功名及品位的大小。石旗杆凿成后，家族要举行热烈庄重的竖旗仪式，全村人均要敲锣打鼓来祝贺，以藉此彰显家族的荣耀。谁家的祖祠前石旗杆越多，就说明谁家出的人才越多，宗族越兴旺发达。而一个地方的石旗杆越多，说明这个地方越人才辈出，人杰地灵。

石旗杆，古色古香，栉风沐雨而巍然挺立，它向世人昭示的不仅仅是往昔宗族的荣耀，而更是客家人重教兴学、崇文重仕的精神风貌。

赣州浮桥

三

“ 㑊 话 ”——客 家 人 的 语 言

客家方言第一人称叫“㑊”，这是一个非常独特的词语，出门在外，只要听到有人讲“㑊”，你便知道他是客家子民了。因此之故，有的语言学家遂将客家方言趣称为“㑊话”。

客家方言因其保留着较多的中原古音韵和古词语而被学术界称为研究古汉语的“活化石”。近年来，越来越多的海内外专家学者深入赣闽粤三角区进行客家方言的调查研究。江西客家话与其他地方的客家话相比，则更能引起学者们的兴趣。因为：第一，客家方言是从赣方言脱胎而来的，江西是客家方言和赣方言的交汇点，因此，从江西客家方言中更容易考见客赣方言的联系和差别。第二，江西的客家方言既古敦，又呈同一的多样性。说它古敦，是因为这里唐宋以

石城老妇

来的世居客家姓氏较多,因此方言中保留中原古韵成分就较多;说它呈同一的多样性,是因为明末清初粤东、闽西的客家人又大量倒迁入赣,使江西的客家方言不像粤东、闽西那样统一,而是同中有异,县与县之间不一样,甚至乡与乡之间也显出差异。因而,江西的客家方言也就更具研究价值。

1. “宁卖祖宗田,呒卖祖宗言”

唱古文

“宁卖祖宗田,呒卖祖宗言”,这是客家人经常挂在嘴边的一句话。无论漂泊到何方,隔了多少代,多少年,他们总不会忘记自己的“祖宗言”!离开家乡在外工作的客家人,常常会为自己能在老乡面前讲出“原汁”的客家话而感到自豪!回到家乡,如果不会讲“偓话”,则会被长辈和乡人指责为“忘了祖宗”。有一位长期做干部的大陆客家人,到东南亚去探望侨居他国的宗亲,开始时宗亲们感到他的客家话有点“夹生”,住了一段时间回国时,宗亲们欣慰地表扬他:“你的客家话进步了。”美国熊氏集团董事长熊德龙先生,是纯粹的外国血统,但是在第二次世界大战时,父母双亡,是一位善良的客家妇女用乳汁把他喂养大。他从小受到客家文化的熏陶,讲一口地道的客家方言。现在虽然事业腾达，誉满全球，但一刻也没有忘记“俚话”，并且教育他在美国的子女也要学会讲客家话。

为什么客家人对自己的母语如此挚爱？因为语言是思想的载体，客家语言传承着客家人的文化、客家人的传统，是客家人的根脉所系！

2. 江西客家方言的特点

分布特点

江西的客家方言主要分布在赣南的17个县市，同时亦广布于全省其他地方。其中遂川、万安、铜鼓3县说客家话的人口约45%～50%；广昌、永丰、宁冈、井冈山、万载、修水6县说客家话的人口约20%～40%；泰和、萍乡、宜丰、靖安、奉新等县说客家话的人口均超过10%；其他如吉安、吉水、永新、宜春、新宜、武宁、横峰、莲花等县也都分布着一些客家方言点。

赣南是全国最大的客家方言区，这里的客家话可以分为中心片和环形片两大层次。中心片包括赣县、南康、大余、于都、兴国南部、信丰北部、上犹和崇义两县东南部。其方言内部比较统一，在历史上这些地区虽然曾分属南安府和赣州府，但我们很难找出区分两府方言的突出特点。在环形片内部，又可以再分为宁石小片、散形小片和交叉小片，宁石

营前客家

小片包括宁都、石城两县；散形小片包括定南、龙南、寻乌、会昌东南部、瑞金东部、上犹和崇义两县的西北部；交叉小片包括中心片和环形片的交接地带，即信丰南部、安远、会昌西北部、瑞金西部、兴国中北部，它们既有环形片方言的某些特点，同时又有中心片方言的某些特点。

中心片以元明时期从赣中迁入的居民加上一部分唐宋时期迁入的北方居民为核心，在语言特征上与赣中方言有许多相似之处。虽然中心片内也杂居着明末清初闽粤倒迁客民，在语言上也受到了影响，但总的来说，他们还是保留着自己语言的原有特点，而将闽粤倒迁客民的语言同化了，他们自称说的是“本地声”，称对方说的是“兴宁声”、“河源声”、“福建声”等等。环形片的宁都、石城小片基本上以晋至唐宋时期迁入的居民为基础，保留着唐宋语言的基本特点。交叉小片是几个时期迁入的居民聚居之地，但又受明末清初移民的影响较大。散形小片是明末清初闽粤倒迁客民集中的地方，他们迁来的时候就自成村落，因而基本上保留了原来的风俗习惯，保留了闽粤客家话的基本特色。

在一些边缘地区，因受邻近方言的影响，往往具有邻近方言的一些特点。宁都的肖田、东韶两乡，因与赣方言区的南丰、宜黄、乐安等县接壤，故其方言赣语的成分很浓；会昌的周田乡一带，因靠近闽西，其方言与武平客家话相似；定南的九曲、天花及龙南的杨村一带则与粤东和平县相邻，其方言亦与和平相似；大余西南的游仙一带，地接南雄，方言与南雄相似；崇义的丰州一带，与湖南汝城为邻，其方言则与汝城相近。

词汇特点

与闽西、粤东等地客家人一样，江西客家人也讲“俚话”。“俚”〔ŋɑi〕，是客家话特有的第一人称代词，因此，“俚话”就成了客家方言的代名词。

江西客家方言词汇与普通话词汇相同的地方很多，但无论在词形还是在词义方面，都有自己独有的特色。

（1）单音词比普通话多。如：

被（被子） 皮（皮肤） 晓（知道） 地（坟墓） 禾（稻子）

衫（衣服） 雹（冰雹） 崇（山顶） 坳（山窝） 屋（房子）……

古代汉语演变为现代汉语，在词汇方面的一个重大变化，就是单音词大量复音化，由单音词为主发展到复音词为主。据此，可以说客家方

链接：赣州话

在被客家话四面包围的赣州市城区中，保留着一种特殊语言现象，这就是赣州话。

赣州话是官话的一种，从语系上来分属于西南官话。究其成因，与明代的军队编制有关。明制，天下各设卫所，以屯以守。江西共设三卫，而赣州便有一卫。卫所之制，以5600兵士为一卫；每卫下辖五个千户所，每千户所有兵士为1120人；每千户所下辖十个百户所，每百户所有兵120人。赣州卫设于明太祖洪武四年（1371年）。现在赣州城内还保留着“卫府里”的街区名，是当年卫衙所在地。此外，当时还在信丰嘉定镇（今信丰县城）和会昌的羊角堡分别设立守御千户所。赣州民间流传着王阳明带来官话的传说。事实上，一个人是不可能推广一种语言的，但赣州话的来源可能与王阳明有关。明正德年间，王阳明以右佥都御史的名义巡抚南赣，为剿灭谢志珊、蓝天凤领导的畲汉人民起义，从广西等地调来讲官话的“狼兵”（雇佣兵）长期驻扎赣州城。又传，当时很多刺客来刺杀王阳明，以阻止他对农民的镇压活动。为防止刺客入城，王阳明要求城内军民一律要学会讲几句“官话”，否则以匪人论处。严令一出，全城百姓惶惶不可终日，赶紧学官话。于是，几乎是一夜之间，全城的百姓全都学会了讲官话。而当时的信丰县城嘉定镇驻扎的军队，也仿王阳明在赣州城的做法，强制推行官话，以致信丰县城也出现了与赣州城类似的“西南官话岛”。

于是，客家大语系中出现了“赣州话”这样一种特殊却很好听的语言。这种语言一直传到今天。而以民国时期为盛，官话成了体现地位与身份的象征——若有人能说官话，往往被地方百姓尊为上客。当时公办及民办的所有学校里的教书先生都是用赣州官话来授课的，以体现先生的地位与清雅，也让教出来的学生们能继承衣钵，继续讲官话，任官职，服务政府。

言的词汇的面貌比较古老。

（2）意义范围比普通话更大的词多。如：

眼：在赣南客家方言中，“眼”除了指眼睛之外，凡“孔”、“洞”的意思都称“眼”。例如木板上的孔、衣服上的孔、纸上的孔、墙上的洞等等，都叫做“眼”；又如人体上的“耳朵眼”、“鼻公眼”、“肚脐眼”、“屎眼”（肛门）等等。此外，“眼”还可当量词，如“一眼井”、“一眼塘”等等。

屎：在赣南客家方言中，“屎”除了指大便外，还指称许多排泄物和脏物。例如“耳屎”、“鼻屎”、“眼屎”、“卵屎”（男子精液）、“烟屎”（烟斗里的油膏），还有“脑屎”（脑髓）等等。

讨：在赣南客家方言中，“讨”除了向人“乞讨”、“要”的意思之外，还有“娶”（讨老婆）、“被”（“讨别人打”、“讨人嫌”）等意思。

跌：在赣南客家方言中，“跌”除了“跌倒”的意思之外，还有“往下掉”（“跌落”）、“遗失”（“跌了钱”）的意思。此外，家道衰落也叫“跌”（“跌苦”），“丢脸”也叫“跌”（“跌面子”）等等。

（3）有丰富的同义词。

在赣南客家方言中，存在着相当丰富的同义词，使语言的表达更加精确，生动活泼，富于变化。如：

买：方言除了用“买”表示购买的意思之外，还根据购买对象的不同而采用其他的说法。例如：

称盐（买盐） 籴米（买米）

舀油（买油） 斫猪肉（买肉）

剪布（买布） 点药（买药）

捡豆腐（买豆腐）……

在这里，“称”、“籴”、“舀”、“斫”、“剪”、“点”、“捡”都是“买”的意思，可以看做是同义词。

收：方言除了用“收”表示收

会昌客家老妇在交谈

客家儿童嬉戏

获农作物之外,不同的作物又有不同的说法。例如:

摘木梓(收茶籽) 捡豆子(收豆子) 扒花生(收花生) 扳萝卜(收萝卜)

割油菜(收油菜) 打黄麻(收黄麻) 挖荸荠(收荸荠)……

在这里,"摘"、"捡"、"扒"、"扳"、"割"、"打"、"挖"等虽然是不同的收获动作,但同样有表示"收"的意思。

(4)多有词头词尾。

赣南客家话多有词头词尾,使人听起来既亲切,又充满了乡土气息。

词头"阿"、"老"

"阿":用在对亲属长辈或年长者的称呼上,主要分布在环形片的三南、寻乌一带和上犹、崇义两县的西北地区。如:

阿公(祖父) 阿婆(祖母) 阿爸(父亲)

阿叔(叔父) 阿哥(哥哥) 阿姐(姐姐)

"老":遍及于全地区,除了可用于称人的词外,还可以用于一些称物的词,有不少是与普通话不相同的。例如:

老叔(叔叔) 老弟(弟弟) 老妹(妹妹) 老公(丈夫)

老婆（妻子） 老表（表兄弟）老庚（同年） 老华（同郡望）

词尾“头”、“公”、“牯”、“婆”、“嫲”、“佬”

“头”：多用在无生物名词或时间词后面，也用于动物和人。如：

石头 墙头 砖头 钵头 镬头 肩头 灶头

晏（an）昼头（上午） 下昼头（下午） 夜晡头（晚上）

懒骨头（指人懒惰） 叫化头（乞讨者）猪牯头（公猪） 鸡公头（公鸡）

“公”、“牯”、“婆”、“嫲”：多用于表示动物的性别，偶用于人；前两个表阳性，后两个表阴性。“公”用于家禽类，“牯”主要用于四脚动物；“婆”、“嫲”则用于一切动物。如：

鸡公 鸡婆（嫲） 牛牯 牛嫲（婆） 猫牯 猫嫲（婆）

鸭公 鸭婆（嫲） 猪牯 牛嫲（婆） …………

鹅公 鹅婆（嫲） 狗牯 狗嫲（婆）

指人时，多为外号，含鄙视意味。如：

矮牯（男矮子） 石头牯（男性外号） 懒思婆（懒惰的女人）

“佬”：指称某些从事特殊职业的人。如：

打铁佬（铁匠） 打石佬（石匠） 剃头佬（理发匠） 撑船佬（船夫）

有时亦往往在一些亲人称谓后面加上“佬”、“婆”，以示亲密，如：

丈人佬（岳父） 爷佬（父亲） 叔佬（叔父） 舅佬（舅舅）

丈人婆（岳母） 老大婆（大嫂） 大姨婆（大姨娘）

（5）保存了较多的古汉语词汇。

有些古语词，普通话口语已不用了，只在一些书面词语中出现，但在客家话中却是常用词。例如：

客家话称黑色为“乌”，乌为古语词。《三国志·魏书·邓艾传》：“身披乌衣，手执耒耜，以率将士。”（身上披着黑色的外衣，手里拿着耕地用的农具，做将士的表率）。

称脸为“面”，面为古语词。《战国策·赵策四》：“老妇必唾其面。”

（老妇一定朝他脸上吐唾沫）。

称稻子为“禾”，禾为古语词。张舜民《打麦》诗：“麦秋正急又秧禾。”（麦子收获正忙的时候水稻又要插秧了）。

称绳子为“索”，索为古语词。司马迁《报任安书》：“关木索，被棰楚受辱。”（戴上刑枷，用绳子绑着，被鞭子抽打，蒙受耻辱）

称吃为“食”，食为古语词。《礼记·大学》：“食而不知其味。”（吃东西不知道其中的味道）。

称早上为“朝”，朝为古语词。李白《早发白帝城》诗：“朝辞白帝彩云间，千里江陵一日还。”

称白天为“昼”，白天的上午叫“晏（音‘an’）昼”，下午叫“下昼”，昼为古语词。《诗·豳风·七月》：“昼尔于茅，宵尔于绹。”（白天出外割茅草，晚上搓绳长又长）。

称跑为“走”，跑得飞快叫“走得飞快”、“走得狗赢”（比狗还跑得快），走为“跑”的古语词。《韩非子·五蠹》：“兔走触株，折颈而死。”（兔子跑得太快撞到树干上，折断了颈而死亡）。

称走为“行”，如俗语“慢慢行（音‘hang’），先进城（音

客家妇女

'sang')",行为"走"的古语词。李商隐《瑶池》诗:"八骏日行三万里。"(八匹骏马一天可以走三万里)。

…………

(6)颇具地方特色的特殊词语。

赣南客家方言中有一部分独特的词语,颇能体现地方特色。就它们的分布来说,有些是全区性的,有些仅在某些区域使用。如:

点心(稀饭) 番瓠"pu"(南瓜) 字管(毛笔) 调羹(汤匙) 电油(干电池) 寿木(棺材) 单子(药方) 点茶(抓药) 闭痧(中暑) 驳嘴(接吻) 唱戏文(演戏) 打野话(胡说八道) 猪利子(猪舌头) 猪旺子(猪血) 矮婆车(小轿车) 狗婆蛇(四脚蛇) 吊楼子(阳台) 做好事(办喜事) 讨新妇(娶儿媳妇) 有好事(怀孕) 做小月(来月经) 心气痛(胃病) 驳电火(装电灯) 花边(钱币) 汽划子(小火轮) 响雷公(打雷) 天狗食月(月食) 鳌鱼转身(地震) 冇动冇爽(没有行动) 清汤寡水(汤粥很稀) 喷天烂臭(臭味很大很大) 拱屎操尿(捣乱不停)

经得扳(韧性、耐力好,持久性强)

…………

这些词语,是赣南客家人在实践中创造出来的,也在一定程度上反映了赣南人民的生活方式和风俗习惯。

用客家方言念古诗

"敕勒川,阴山下,天似穹庐,笼盖四野。天苍苍,野茫茫,风吹草低见牛羊。"在《敕勒歌》这首南北朝时期的古老民歌里出现的两个"野"字,读音是ya而不是ye。这种古音读法正好与现在赣南客家人对"野"的读音相同。又如唐诗"远上寒山石径斜,白云生处有人家。停车坐爱枫林晚,霜叶红于二月花"(杜牧《山行》),首句"石径斜"的"斜"字,古音读xia而不读xie,正好跟二、四句末的"家"、"花"押韵。现在客家人正是读"斜"为xia。白居易《长恨歌》"承欢侍宴无闲暇,春从春游夜专夜","夜"读ya而不读ye。客家人也读"夜"为ya。宋词大家苏轼的《浣溪沙》"簌簌衣巾落枣花,村南村北响缫车,牛衣古柳卖黄瓜……""车"不读che而读ca,而如今客家人叫车子作cazi。

客家人的生活

句法特点

与普通话相比，江西客家话在句法上亦有一些显著特点。

（1）“紧”、“稳”、“等”等表时态的词放在动词的后面：

“紧” 食紧饭（正在吃饭） 于都、瑞金、龙南、大余等地。

“稳” 食稳饭（同上） 上犹、崇义、赣县、会昌等地。

“等” 食等饭（同上） 赣南其他地区。

（2）否定副词“呒”相当于普通话的“不”；“呒曾”相当于“未曾”；“呒要”用于中心片，相当于普通话的“不要”，环形片则说“呒爱”（nao）。如：

该介（gai）妹子呒标致（这个女孩不漂亮） 该碗菜呒好食（这碗菜不好吃）

倨呒曾读过书（我没有读过书）

炸米果

客家谚语：

谚语是熟语的一种。她用简单通俗的语言反映出深刻的道理，具有文字简练、形象生动、和谐押韵、琅琅上口以及口语性、知识性和实用性等特点，被誉为“语言之花”、“智慧海洋的明珠”。

佢呒曾去过北京（他没有去过北京）

你呒要拱屎操尿（你不要捣乱）　　你呒要理佢（你不要理他）

（3）表示程度的副词“多”、“少”总放在动词的后面：

食多滴（多吃一点）　　着多一件衫（多穿一件衣服）

话（wa）少两句（少说两句）　　着少滴裳衣（少穿一点衣服）

（4）“添”相当于普通话的“再”，用在句末：

等下添（再等一会儿）　　食一碗饭添（再吃一碗饭）

打一场球添（再打一场球）　　看一场电影添（再看一场电影）

（5）“倒”相当于普通话“得到”的“到”，用在句末：

看得该场球赛倒（看得到这场球赛）

买得恁多东西倒（买得到这么多东西）

考得北京大学倒（考得到北京大学）

3. 客家谚语

客家谚语是客家人在长期的艰苦创业和生产生活中总结与创造出来的，她带着泥土的芳香，承载着客家民系独特的人文精神，在我国千姿百态的谚语群中独树一帜！

客家谚语的内容极为丰富，我们大致可以将其分为以下三大类：

生产谚语

总结生产经验，包括气象、时令、耕作技术、家畜饲养、手工作业等内容。如：

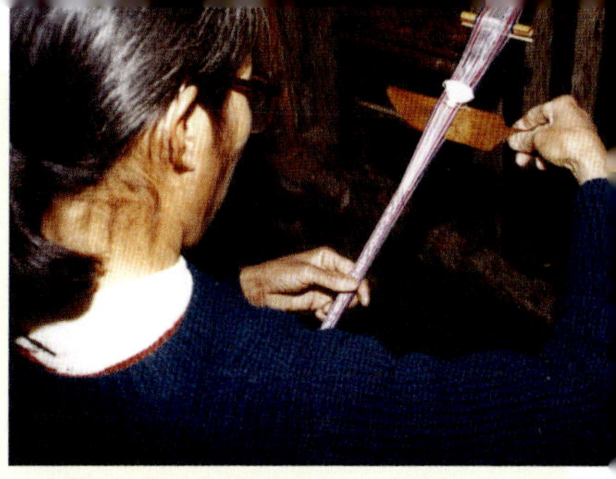

织头帕

立春晴一日，农夫耕田㕵用力。

立春一日晴，早季好收成。

清明晴，㕵用上高坪；清明雨，鱼哩叉下死。

六月旱，担竿（扁担）断，八月旱，会断餐。

莳田莳到秋，有收冇几多。

霜降㕵割禾，一夜要一箩。

瞎目秋（指夜间立秋），番薯芋头有；光目秋（指白天立秋），米谷有。

土狗（蝼蛄）入屋，明日莫晒谷。

立春一日晴，早季好收成；立春一日雨，早季禾苗死。

一朝春霜三日雨，三朝春霜冇点雨。

春分秋分，日夜平分（指天亮，入夜的光暗时间）。

清明无雨三月旱。

正月冻死牛，二月冻死马，三月冻死耕田侪。

懵懵懂懂，惊蛰好浸种。

立夏小满，江河尽满。

立夏起北风，十口鱼塘九口空。

芒种水，恶过鬼。

夏至西北风，菜园一扫空。

四月寒，八月旱。

雷公先唱歌（打雷），有水冇几多。

东杠（彩虹）日头西杠水，南杠刀枪北杠虎。

雷打秋（指立秋时响了雷），禾半收。

人黄有病，天黄有雨。

月光担枷，日内戴笠或擎伞。日晕对月晕，田里干裂缝。

云行东，车马通；云行西，披蓑衣；云行南，水成潭；云行北，水磨墨。

早霞不出门，晚霞千里行。

南风天，有食要人牵。

热极生风，闷极生雨。

雷打冬，十个牛栏九个空。

蚯蚓出洞蛇拦路，天公将有雨水落。

虾公反塘（鱼虾反躁浮水面），有水洋洋。

蚊家（蚊子）恶，有水落。

蚁公搬家，上搬落水下搬晴。

蚯蚓出洞有水落。

盐缸反潮，大水难逃。

蜻蜓低飞江湖边，必有风雨雷闪电。

蜘蛛高挂忙结网，连日雨水必转晴。

鸡早宿窝天必晴，鸡晚进笼天必雨。

（左页图）手工造纸搅浆
（右页图）手工造纸出货

早上青蛙叫，不久水将到。

蜈蚣落地有大水。

子胖靠娘，禾大靠秧。

早季馊田莫馊秧，晚季馊秧莫馊田。

春争日，夏争时。

秧好一半禾，苗好七分收。

耕田不用问，精耕多上粪。

有收冇收在于水，多收少收在于肥。

中耕深一寸，赛过上担粪。

人误地一时，地误人一造。

三分种，七分管。

人靠血养，禾靠水养。

地怕秋冇水，禾怕钻心虫。

肥料落不足，割禾对田哭；肥料落过头，割禾心里愁。

只种不管，打破饭碗。

犁冬晒白，粮增一石。

要想富，多种树。

家有千条桐，子孙呒怕穷。

家有百丛竹，不愁不富足。

山上多种树，等于修水库。

山上光，年景荒。

现在人养树，将来树养人。

门前有条木瓜树，当过一只咸菜瓮。

夏至种芝麻，头戴一盆花；立秋种芝麻，死都不开花。

若要富，蒸酒磨豆腐；若要穷，掂鸟笼。

生活谚语

总结日常生活各方面的经验，反映人民的世界观、生活态度和道德观念。如：

人是铁，饭是钢，一餐吪食饿得慌。

有食就火气，有食就起火。

食就十足，着就九六。

有食想到冇食时，等到冇食倒悔迟。

食得几碗饭，神仙都吪贪。

雄就雄该几碗饭，冷就冷该几个风。

冬食萝卜夏食姜，吪劳医师开药方。

想好又想好，猪肉捞（放）油炒。

要想食饭，就得流汗。

贪食贪睡，添病减岁。

食吪穷，着吪穷，冇划冇算一世穷。

山精山角落，新裳底下着。

饭后一杯茶，赛过大老爷。

两脚站得牢，吪怕大风摇。

丰年当作歉年过，碰到歉年吪挨饿。

客家妇女

婚俗——开脸

要得会，天天累；要得精，人前听。

饭后行百步，呒用上药铺。

别人龙屋再好，呒当自家狗薮。

人争一口气，佛争一炉香。

摘瓜寻藤，念祖寻根。

宁卖祖宗田，呒忘祖宗言。

离乡呒离腔。

只有上呒去的天，冇有过呒去的山。

有志成龙，冇志成虫。

祖业分呒富，创业富长久。

人穷力出，山崩石角。

有油莫点双盏火，免得冇油打“暗摸”（摸黑）。

近河莫枉（浪费）水，近山莫枉柴。

会划会算，钱粮呒断。

养子呒读书，不如养只猪。

子弟呒读书，好比瞎眼珠。

秀才呒怕衫破，最怕肚中冇货。

捡漏趁天晴，读书趁年轻。

天光呒起误一日，少年呒学误一生。

读书肯用功，茅寮里面出相公。

社会谚语

反映社会现象和人情世故等内容。如：

一人有福，牵带满屋。

千拣万拣，拣到烂灯盏；千铎（择）万铎，铎倒烂瓠杓。

胆大飘洋过海，胆小死守家门。

天下乌鸦一般黑，到处杨梅一样花。

缸口封得住，人口封呒住。

一时强弱在于力，千古胜负在于理。

父正子呒邪，母勤女呒懒。

好人呒翻旧事，好狗呒食旧屎。

当面一枝花，背后一条蛇。

娘肚子有子，子肚子冇娘。

家和万事兴，吵斗散人心。

家中一老，当过一把锁。

兄弟如手足，妻子如衣服。

做官买田，呒如子孝妻贤。

好汉呒打妻，好狗呒咬鸡。

好子呒贪爷田地，好女呒贪嫁时衣。

千跪万拜一炉香，呒如生前一碗汤。

呒当家呒知柴米贵，呒生子呒知爷娘恩。

养仔呒知娘辛苦，养女才知苦了娘。

兄弟和好土变金，子嫂和好家业兴。

营前古村

于都寒信峡

娶妻莫贪靓，嫁女莫贪财。

公不离婆，秤不离砣。

公婆是公婆，床头打架床尾和。

夫妻冇有隔夜仇。

冇怕箱柜空，只要嫁个好老公。

耕田冇好误一年，娶妻冇好误一生。

妻贤夫祸少，子孝父心宽。

买屋看梁，娶妻看娘。

兄弟冇和硬似铁，夫妻恩爱软如绵。

嫁嫩郎，愁断肠；嫁老郎，会思量。

食酒食肉，不如夫妻和睦。

早起三朝当一天，早起三秋当一冬。

一餐省一口，一年省一斗。

会划会算，钱粮冇断。

勤快之人汗水多，贪食之人口水多。

早睡早起，存谷堆米；迟睡迟起，锅子吊起。

宁可与人比耕田，冇可与人比过年。

祖业分冇富，创业富长久。

相骂莫帮言，相打莫帮拳。

人穷志冇穷，蟒蛇脱壳变成龙。

舍冇得娇妻，做冇得好汉。

人情一到，谷种都要粜。

牛角冇尖冇过岭，铁锥冇硬冇打钉。

鹞婆（老鹰）飞上天，蟾蜍蹲缸脚。

亲人难舍，故土难离。

宁做太平犬，不做乱世人。

有树才有花，有国才有家。

4. 客家歇后语

客家方言的表现力特强，其歇后语十分形象、生动、贴切、幽默，寓意极为深刻，广泛流行于客家地区，为客家人民所喜闻乐道。现列举如下：

冷水打布壳——吂相粘

驼背子有落席——两头空

猴子捡到一饼姜——欲弃不忍

聋子的耳朵——做样子的

鼻公头上的饭——捋下就食

两角钱买甑刷——试一把

鸡婆带子——一大拉

手心手背都是肉——一样亲

脱掉帽子见瘌痢——公开

黄鼠狼给鸡拜年——吂安好心

鸭婆背上倒勺水——装吂进

两公婆拜年——多了的理（礼）数

蛇过了来打棍——做作

黄鳅（泥鳅）听水响——跟样

半斤八两——一个样

番鬼子吹大筒——冇下台

看等狗牯屌死猫——吂上前（不相救）

卖糠壳——粜（调）皮

屎窖门——懒搭（答）

饭甑肚里放铁尺——蒸（真）家伙

拨了袂（裤子）来放屁——多此一举

钝刀切菜——爱缸“帮”（相帮）

歇后语

歇后语是指说话时候把一段常用词语故意少说一个字或半句而构成的带有幽默性的话。一般由两部分组成：前一部分是引子（比喻或隐语），像谜面；后一部分是本意，像谜底。本来，它只说前一部分，后一部分留给人家去体会，所以叫歇后语，但通常是前后两部分都说出来，构成特定的短句。

绣品

口围子

帽

打米问仙——同鬼讲
阎王呒着裤——笑死鬼
觋公跌撇印——无法
纸做猪头——哄鬼神
刀切蕹菜——两头空
阎罗王开饭店——鬼来食
圩背摆摊——外行
孵鸡呒出——坏蛋
瞎眼上山——呒晓高低
瞎眼狗——呒识人
禾头下出稗子——杂种
草蜢撩鸡公——呒知死（自寻死路）
过桥比你行路多——经历丰富
棺材边念经——吵死人
驼背子息觉（睡觉）——两头冇落席（不落实）
问叫化子借钱——找错人
火吹筒——两头空

烂灯笼——吊框（吊腔）

苦瓜虫——内贡（内讧）

食猪红——呕生血

鸡公髻——外来肉（额外收益）

死老鼠——尽猫拖

蚊子脚——有臂（无比）

沙坝摆摊——外行

胡弦断线——失音（失去知音，失去联系）

棚顶息觉——高眠（高明）

半夜鸡啼——呒知丑（不知丑）

天井种菜——有园（无缘）

净食饺肉——有面皮（丢脸）

火烧月历——有日子（日子不多，时间紧迫）

书本落甑——蒸斯文（真斯文）

巴掌生毛——系老手（行家里手）

石灰撒路——打白行（白跑一趟）

大字无横——人字好（人际关系好）

落雨担秆——越担越重（负担愈来愈重）

五更落雾——多蒙（承蒙相助、支持）

老鼠缘桁——慢上梁（慢商量）

柑子生虫——橘坏哩（受刺激过甚）

水桶装鲩——舸死哩（太委屈了）

拆了庙——废神（费神）

镜上尘多——难见面（难相见）

水浸石灰——想化哩（思想开朗起来）

花钵种树——难成材

半夜出世——亥人（害人）

纸角装盐——包咸（包涵）

子字冇横——了字（了事）
天井撑船——难开篙（难开交）
冷水泡茶——冇味道（没意思）
猫抓糍粑——难脱爪（难脱身）
纸糊栏杆——靠呒住（靠不住）
满塘鲫鱼——冇个鲤（没有道理）
一篮萝卜——净头（尽是头头）
冇火做厨——暗切（暗泣）
背上抓痒——倒抓（倒赔钱）
筛子做门——难遮人眼（掩盖不住）
脚盆洗面——冇上冇下（目无尊长）
阎王嫁女——冇鬼爱（谁也不要）
担竿冇疙——顾两头（兼顾两边）
狗食猪利——[illegible]舌头（胡言乱语）
脚上打脉——摸呒准症头（不对头，抓不住要点）
饭甑冇盖——气冲天（大怒）
哑吧讲话——指手画脚
利刀割豆腐——两面光（两面讨好，和事佬）
铺板上散步——走过床（走过场）
麻风食狗肉——烂做烂来医（破罐子破摔）
壁上挂窗帘——呒像画（不像话）
六月着棉袄——呒识时务
长衫套马褂——呒登对（不相称）
空棺材出柩——木中冇人（目中无人）
寿仙公吊颈——嫌命长
骑马呒用鞭——拍马屁
墙头上睡觉——难翻身
船头上跑马——走投无路

清明

排骨炒豆腐——有软有硬（软硬兼施）

暗室里穿针——难过（穷困，悲伤）

麻袋做西装——呒系料子（不是人才）

有砣介秤子——呒知重轻（不知轻重）

拳头捶老姜——辣手

擎伞又戴笠——多余

死鸭子硬颈——固执

黄连树下弹琴——苦中作乐

捏门头（额头）上的汗——辛苦得来的

5. 客家童谣

过去，每当农闲的时候，妇女们便会坐在一起，一边做着针线活，一边吟起孩提时代的童谣。孩子们则一边追逐嬉闹，一边跟着吟诵，这样，客家童谣便一代一代传了下来。

小郎读书

白饭子，白珍珠，打扮小郎去读书。正月去，二月归，挑担箩夹等嫂归，归来花缸冇滴水。鹅担水，鸭洗菜，鸡公砻谷狗踏碓，狐狸烧火猫炒菜，猴哥偷食㸌疤嘴。

先生教偓人之初

先生教偓人之初，偓教先生打山猪。山猪漂过河，跌得先生背驼驼。

排排坐

排排坐，唱山歌，爷打鼓子偓打锣，新妇灶背炒田螺。田螺谷，刺到家官脚，家官呀呀呀，新妇笑哈哈。

拍手歌

一打一，松树屋上一管笔。两打两，两子亲家打巴掌。三打三，脱去棉袄换单衫。四打四，两子亲家打斗趣。五打五，五月十五好嫁女（音“呒”）。六打六，

客家童谣

童谣语言形象生动，句句通俗，而且句尾多用同韵字，所以朗诵起来，异常顺口，只要儿时念熟了，至老不忘。

河背村庄火烧燎。七打七，天上落水地下湿。八打八，穷苦人家捋粥缸。九打九，两子亲家饮老酒。十打十，糍粑粄子软泥泥。

砻　谷

砻谷窸嗦，大婆踏粄。冇粄分，分个烂衫巾。塘哩洗，井哩荡，荡得一条大鱼王。头脑拿来食，尾巴拿来讨老婆。讨个老婆高天天，煮的米饭臭火烟；讨个婆娘矮缩缩，煮的米饭子香馥馥。

砻谷叽喳

砻谷叽喳，嫁给邻舍。邻舍梦多，嫁给金哥。金哥脚瘸，嫁给田螺。田螺鼻衄，嫁给长秀。长秀命短，嫁给厨倌。厨倌空笼，嫁给鸡公。鸡公放屁，嫁给甑箅。甑箅蒸酒，嫁给鼓手。鼓手吹的打，嫁给老娭毑。老娭毑事头多，嫁给歪嘴哥。歪嘴哥冇爱，丢在墙头背；叫化子捡起来，“噢哇噢哇”做老妹。

洗衣裳

月亮光光，打开城门洗衣裳。洗白白，洗净净，打发哥哥去学堂。学堂满，嫁笔管；笔管通，嫁相公；相公矮，嫁螃蟹；螃蟹瘦，嫁绿豆；绿豆青，嫁观音；观音下来拜四拜，黄狗咬倒观音带。观音带上有个钱，解下铜钱买黄连。黄连苦，买猪肚；猪肚薄，买菱角；菱角尖，买马鞭；马鞭长，买屋梁；屋梁高，买把刀。刀好切，切韭菜，一切切倒手指公，一盆血，一盆脓。

菱角子

菱角子，角弯弯，大姊嫁在菱角山。老弟骑牛等大姊，大姊割禾冇得闲。放撇禾镰拜两拜，目汁双双流落田。

鸭

鸭嫲咖咖，嫁得邻舍；邻舍冇学，嫁得瓠杓；瓠杓舀水，嫁得酒鬼；酒鬼罗唆，嫁得猴哥；猴哥上桌，嫁得桌脚；桌脚落地，嫁得王阿二。

癞痢头

癞痢头，看黄牛。黄牛冇食草，癞痢学剃脑。剃脑剃出血，癞痢学打铁。打铁难牵炉，癞痢学钉砻。打砻难破篾，癞痢学做贼。做贼难打洞，

大山深处有人家

癞痢学打铳。打铳难扣火，癞痢学修锁。修锁难修须，癞痢学赴圩。赴圩难行路，癞痢学砍树。砍树难修杈，癞痢学做瓦。做瓦难搬泥，癞痢学装犁。装犁难凿眼，癞痢学做伞。做伞难斗把，癞痢做叫化。

打黄元

缺牙窿窿

缺牙窿窿撩鸡屎，撩得婆婆煮芋子。芋子煮旼烂，敲偓三锅铲。

荷车子

荷车子，嗬呀嗬，旼莫笑偓冇老婆。再过两年讨一个，牵手搭脚两公婆。

萤火虫

萤火虫，照草丛，翻转屎窟吊灯笼。

萤火虫，唧唧红，桃儿树下吊灯笼。灯笼光，照四方；四方暗，跌落坎；坎下一枚针，捡来送观音；观音面前一蔸禾，割了一担又一箩，分给你来偓又有。

月光光

月光光，树头背，鸡公砻谷狗踏碓，狐狸烧火猫炒菜，田鸡食饭脚懒懒,老虎上山拗苦樵。

月光光,得人爱,狐狸烧火猫炒菜,鸡公砻谷狗踏碓,猴哥送饭用背背,田鸡婆婆抢老妹。

月光光,岭子背,鹅担水,鸭洗菜,鸡公砻谷狗打碓,狐狸烧火猫炒菜,送饭送到岭子背,捡到一个花老妹,搭佢亲个嘴。

月光光,好种姜

月光光,好种姜;姜必目,好种竹;竹打花,好种瓜;瓜会大,摘来卖。卖到三介钱,拿来学打棉;棉线断,学打砖;砖断节,学打铁;铁生鲁(锈),学杀猪;猪会走,学杀狗;狗会咬,学杀鸟(diao);鸟会飞,飞哪

里，飞到榕树下，捡到一个烂冬瓜。拿转去，食呒下，一泻泻到满厅下。

月光光，月洋洋

月光光，月洋洋，你卖冰糖捱卖姜。姜簕簕，好种竹；竹打花，好种瓜；瓜圆圆，好作田；田好作，告（换）牛角；牛角弯，告铁钉；铁钉长，告只羊；羊嘻嘻，告只鸡；鸡逑逑，告只鹅；鹅生蛋，生一箩。

月光光，秀才娘

月光光，秀才娘，船来等，轿来扛。一扛扛到河中心，虾公毛蟹拜观音。观音脚下一朵花，拿给老妹转外家，转去外家笑哈哈！

月光光，秀才郎

月光光，秀才郎，骑白马，过莲塘。莲塘背，种韭菜；韭菜黄，跳上床；床无秆，跌落坑；坑圳头，看黄牛；黄牛叫，好种猫（种，客家话喂养的意思）；猫头鸡，好种鸡；鸡入埘，好唱戏。唱戏唱得好，虱嫲变跳蚤。跳蚤跳一工（工，谐音，一工，意即时间很长），虱嫲变鸡公。鸡公打目睡，天龙走得脱。天龙走忙忙，撞到海龙王。龙王做生日，猪肉豆腐大大粒。

月光华华

月光华华，点火烧茶。茶一杯，酒一杯，嘀嘀嗒嗒讨新妇。讨个新妇矮墩墩，蒸个饭子香喷喷；讨个新妇高喃喃，挑担谷子好清闲；讨个新妇笑哂哂，三餐呒食肚呒饥；讨个新妇嘴嘟嘟，欢喜食甜也食苦。食得苦，呒怕苦。呒怕苦，脱得苦，有福享。有福享，要回想。

客家渔村

燕翼围

四

“东方的古罗马”——客家人的民居

1. 神奇的围屋

2000 年，日本东京艺术大学建筑系主任、著名学者片山和俊教授来到赣南，走访了赣南星罗棋布的围屋，大为感慨：赣南围屋，在构造上并不复杂，但它的大尺度、大空间、大容量，集居住、城堡、宗教信仰、议事厅和中心广场于一体，如此宏伟多功能的民居，世所罕见，令人感到震撼！是的，看了围屋，就像读了一本建筑教科书，从中可以学到很多知识和得到许多启发，这种感觉犹如日本人初看影响了整个欧美建筑的古罗马建筑一样。赣南围屋是“东方的古罗马。”

围都——龙南围屋

江西龙南县是现今保存围屋的最多的地方，备受世人夸耀，被美誉为客家“围都”。从最早建筑围屋至今，时光过去了500余年，龙南一县至今仍保留了370余座围屋，占全赣南保留围屋总数的60%，且围屋规模之大、风格之特别、保存之完好，为全国之最。其中最具代表的有：杨村燕翼围、乌石围及关西新围、桃江龙江围等。2001年2月2日，中央电视台东方时空栏目以“客家人的围屋”为题向全世界将龙南围屋进行了展示，使龙南乃至赣南围屋顿时声名鹊起。2003年，龙南“客家围屋”入选为“赣南现代十景”；同年，龙南县的关西新围、燕翼围被列为国家重点文物保护单位；2004年，关西新围所在的龙南县关西镇与上宝围所在的于都县上宝村、东升围所在的安远县镇岗村等5个古村（镇）一起被列入江西省首批历史文化名村（镇）。

如果说四合院是北京的代表性建筑，石库门是上海的代表性建筑，那么，围屋就是赣粤闽边区客家人的最具代表性建筑。只是时光走到文明昌盛的今天，客家围屋已不再辉煌，它渐渐从现实生活中淡出，演变成了学者与旅行者们了解客家人过去生活与活动的重要标本。

围屋广泛分布在江西赣南、广东梅州、福建龙岩三地，但三地围屋的形式与称谓有一定的差异。梅州客家人喜欢在远离平原、依山面水的山坡地多造外圆内方的围龙屋；龙岩客家人常年承受台风侵袭，故而多造可以避风的圆形土楼；赣南客家人以走出山林为荣，为了显富，又为了防劫，多在开阔地带造城堡式的方围。赣南对围屋的称谓诸多，如四角楼、土围子、围子、炮楼、炮台，其中以围屋一说最普遍。

赣南围屋是一种空间体量硕大、防御功能极强，对外实行封闭，并为一个父系大家庭的成员提供家、祠、堡三种使用功能的天井式民居。建筑是凝固的音乐。赣南客家围屋的实用与防御的硬性成分，与雕塑、绘画、风水等柔性的文化因素融合，可谓集建筑与美学于一体。

赣南围屋数量多、保存完整，可谓“围屋的故乡”。赣南围屋主要分布在龙南、定南、全南以及安远、信丰、寻乌等县。这些围屋大至上万平米，内可居数百人，如龙南武当镇的田心围，最多时曾住过900多人；小的仅三五百平方米，如龙南县里仁乡的猫柜围，围内仅住一户人家。

赣南围屋主要建于明清时期，民国初年以后便基本上不建了。现存最早的两座围屋是：龙南杨村乌石村的盘石围——约建于明万历年间（1573—1620）和杨村的燕翼围——建于清顺治五年（1648年）。赣南的典型围屋为现在常见的那种四角构筑炮楼的方形围屋，关西新围便是这种样式，是清代中期时开始流行的。

围屋的起源

赣南客家围屋的起源究竟怎样？众说纷纭，主要的说法有两种：一种是土生土长的地方产物说；一种是传承东汉魏晋南北朝时期的坞堡说。

四扇三间

“厅屋组合式”民居最简单的组合单元是：“四扇三间”，也称“三间过”，即一明二暗的三间房。明间为厅，次间为室，厨房、牲舍、厕所等一般傍房搭建或另建。稍富有者一般是前后两栋，每栋三间或五间，之间隔一横向天井，并通过腋廊将前后两栋连在一起。两栋屋的明间便成了前厅（门厅）和后厅（上厅），前后厅也合称“正厅”。前厅次间为厢房，后厅次间为正房。这样便构成了一幢封闭式的由两个单元组合成的“正屋”，通称“两堂式”，俗称“上三下三”、“上五下五”。在此基础上，如果以后需要扩大规模的，便在正屋两侧扩建“横屋”。横屋的进深与正屋等齐或前部凸出两间，平面成倒“凹”字形。正屋与横屋间留一通衢，称“巷”或“塞口”，闽粤称“横坪”。通衢前后对开小门，巷中相应留竖向天井，以采光排水。横屋各房间门均朝巷道开。正屋从腋廊处开门通往巷。这样便以正屋的正厅为中轴线，加上两侧的巷和横屋，构成了一幢通称为“两堂两横”式房屋。这种民居还需要扩建的话，便可在横屋外侧对称继续增加类似的巷和横屋，这可相应称两堂四横、六横……也可在正屋之前隔以天井、腋廊，再建一栋三间或五间式正屋，使原来的前栋和前厅变为中栋和中厅，而后建的这栋则称为前栋和前厅，同时再将两侧的巷和横屋向前推齐。这种由三栋正屋和两排横屋组成的房屋，便称“三堂两横”式。这是此类民居中最具代表性的形式。

赣南客家人一般称堂为“厅”或“厅厦”,“堂”专指祠堂。称一栋房子为“屋”,一间房子为“房”。厅是屋的中心,许多栋“正屋”和“横屋”连在一起便组合成了一幢“大屋场”,这种民居实质上脱胎于古代中原庭院府第式民居。赣南客家民居以此为主流,广泛分布于各县市,其中尤以“九厅十八井”最具典型意义。

随着宗族的发展和人口的增长,“三堂两横”式还可扩建为“三堂四横”、“三堂六横”等,直至发展为民间所说的“九井十八厅”或“九厅十八井”这样的大屋场。“九井十八厅”或“九厅十八井”虽说法不一,但从规模上说,都是进深和面阔方面的拓展,是赣南客家人建房追求的最高境界。

豪宅是财富的象征,同样,巨宅中的围屋即是当时富人的象征。“九井十八厅”或“九厅十八井”这类建筑,旧时一般为世家大族或巨富所建,多为火砖房,砖木结构,屋形高大,封火墙高高耸起、飞檐翘角,气派非常,内部装修多以石灰粉墙、油漆门窗,雕梁画栋,富丽堂皇。“九井十八厅”或“九厅十八井”的建筑范式,使一个宗族一个姓氏甚至一个村落里的所有人,可以和谐地生活聚居在一个拥有数十间或数百间的巨祠里。至今宁都县东龙村百间屋、石城县通天寨下的黄家百间屋仍在岁月风雨中傲然展示着这种客家民居的雄风。

迫于赣南险恶的自然环境、无法约束的流民、连年不断的兵火和宗族间激烈的械斗,富有的客家家族或个人有了战备与防护的需要,他们受当地官府城堡和古山寨、村围及稍早于赣南的闽粤围楼的影响,有了筑围的考虑,或将一个或数个“九井十八厅”用围墙连接在一起,并四角筑起高墙或高楼成方城以围之,如此,土生土长的客家围屋便形成了。这是第一种土生土长说。

继承历史上的建筑传统的坞堡说也有一定的道理。坞堡这一建筑形式,起源于西汉时期的西北边陲。东汉末年,社会动荡,豪家大族大肆修坞筑堡,以至跨州连郡,乃至传入南方,甚至传入广州。坞堡是在城的基础上演变过来的一种小型城堡,其重要特征是四隅建有角楼。宋以后

燕翼围炮眼

(上图)石城黄家百间大屋
(下图)宁都东龙古宅

坞堡便消亡了。至今大余县长江村寨上自然村的章江边，还较好地保存了一处隋唐时期坞堡建筑遗址；于都、宁都两县交界的于都县葛坳乡澄江村，也保存了一座建于宋代的谭氏小城。遗址处，野草风吹，夯土断墙如同岁月的化石，无言地昭示着先民的生活情景，让人遐思绵绵。由坞堡及至围屋，两者呈现一定的传承关系，如形制结构上，平面均为方形或矩形，外立面均为高大坚固的墙、四隅建有角楼……客家的迁移路线与时间及客家民系的形成也似乎可以证明，正是客家先民的迁徙，才将这一中原建筑形式带入了赣南。

其实，土生土长说也好，坞堡传承说也罢，形成于明、盛于清的赣南客家围屋，都是客家人建筑上的一种创新。作为客家文化的重要遗产，我们有必要给予更多的关注，去研究尚存的客家围屋，并将其中蕴藏的丰富的建筑与文化元素发掘、光大。唯有如此，我们才谈得上对家园的厚爱与执著。

客家围屋中最古老的乌石围

赣南现存的500余座客家围屋中，最古老的围屋当数龙南县杨村镇乌石围村的乌石围。

早在1999年，《江西画报》就刊发了乌石及乌石围的照片。乌石围是最早通过文字被介绍、传播到客家人之外人群里的赣南围屋，从此作

宁都东龙古宅

为客家文化的一枝一叶，作为客家围屋的代表，最先为世人所熟悉。2001 年 2 月 4 日，作为中央电视台《今日中国·客家人围屋》的现场报道背景，在赣粤闽三省数以千计的各式围屋中，乌石围又有幸被选中。

中选的原因何在？为什么保存最完整的龙南关西围、最负盛名的燕翼围，或是占地面积最大的安远东升围不能入选，而电视人独独看中了乌石围呢？是的，乌石围质朴，自然，有故事，乌石围后人有深深的爱围情结，乌石围有一块神话般的乌石……

乌石围最早的主人是明朝万历年间杨村东水人赖景星。赖景星家中田少，年轻时便开始做木材生意，数年后，赖景星因为与皇室做生意赚了几万两白银，遂成为杨村首富。于是，赖景星在万历十年开始筹建围屋，宅基便择在嶙峋怪石散落的东水河边的乌石旁。整个工程历时 28 年，于万历三十八年完工。这座半圆形的围屋（与广东客家的半圆形围龙屋状态正好相反），正面有两个很大的角堡分布在两侧，雄视着广阔的田野，围屋外正对着一口与围屋面积、形态相似的半月形风水塘，合风水阴阳两极之意，之间是那枚巨大的乌石、功名柱、石旗杆。乌石围巍巍然坐落于赣南山水间，客家特质昭然若揭，建筑布局充满玄妙，尤

乌石围中的巨石

龙南乌石围

龙南乌石围

其是它融自然环境与宗族聚合、抵御外强于一体的多功能、多情景，让人走近，仿佛在阅读客家人一本丰富的画册。

乌石围的门楼是杨村所有围屋中最有豪迈感的。大门两侧有一对锃亮的圆圆的石盘，以一种不可一世的气派昭示着这个围子里历史上出过高官。诚然，乌石围在清代出了一个五品官，在四川就职。可惜族人没有人记得这官是哪个年代的人。岁月风吹了几百年，吹得乌石的肌肤老了、黑了，也吹得乌石围人的记忆有些老了、忘了。好在还有一个乌石围“万人伞”的美好传说，让这乌石围生动起来。所谓“万人伞”，即一把特制的铁伞，上面签了一代代许多族人的名字，谁去四川做客，不用介绍，有此伞，即为家乡人之证。乌石人凭着这把伞，川赣之间走了好多代的亲戚，可惜，20世纪六七十年代被无聊人做养鸟的笼子毁了这把伞，给这美好的故事一个伤感的结局。

乌石围门前的乌石形态有趣，微微张开的嘴，像是在念无音的经。乌石村以乌石围出名，乌石围以乌石而名，因此乌石较乌石围更受恩惠。已有近400年历史的乌石围终究有一天会老朽而消失的，但乌石永不会消失。乡民们爱护它，从不踩踏它；崇拜它，视它如神石。这块巨大的形似蛤蟆状的乌黑发亮的石头，几百年来不知承受了多少人的跪叩与轻抚，它那微微张开的嘴，似一只“金口”，鼓噪着乡人生长意愿叩头求祈福运。村里的男人、女人们，嚷嚷着那乌石嘴神灵得不得了，摸一摸都可以消灾避难除病。

围内奇迹犹存。400多年前建造时铺就的呈花纹图案的卵石依然如花似锦，美得让人醉心，客家先民的匠心灵巧之极，让游览者除了啧啧称奇外简直找不出词语来赞美了。透过天井看天空，阳光正灿烂，古老的围屋装满了光明，只是屋顶的三耙檐上从前爬满了狮、象、天鹅、鲤鱼等吉祥之物，如今只剩下少数的几只狮与象，沐风沥雨的百年时光流逝里，它们在坚守着古围的骄傲，守望着岁月的沧桑。围里的后院有一小小的圆井，里面井水好得不得了，涌出的水超过了地面，好在井围够高，水再多情还是不能浪漫出来。

乌石围前方有一开阔场地，再之前便是一泓标准长方形的大池塘，里面装储着乌石围人的风水意识，也蓄满了客家人的情感故事。围的左侧傍依着一条溪水，溪边有一棵古榕长得郁郁葱葱，一枝树干将身子弯了数十米，直往溪中探去，那执著的情景似乎想与流水亲吻。溪水里布满了大大小小乌黑的乱石，流水撞击着顽石，发出激荡的声音，因此，便时时有着激越的声音在鸣响。

发“洪财”赚来的关西新围

关西新围建于清嘉庆三年（1798），竣工于道光七年（1827），历时 29 年。因规模宏大、保存最完整，2001 年 7 月，与燕翼围一起被国务院确定为第五批全国重点文物保护单位，2003 年被江西省列为第一批历史文化名村。

徐老四与西昌号

徐名均，排行老四，俗称徐老四。徐老四自年轻时便是个逍遥之人，苏州、扬州等地都是他的花花世界，等到他的钱财散尽，便带了两位张氏姑娘回家作二房、三房，过起了平淡的日子。后来，两位小夫人竭力劝他重新振作，认真经商，并以平生全部积蓄予以支助。受两位小夫人鼓励，老四做起了木排生意。开始，生意做得并不太好。有一日，从赣州启程时，有一青年公子欲搭便船下南昌，众船家不愿惹麻烦均不乐意，而老四天性豪爽，却一口应允了下来。此后几日，两人一路侃谈，且酒肉款待甚盛。不日，到达洪城，公子告别，稍后，却有轿来请老四到道台府做客，到得府台，才知乘自己商船者却是巡抚公子。因为老四热情款待了自己的公子，巡抚老爷向老四致谢，酒谈中问到有什么需要帮助，老四说，贩排生意中，沿途关卡税收太多，有些烦恼，巡抚即颁旗一面，上书“西昌”，作令旗用，并传下令去，江西境内水域沿途见“西昌”号无须盘问收银，可以任意方便。从此，老四生意如鱼得水，呼风有风，唤雨有雨，一时间，许多排贩子纷纷依附老四，搭靠着做生意，老四乐得收些小费，遂发财而富。一年春季，上千条木排在赣江遇洪水被冲散了架，根本无法分清谁是谁非，而所有木排上都烙上了“西昌号”，结果全部木材归了徐老四，老四一夜暴富，平白多赚了许多银子，真正发了一笔“洪财”。

龙南县关西镇的关西新围是相对徐家老围“西昌围”而言的一幢新围。其实它也不年轻了,时至今日它也有近200年历史了。

关西新围开基祖姓徐,名名均,字韵彬,号渠园。排行老四,俗称徐老四。因他的姐姐嫁在燕翼围,他从小便时常到姐姐家做客,每每为燕翼围的雄伟高大所神迷,内心暗藏竞争意识。长大后,姐夫赖世璋资助他做木头生意,遂有了之后的传奇故事发生。

这是一座兀立于田畴间的巨围,占地面积近万平方米,围内面积是赣南现存围屋中最大的。关西新围围高9米,三层土木结构,厚两米,四角各建有对称的十余米高的炮楼,火炮眼洞筛般分散在其中各个方向。关西新围的内部结构与燕翼围有显著差异,燕翼围内的建筑屋皆沿围墙而建,每一间屋都有一个枪眼,都是一个小瞭望台、战守点,关西新围则是围内套建了一幢呈“回”字形的豪华大宅,居住功能与战略防御功能明显分离。整个建筑五组并列,前后三进,十四个天井,正中祠堂,对称分置十八厅,客家人传颂的“九幢十八厅”在这时生动地得到了验证。围内,围门、庭院、厢房、廊、墙、甬……十八厅、十四天井、百间房,及其与之配套的戏台、照壁、书房、轿房、花园、水井、牛栏、猪圈一一有序排列,整座围屋结构严谨,布局规范,序列分明,是典型的客家民居和江

浙民居的混合体。

2004年世客会前夕，关西新围整修一新，顿然光彩重现！但细心人很容易发现，围屋内有许多东西是永远也无法复原的，比如遮风避雨的照壁上面的花团锦簇，比如围屋外左侧的小花洲曾经的风花雪月……幸好，民间好事者们并无恶意的关于徐老四发“洪财”的传说是可以口述相传而不至于湮没的——

农民千古不变的习俗，就是有了钱就盖房。于是，老四动用百万巨资，耗时十余载，做成了这占地10000多平米、高近10米、厚1米的长方形新围。这是嘉庆、道光年间在龙南轰动一时的事了。

在关西围有许多关于徐老四与三个女人的故事。比如，“东门供轿走，西门供马走”的东西两扇门便被好事者附上了一些说法。关西新围内的两扇东西门有些不寻常，不大的东门朝着旭日升起的地方小心地开放着，与偌大的围屋相比，它是那么的不相称不协调，小得让我们后来人都每每要去问个究竟，真的是为了不显富不张扬，可整个围屋伟大

关西围全景

關西新圍
沐經無數風雨仍存貌秀體堅古圍屋

得已够张扬的了；西门一般地大小，这是通往小花洲的捷径，而小花洲正是老四和他的扬州、苏州夫人喜欢去的处所；还有，一般的围屋是不会有两个大门的，我们所到之处的几个围屋都没见过有两个对等大门的。乡人笑着说，龙南人有句古话，“门朝东，妇娘养老公”，老四是靠两位夫人扶持发财的。沿着这种思路理解下去，老四是一位很有义气的男人，他疼爱帮助过他的女人。所以他造的围屋，总有些脂粉味，居家的色彩重，而防御的功能是形式上的，围屋建筑上的一切特殊之处都是体现着他顺从了两位小夫人的意见，围屋内那些依然保存完好的轩廊飞檐、画彩镏金、雕龙画凤之类的东西，无不惟妙惟肖地展示男人的阳刚之美中泛动着的女性细腻之心。据说毁了的小花洲，简直就是一座搬到了关西的苏州园林。

还有，关西新围正厅前有两对石狮，雄石狮高张着嘴，雄性勃发，一副气吞河山的气势，象征着当年骄狂得意的富绅主人；雌狮则闭合着嘴，一副温柔祥和的神态，象征着主母；但雌狮身上附着的两只小狮子，让人颇为费解，有的猜想是主母生育的两个小孩，但主人富甲一方，生有众多子孙，两个显然不对，况且那两只小狮又很抢眼，其实，这是徐老四在玩心计，他在用这种形式表达对两个女人的情感，只是封建时代尚有尊卑高下之分，即便再豪强的徐老四，也只能通过这种隐晦的方式来

关西新围

表达自己的内心秘密。

照壁的后面是围主徐老四修的戏院。很久以前戏台就倒塌了。传说，每次戏开演后，当诰赠五品宜人的大夫人赖氏沉迷于戏剧中时，围屋的第一代主人徐名均就会从西门悄悄出去与她的苏州和扬州娶回来的两位张氏夫人到小花洲喝酒赏月。月光下，时光把酒汲干，一代代客家人陶醉在自己营造的命运里。

仍以传说来结束本节。传说，徐老四死后，几个大门出了棺木，往数个方位埋藏，好多年后，有人掘墓却一无所获，于是传说中的传说，是徐老四可能埋葬在关西新围中的某个点……

高大坚固的燕翼围

与关西新围一起成为国家重点文物保护单位的龙南县杨村镇的燕翼围，也是个不同凡响的围屋。但凡知道客家围屋的人，没有不到杨村燕翼围来的。因为燕翼围是赣南围屋的代表，它高大，雄奇，绝无仅有。自公元 1648 年始建以来，就以其高大、坚固、防御功能强之特点而名闻天下，成为海内外客家人和专家学者趋之若鹜的必到之地。

这是一座以防守为主要功能的围屋。走近它，人们很容易会寻思，当年的围主赖福之费尽了财力物力，造出此等高大坚固的围屋来，究竟是为了什么？其实，了解杨村的历史才能理解赖福之的用心所在。

明末清初，杨村又生匪乱。这年，家道厚实的赖福之和弟弟上赠、上球，遵祖父赖敬溪和父亲赖郁华之命外出避难，原想到黄塘高围亲戚家暂居，不料对方无义，竟杀了前去的探问人，于是改奔黄牛石避难乱。待匪乱平息后，兄弟几个回到家乡，只见“庐舍已为灰烬，闾井萧索，鸡犬不闻”。赖福之饮恨思痛，念及朱元璋“高筑墙，广积粮”古训，遂萌生了建造高守围的构想。清顺治七年（1650 年），延请丰城师傅正式开始建筑。据说，仅起基就用去银元一大谷斗，整个工程因过于浩繁，竟费时 27 年，历经三代，待其长孙赖济斯 3 岁时，庞大的围屋才矗立起来。峻工后的燕翼围呈方形，四层高 15 米，长 42 米，宽 32 米，面积 1368 平方米，房间136间，一层为膳食处，二、三层为居住，四层为炮楼，每层均有内楼廊（俗称走马楼），有58个枪眼；围门有三层，门口有一生活用井，围内有二口暗井，一为水井，一为粮库井，平时以土埋之；围之内壁均以糯米及薯粉糊墙，战备时掰下一块便可作食品。据说，围内暗井存粮和墙上的米粉可以供一个围子的人食用一年。林林总总的战略因素，令固若金汤、易守难攻的燕翼围有了另一个名字——“高守围”。

高守围的名字直白，好理解，燕翼围的名字则太雅，有些费解。有两种解释，一是这座围屋的东北角、西南角的炮楼凸出墙体，从远处的高

太平堡的故事

燕翼围所在的杨村，是个出“匪”之地。历史上的杨村叫太平堡。在当地的《太平堡地方志》里就有这样一句话：“太平堡太平，天下太平”，从侧面反映出太平堡人的刚烈性格和当时太平堡地区的社会情况。历史上关于杨村人喜武好斗的传说不少，其中最著名有两则，其一是南宋末年文天祥在赣州起兵勤王，杨村八百弟子自发组织，追赶文天祥，追至赣州，文天祥率部已至吉安，复追至吉安，才与文天祥部会合，据说这批杨村弟子随文天祥转战沙场，最后全部战死；其二是1926年，定南老城廖、黄二姓发生械斗，竟然都来杨村雇用兵丁，以致血流成河，死的却大多是杨村后生。

明正德元年，粤赣边界发生农民起义，几年后，扩大到龙南，聚众五千余人，时时骚扰官府，声震朝廷。正德七年三月，王守仁奉旨任南赣巡抚，挥军进剿龙南，一举“胜利”。为做纪念，王守仁命在水口岭与北嶂之间的水口建“太平桥”，以示天下太平。从此，桥之上游叫杨村河，下游叫太平江。太平桥的建筑风格是独特的，四拱重叠组合，桥上又建四通凉亭，亭顶还有生动的飞檐，使得它有了屋宇的态势，有了浓厚的人情味在其中。它给人的感觉，不仅仅是一座桥供人过往，还是一处憩息闲玩的好处所。亭内，清风四面而来，杨村河与太平江一气贯通，如白练苍龙从青山中游过，而桥之本身则更像一弯凌空的飞虹。滔滔杨村河及诗意般的太平桥，见证了百年后燕翼围的耸起！

（上图）燕翼围
（下图）龙南太平桥

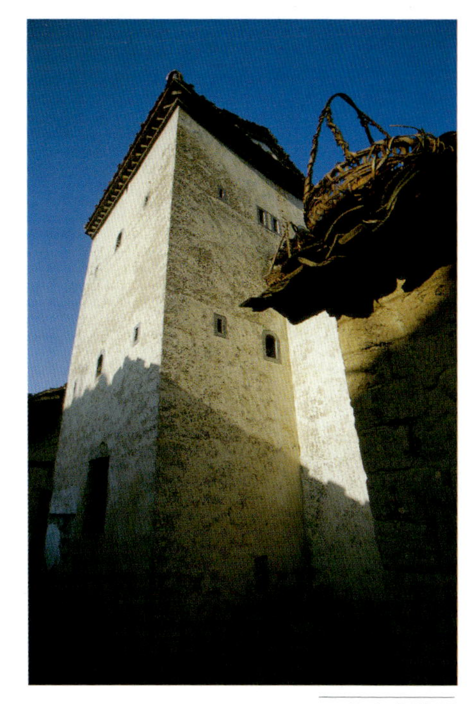

龙南燕翼围

巅处鸟瞰，此围如飞燕展翅，煞是形象，于是有了“燕翼围”之说。另一说，据《赣州府志》记载，燕翼围的围名由道光二十九年赣州府台周玉衡所取，当时周玉衡在燕翼围小住了几日，见围中赖氏后人安康吉祥，夫妇举案齐眉，遂联想到“燕侣比翼”之古语，便从中择字择意，取了燕翼围这一文绉绉的名字。

两个来历，均有些意思。周玉衡诠释的名字既取悦了主人，又显了造围人之本意，赖家人饱受战乱之苦，骨子里最向往的还是平安呀！而围形如“燕翼”之说，则让人感叹，如此高大的土石围，如此两支燕翼就可以飞得起来？匪乱频繁的年代，即使是只燕，也是终日醒着燕的眼，每声呢喃都在释放紧张，每个眼色都在渴望平和。

赖氏族谱记载，上世纪40年代初，时任江西第四行政公署专员的蒋经国先生到龙南督查工作，曾专程来访燕翼围，为燕翼围雄奇建筑所吸引，在燕翼围住了三日。其间，还到十多里外的山巅看倾斜不倒的关西塔。这段历史也成为关西新围人有嚼头的内容。

古围里，尽可以绕廊行走，去寻觅着历史的遗迹。满目尽是时光沉淀的痕迹，心底泛起历史的深沉感。诚然，我们无法透视一直深埋在地下的旱井，周玉衡喜悦的欢笑也早已被洞窗外辽阔的天穹所溶没了，只有被烟火染得乌黑的窗棂木柱昭示着岁月的久远，偶尔可见推磨用的龙头、清朝的睡床，幽古的样子，静静地藏匿于柴屋、旧屋里，它们像是围屋生命的见证人，与古围屋一同从年轻而至老迈。

还是从高处再鸟瞰一回燕翼围吧！这高处无论是历史的高巅，还是地理的高巅。唯有高处，燕翼围才有雄奇显现。尤其是头一回走近燕翼围的人，伫立高处，巍巍城堡山一般雄峙，角楼高耸，枪眼如林，凝视得

龙南燕翼围

久了,耳畔似有炮声呐喊声,眼里依稀看到客家人同仇敌忾、捍卫家园与宗族荣誉的阵势在猎猎旌旗下展开……

往事如风,岁月如歌。燕翼围沧桑如许,除了供游人凭吊的功能,它昔日威武八方的防御功能渐渐消失。如今,燕翼围的人有许多已经觉醒,祖先的荣耀不属于今人,今人的荣耀还得自己创造。太平堡的先人豪气冲天,历史上就以种植的"太平堡香菇"流芳海内外,如今的太平堡巨围里也出了众多经商致富的聪明人、从政者……犹如燕翼围那重复三道的巨门再也没有上锁的必要一般,国门开放,山门开放,观念必须开放,才无负于时代的进步。今天,太平堡有一两万人走出了围屋,涌往广东、浙江、福建等开放地区打工、做生意,更有无数的后生在家乡创业,据说,已经有了亿万家产的人家了。这等气势,恐怕赖福之再世,也要稍作谦让了吧!

被稻草垛打垮的镇岗三围

三百山是幽然的。因为它怀抱着一座江西省历史文化名村——镇岗村。这座古朴、秀丽的古村,自然有着它的别致所在——它包容着三座陈氏古围,其中最负盛名的是东升围,最秀丽的是磐安围,最富底蕴的是尊三围。

尊三围,是一个充满了悲情色彩的围屋。准确地说,今天的尊三围已经荡然无存了,好在尊三围所蕴藏的内容是最为厚重的。

尊三围抵抗战

上个世纪30年代,该围是当时的乡苏维埃政府驻地。1933年7月初,国民党军陈济棠部对安远一带的苏维埃政权进行"围剿",以为尊三围内驻着红军主力,于是用两个团的兵力,实施重重包围。时围内只有赤卫队员六七十人、居民百余人,他们依托坚固的围屋,用少量步枪和土枪土炮,进行顽强抵抗达44天之久。国民党军在机枪大炮久攻不克的情况下,又派来飞机助战,也未能奏效。后国民党军收集四乡稻草浸湿后,捆成大草垛以吸收飞弹,如此滚推前进才接近并攻入围屋。8月14日,围破之日,恼羞成怒的国民党军官兵,将围屋夷为平地,围内除一小孩逃生外,其余男女老少,全被虐杀。

(右页上图)安远东升围
(右页下图)安远磐安围

安远东生围

现在安远县镇岗乡尊三围遗址处还留有一片断壁残垣，仿佛向人们诉说着那悲惨的一幕。据说，攻打尊三围的敌团长喜冲冲地向陈济棠报告战绩，原指望受到些嘉奖，岂料，当陈济棠得知围里的人尽是陈姓人氏后，当场枪毙了这位团长，恨他灭了自己陈姓一族。又据传，那逃生的小孩在20世纪80年代回过一次故乡，来到尊三围旧址，感慨万千，黯然神伤。今天，尊三围残基作为纪念物仍兀立田畴间。任凭野草疯长，它仍寄托着安远人民的一份思念。尊三围这类消亡的围屋，虽毁犹荣，其蕴藏的精神意义已远远超过残存围屋的文物意义。

东升围又名东生围，是尊三围的祖围，取意旭日东升的意思。东升围建于清道光二十二年（1842年），由当地二品武将陈朗庭所建。东升围外观气势雄伟，内部结构完整，是赣南境内保存最完整、面积（约万平方米）最大的客家围屋。东升围坐东朝西，绿色相拥，一派祥和气氛，无限客家风情。围内的九井十八厅中至今仍居住着五百多居民，他们日日迎着东升的太阳，或田地劳作或取水浣衣或品茗岁月或洗濯时光，也天天向毗邻于左前方的磐安围和右前方的尊三围送去一份深沉的思

念。

据说，磐安围与尊三围是陈朗庭的两个儿子所建。前者端坐于河坝一侧，后者伫立于田畴之中。两围与东升围呈三足鼎立姿态，互为独立，又互为遥望，时时传递着这些家族的问候与关注。不谦虚地说，磐安围可谓赣南围屋中环境最美的围屋。一弯溪水从远处涌来，从围的西侧欢畅流过，留下一路清凉与欢笑。一群古树丛生于围后溪边，聚集着荫凉，聚集着风水，聚集着诗意。围屋内倒是空灵得很，极少的几户人家守着偌大一个围屋，与流云飞雨相守相伴，述说着客家人的坚忍。

2. 充满人文气息的古村

在汉先民南迁、辗转、定居、生存、发展的过程中，汉先民与当地土著相融合，形成了自己独有的文化特质。在今天看来，这种融合无疑构筑了博大深厚的赣州客家文化资源，其中尤以客家古村（镇）为最大文化资源。

石城莲田

如散珠碎玉般，历史古村遍及各地乡野。除了一些具有标志性意义的古村（镇）之外，赣南还有一些以行业或圩市著称于世的历史文化名村（镇），如以牛岗行著称的信丰县大阿圩，以产金著称的南康市赤土圩，以牛马岗会著称的石城县高田圩，以茶篮灯著称的于都县宽田圩，以酱油著称的于都县梓山，以天成桥著称的定南县九曲村……

岁月悠远的客家古村，是客家文化的活化石，它至今仍保留有相对完整的客家民俗风情，如傩舞、吹打、灯彩、跑故事、舞大龙，还有服饰、饮食、宗教文化。他们真实地记录着客家人生产生活的场景，是客家文化精神的凝固和浓缩，也是客家学研究的宝贵素材。

白鹭：放鸭竹竿可以长出绿叶的地方

赣南古村落保存最为完整、最有历史意义的当数赣县白鹭古村。

鹭溪河，引导南迁的人流，引导一个时代的风流，也催生了一个充满传奇色彩的村落——白鹭。白鹭，位于赣县东北一隅，距县城 63 公里，与兴国和万安接壤，是个脚踏三县之地。依山傍水，沿着鹭溪河呈月牙形分布。南北走向，长约 1 公里，宽半公里。村南是龙岗，村北是玉屏山，烟峦翠阜，叠嶂绵延，成弧状护卫着村庄。五条山峦伸

赣南的古驿道

赣南境内道路、河流纵横，自古以来交通便利。尤其是大余梅关成为由内地入珠江出海的海上丝绸之路的重要关隘，使赣州在古代交通史上具有不可忽视的重要地位。赣南地域广阔，外与粤闽湘三省交界，内与吉安、抚州相邻，进赣南既可溯赣江或溯鹭溪河而入，也可穿行于数百条古驿道而入。于是，赣江之畔或重要的古驿道上，一些地方人烟聚集，逐渐发达起来，继而形成了繁华的村落。诸如接受从万安溯鹭溪河进入赣县境地商旅的白鹭村及田村镇、与广东交界的寻乌周田村、从宁都往石城经闽粤通衢至福建的东龙村、瑞金城与宁都之间的密溪村等等，均为历史上客家人省县相通的驿道或民间古道上的重要村落。

定南九曲洞天成桥

王太夫人祠

至村后，勘舆家称其为“五龙山形”。鹭溪河水九曲连环，下游河畔的“狮蹲”、“象跃”两座山岭，把住水口，留住来龙，是一处灵山秀水风水极佳之地。

无论从建筑规模，还是民俗风情各个方面来看，白鹭无疑都是目前赣南有代表意义的原始村落之一。白鹭成片的客家古代民居建筑群，古风浓郁，蔚为大观。现保存完好的69栋祠堂庙宇，风格各异，千姿百态，民居街巷，咫尺相间，曲径通幽。

村内四条主要街道，极似一个横置的“丰”字，表达着山里人渴望幸福、丰收的美好意愿。村内古建筑，大多是雕花石门楼，前后三进的天井式民居，用料讲究，构筑精细，雕梁画栋，栩栩如生。比较突出的建筑有恢烈公祠、钟氏宗祠、洪宇堂、绣花楼、王太夫人祠等。

这座古老的村落，历史上人文与经济也极为昌盛，赣州籍南宋著名词人曾幾（陆游

白鹭的传说

宋绍兴四年，一位叫钟舆的兴国人，有一回梦见鸭群变成白鹭从风景美丽的鹭溪河山水间飞起。于是，他从兴国竹坝放鸭来到这里。之后又出了二件奇事，一是他放养的100只鸭婆从此每天都生200个蛋，二是他冬天离开这里时随手插入地里的放鸭用的竹竿，在他次年再来时，发现这支竹竿竟活了，鲜嫩的绿叶迎着风向他表达着无限的喜悦。这两件事，让钟舆兴奋不已！南宋绍兴六年（1136年）白鹭始祖——钟绍京第16代孙钟舆，举家从兴国竹坝村迁移到了他梦见白鹭的这块地方。于是，这个美丽的村落诞生了！

的老师）及其赣州历史上著名的“章贡四曾”都曾求学于此，民族英雄文天祥也与这里有着情缘，他为吉塘“颍川堂”撰写了一副对联“昔日韦布来章贡，今朝紫袍登颍川”，至今仍令当地百姓广为流传。明代中叶，这个水路宽阔的深山古村，便成为商业集市中心，生意红火，家道兴旺；到清代，白鹭村的钟氏家族中获取秀才以上功名者竟达五百余人，在中国戏剧史上占有一席之地的地方剧种赣昆剧（东河戏）即发源于此，太平天国石达开部到过这里，红军统帅毛泽东、朱德在这里开过会、居住过，至今也还留存着当年红军刷写的革命标语。

走进白鹭古村，漫步于幽静小巷，人们将感受到古老客家先民

鹭溪河

古时，中原人南迁或经商或贬官来赣州或去岭南，若要经过赣州，主要有三条路线。一条是从万安至遂川至南康隆木、唐江至大余至梅关，全为陆路；一条是从万安溯鹭溪河至赣县白鹭，再改为陆路经田村至赣州至大余至梅关；第三条则溯赣江经万安、十八滩至赣州龟角尾入城，再溯章水至大余，再经梅关入粤地。北宋虔州知军赵抃开凿十八滩之前，相当一部分人选择第二条路线入赣。鹭溪河，是赣南境内唯一没有通过贡江而直接进入赣江的“黄金水道”，它缩短了北下流程 60 多公里。

白鹭十景

“白鹭十景”——天一池、二义仓、三元宫、四逸堂、五福第、六角亭、七姑庙、八角井、九成堂、十字街，构筑了它成为赣南一方名村的厚重基础。

赣县白鹭乡白鹭村壁画

宝华山

宝华山毗邻白鹭，是赣县四大名山（宝华山、菩提山、石林山、几山）之一，又名龚公山，为唐玄宗开元年间任过虔州知府的隐士龚亳所栖。正所谓深山名刹，宝华山历时千年，却魅力不减，香火鼎盛。唐玄宗天宝五载（746 年），禅宗六祖慧能的徒孙马祖道一从赣州马祖岩避山鬼迁居至龚公山，见其山水钟灵毓秀，遂在此结茅开山，并云集了西堂智藏等 139 名名僧。唐大历八年（773 年）马祖率众转锡洪州钟陵开元寺（今南昌佑民寺）。唐贞元七年（791 年）受龚公山众僧之请，西堂智藏由洪州回到宝华寺主持法事。817 年，80 岁的智藏大师无疾而终。821 年，唐穆宗谥大觉禅师，并敕建玉石塔。“宝华寺十宝”，名扬天下。所谓“十宝”，即玉石塔、千人锅、千人床、千年柏、白果树、龙泉井、出木井、四方竹、古鼎钟、倒栽葱等十物。仍存在的出木井是个让人神迷的井，传说智藏大师开山时，这口井会自来木头，造屋之木均源出于井，故称神仙井，后被玉石塔所镇。玉石塔，原来是智藏大师圆寂后，唐穆宗谥智藏大师为大觉禅师，故而建塔，塔由玉石雕琢而成，故称玉石塔。全塔至今保存完好，塔高 4.5 米，分七层，底座两米见方，塔内正面有一尊小佛像，塔身有唐代李渤所撰碑铭，由大书法家柳公权书。塔四周雕刻有动物、花纹等图案。雕刻细腻，雅致美观，独具匠心，巧夺天工，有“江南第一塔”之美称，列为省级文物单位。“宝华”十宝中还存在的有千年柏、白果树、龙泉井、四方竹、古鼎钟，千人锅、千人床、倒栽葱三宝则由于神话得有点离奇，我们凡人是寻找不到它们的踪影的。

们的创造与智慧，品味到这座古村延续至今的烧瓦塔、抢打桥、东河戏、吃擂茶等浓浓客家传统的风情韵味，还可为这里流传的许多生动趣味的故事传说所陶醉。到了清代早中期，白鹭人用自己的《增广贤文》——“能而优则商，商而优则学，学而优则仕”，改变山里人命运的努力开始有了成效。大批的读书人有了功名，出任了地方官。最著名的当数钟正瑛、钟愈昌、钟崇俨、钟谷、钟秀一门四代取得功名和为官的家庭。钟崇俨曾任浙江嘉兴府知府，后来又被恩赏二品顶戴，是白鹭历史上最辉煌的人物，便是他带动了白鹭村的建设，还将浙江的昆剧引进这深山里衍生成了赣州的东河戏。这些读书人为官的结果，导致了白鹭村钟氏的发达。于是，这偏隅一方的小山村，以钟崇俨这家人为中心，建起了雄丽壮观的大片青砖屋群。鳞次栉比的建筑群，依山傍水，俊秀清丽，雕狮画鹭，错落别致，风格高雅，既涵蕴着白鹭人的生命激情和生活韵律，也透着白鹭人浓浓的美学情感。

夏府：赣江十八险滩造就的古村

古代的赣南境内山路崎岖，水道凶险，可谓畏途。于是，在水路的某个重要节点形成了某个特定时期相当繁华的村落，以服务于旅途中的商贾流民们，如位于赣江十八滩中最险恶的两滩之间赣县的夏府村；在山路的角落聚集下一个姓氏村落，如重峦裹挟之大山深处的南康邹家地；在崇山峻岭中开辟层层梯田谋求生存的村落，如崇义南柳村；在梅江险峡下开阔地带以渔为生的村落，如于都寒信村；在地理形势如八卦的地方世代生存的村落，如一村出300多位风水先生的中国风水第一村兴国的三僚村，等等。

这些村落的地理环境一概特殊，其中最富有山水风光与人文内容的是赣江边的夏府。

可以说，当唐朝的赣州还只是个军事要塞时，唐代大诗人孟浩然便踏上了往赣州的旅途，一首《下赣石》"赣石三百里,沿洄千嶂间。沸声常活活，荐势亦潺潺......"使之成为最早记录十八滩水急滩险的诗人；数百年之后，流放南粤的苏轼也留下诗咏"七千里外二毛人，十八滩头一叶身；山忆喜欢劳远梦，地名惶恐泣孤臣"；当地则有"赣江十八滩，好似鬼门关，十有九舟险，关关心胆寒"的歌谣

赣江十八滩

十八滩，南北跨越赣县、万安两县，绵延百余里，在赣县、万安境内各有九滩，一滩中又有数小滩，所以十八滩之说是个概数，泛指滩多之意。其白涧滩、鳖滩、天柱滩、茶壶滩、小湖滩、狗脚滩、大湖滩、落獭滩、铜盆滩、青州滩、良口滩、昆仑滩、晓滩、武索滩、昂初滩、棉津滩、漂神滩、惶恐滩等，至为凶险。

赣县夏府——十八滩

乾隆与夏府

性情中人的乾隆皇帝，一生浪漫，六下江南，相传，逍遥而来的乾隆，进入赣石滩见过险恶后，顿生惊悸恐慌之感，船至黄泉滩，舟工泊岸上山烧香，乾隆也同去了，猛见得“回龙阁”三字心生惊奇，便在阁中题下“高属无双，有几个无双士到；峰推第一，可曾来第一人游”联后，即命舟船北归。

流传……历代诗人们的吟咏，无不生动写照出十八滩凶险之势。

历史上，北宋时期，赣州知州赵抃最早对十八滩进行过开凿治理。新中国成立后，经航道部门多年的疏浚开导，那些一直影响舟船往来的狰狞可怖的十八滩挡道礁石，尽被炸药轰掉，长达百里的十八滩航道安装了航标灯，千里赣江成通途——并在惶恐滩的坚实基石上建起了万安水电站。十八滩的暗礁险石，潜没于数十米深的水底。昔日令人“惶恐滩头说惶恐”的地方，今天已是水平如镜，波光粼粼。

《水经注》云：“赣川石阻，水急难行。”赣江十八险滩，尤以湖江乡境内的天柱滩为最险。天柱滩有三座石峰暗伏中流，舟必三折而过，浪涌如山，震荡心目，古人形容其“竖立如登天，幽深下无际，涡盘轟回旋”。只有遇水涨方可避天柱之险，平日里凭舟工本事可驾空舟闯滩，货船则是断不能过去的。与小湖洲对应的是约 5 公里开外的大湖洲，而在小湖洲与大湖洲之间，除了这天柱滩外，在大湖洲附近还有一形如人状的巨大“石人坝”横卧江中，是为黄泉滩。碍于这滩石形势，逆水南行之船到了黄泉滩，顺水北行之船到

千里赣江第一岛

夏府戚氏宗祠

了天柱滩，便各自泊岸，由岸上掮夫驮了船上货物到黄泉滩前或天柱滩前码头上等，舟工则上岸进庙里烧香求神保佑，南行之船上黄泉滩头的回龙阁，北行的船则早早的在几十里开外的储君庙就烧过香了。这种形势下，两滩之间便自然形成了村落，这便是夏府。

南宋时期，在这天柱滩与黄泉滩之间的赣江西岸，华堂秀屋逶然成街，南北数里贯通一气，最多时曾经有两万余人生息在这里。夏府，历史上称作下釜、下浒，留下过许多圣贤名士的足迹。明朝开国皇帝朱元璋年轻时落难经过赣县湖江，感动于庵中斋饭招待，面对浊浪滔天，触景生情，为滩头桥头庵题书“滩头激流”四个字。许多年过去了，夏府人甚至说不清这庵的具体位置了，但夏府人依然津津乐道于这一段让他们引以为豪的故事。

夏府金龙山戒珠寺被历史淹没了，苏轼诗却永远留在了夏府的山水间：“十八滩头一叶舟，清风吹入小溪流。三生有幸复游此，莫把牟尼境外求。”游人们想象，是这戒珠寺真如此神圣，还是那时的夏府景致太迷人，醉倒苏公?!

岁月无情。十八花厅终于耐不住千年风雨侵凌而倾圮了。如今，当人们将追寻的目光投向它时，菜地或花生地里只偶见一二只石墩或柱基从土地中露出半个头来。保存最好的花厅，也只剩下一扇红砂岩石门框，矗立于大堆的残砖碎瓦中，供人凭吊。

夏府现存的3座祠堂，一概清洁如洗，一尘不染。每个祠堂的结构基本类似戚氏宗祠，2000平方米左右的面积，三进二天井，内里有几块明清朝代修建宗祠的纪念碑石，香案下还搁着只上千年的巨大香炉。祠堂建筑精致典雅，飞檐斗拱，图画如真。国家旅游局专家们称赞夏府宗祠是江南保存得最完整的宗祠之一。内厅墙壁两侧留下了四个大圆痕，是朱熹题书的“忠孝廉节”四字，可惜在“文化大革命”中被视为封资修铲了去。夏府人认为这四个字，是他们戚氏族人的家族理念。夏府能够抵御大疫不死，依托的正是这种弘扬正气与进步的理念作精神支柱。也难怪因天柱滩覆舟定居夏府的戚氏仅仅28代传人，历史上

十八花厅的传说

南宋时期的夏府，上演过一出历史大戏。据称，夏府十八位儒生共赴长安赶考，竟然十八人皆金榜题名，载誉归来，全村振奋，十八家人遂商定为每人建一栋花厅以庆贺，于是，一个华丽壮观的建筑群体依着古驿道两侧形成了。传说十八花厅规格一致，风格不同，装饰各异，雕龙画凤，飞檐斗拱，照壁浮雕，花园香草，池塘金鱼，十分精美。

人才俊杰却出得不少，如迁居山东蓬莱的5世祖后裔戚继光，辛亥革命时期南洋华侨领袖戚修琪、追随孙中山的革命党人戚坦天……

戚氏宗祠前百米的夏府中学是特殊的。上个世纪40年代，由夏府戚氏人捐资而建，中学建成后，乡人请蒋经国先生为学校定名，蒋觉得夏府之前称“下釜”的古名不便外人理解，便倡议改名夏府。

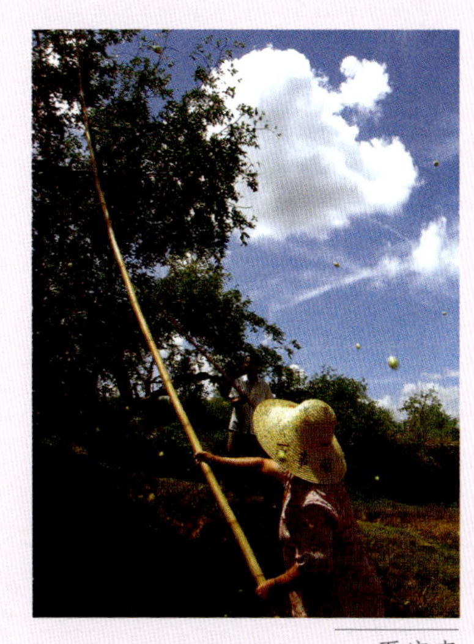
夏府枣

与“戚家出武官”相对应“谢家出宰相”。戚氏宗祠显得雄浑，谢氏宗祠则有一种更贴近文化人的静雅之美。谢家后人中也出了许多佐国之才，于宗祠里随处可见“崇文”、“理学名臣”等字样镌刻在石柱上，鼓励着一代代谢氏后人。

南方少有枣，而夏府枣林却逶迤壮观，自成风景。这赣江边古朴的村落里，怎么会有如此一片繁茂的枣林？夏府人依旧用传说来告诉人们——是迁居山东蓬莱的戚继光家族往夏府祖地走访亲戚时捎来的大枣。吃过的枣核埋在了故土，却长出了思念之树，随着岁月久远，远行的人渐稀了，南方的枣却思念渐浓，终于，思念成了网，枣树便蔓成了林。到今天，夏府老迈了，枣树也思念得生出了许多寄生物，让走进枣林的寻古者们大为感叹时光的苍凉。如今，夏府枣林迎着新千年的太阳，正在排演新的“清明上河图”景，正在将湖泊改造成城里人休闲的天堂，将枣林妆点成观光客寻趣的乐园。

古陂：以大豆而成市的古村

信丰的古陂镇是信丰县的一个普通乡镇，受外域经济的影响相对较小，因而它的码头经济有着更显著的赣南客家特色。

从信丰县城驱车东行不过50里，便渐入风景中。但见天地开阔，稻菽涌浪，远山如黛，近水清幽，乡野风景如诗如画。古陂镇便静卧在这片风景地的中心区域。

古陂不古，追究古陂镇的名由时，却意外地发现“古陂”这名字有些年轻，年轻得与唐江、营前、筠门岭太不相称，另几个名镇的历史均在500年以上，即便同县的星村、新田、小江、小河、九渡等圩名也形成于明代。鼎鼎大名的古陂，其名字的出现却在清光绪二十九年（1902年）之后，因为此时县志记载的信丰县36堡中仍只有古陂的前身——百结堡、余村堡。不过，这时的百结堡或余村堡人及周边金盆山、安西、虎山、大塘、新田、大桥、龙舌、坪石等四乡八镇的人，甚至相邻省县的百姓都来这里赴圩——这里有辐射面巨大的两个圩场：新圩和老圩。新圩和老圩形成于清同治年间，而古陂名出于哪一年，县志里始终没有明确记载，只有近年日见枯瘦的圩东边的古老的河道承载着岁月积淀下来的历史，让乡人们还隐约记得起这样一件事——清同治某年，乡人在河道边挖掘时，意外地获得一块古碑，上面的字迹模糊，已难辨认，然而，圩上的谢氏、吴氏族人，河对岸的黎氏族人这三族老客，以及从福建、广东迁徙来的新客和从江西清江、南康等地辗转过来的移民们，却有些狂喜，为这块土地上有厚重的历史文化有些自我陶醉。几族老人遂碰头约定，新圩、老圩一带就叫了“古碑”吧！后来，遇上文化人，认为在圩岸掘得这

古代客家经济名镇

客家人融入地方的最大特征之一，是经济上的自给自足，衍及政治上的崭露头角。赣南自唐张九龄率军开通梅关古道后，经济地位陡然上升。宋时的赣州成为全国十四个重要城市之一，制瓷业、茶业、船业十分发达。到了元时，赣南的造船业位于全国第二，一年可产600艘大船。到了明清以至民国时期，赣南的经济社会迅速发展，赣州城内街巷纵横，商贾如林，货物如雨，城内竟有“三十六条街七十二条巷”之多，周边的客家群落中也逐渐形成了重要的商业码头和村落，如南康的唐江镇、会昌的筠门岭镇、信丰的古陂镇、上犹的营前镇、章贡区的七里镇等。前四镇为民国初年以前在赣州颇具声望的“头唐江二营前三古陂四门岭”之经济大镇。七里镇则是是宋元时期闻名全国的瓷器市场，民国时期赣州城内尚有一条名为瓷器街的古街，足以佐证这段历史。

碑，碑与陂音近，遂改“古碑”为“古陂”，“古陂”从此有名。

古陂圩的地理位置是使它成为赣南四大名镇的重要条件。首先，历史上它是赣县、于都、兴国、信丰四县人去广东的必经之路——从赣县韩坊翻山进入信丰境内至古陂圩，这段路约 25 公里，是一个里程碑式的地方，南来北往的客商们必定要在古陂歇过一夜，方可复向前行；其次，古陂河曾经营造过繁华的码头文化。古陂河坝以其广阔的空间聚散着如山的竹、木、煤、豆，古陂河则以其宽敞的河道将这些如山的货物送往更远的城市，然后，载回一船船从城里换来的食盐、白布、银元和欢笑……今天，与现实生活渐行渐远的“老码头山下”、“新码头山下”虽已是沧海桑田，但它却深深地贮藏了对那一段繁华历史的深刻记忆。

特别有意义的是，古陂的两种地方农产

古街

古陂圩的来历

传说，清同治年间，这附近居住的曹姓中有一人以编织草席为生，每当农历三、六、九圩日便往当时属于吴姓所有的老圩场卖席。当时，吴姓人定下规矩，凡到此地交易的物主，吴姓人对其商品都要“打税”——即从所出售的商品中抽一部分实物抵税。这曹氏卖席者挑了四张席去卖，第一圩，打税抽了一张席，却没卖掉一张席，第二圩，打税又抽了一张席，曹氏见势不妙赶紧便宜卖了剩余的两张席。回家的路上，曹氏愤愤不平地向圩背谢氏族老诉说，谢氏族老遂召集族人商定，将谢氏人所共有的“西瓜坝”贡献出来做圩场，且不向商人打税。从此西瓜坝成了新圩，之前交易地便相应叫了老圩。随着发展，渐渐地新圩、老圩融为一体，成了古陂圩。

民间舞龙

老街

品——大豆、番薯，则是奠定其商业繁荣的另一重要因素。滔滔古陂河两岸的河坝沙质土令古陂具备了种植大豆、番薯的天然特质。据说，每旬三、六、九的农历圩日，沿十字街（今胜利路、解放路）两面对摆，竟可蜿蜒至1公里以外，形成一个比十字街更逶迤的十字形大豆交易市场，情景蔚然壮观。这一情景，一直绵延到20世纪80年代初。

古陂的大豆、番薯、生猪，古陂的豆腐、腐竹、萝卜饺，古陂竹、木、煤……终于吸引了天下客商纷至沓来。一个与唐江、营前、门岭同时期共繁荣的古陂名镇因此诞生了！近百年的光景，辐射辽阔的古陂圩，有些怎样奇异的情景？每一个圩日，太阳刚刚照亮古陂河水，圩市便开始了，直到下午太阳准备下山圩市才散，而且每一客商挑来的任何货物一概卖完，几乎没有哪位客商会有货物卖不掉要挑回去的……终于，古陂圩附近的吴、谢、黎、曹、刘、陈、王、曾等老客、新客人家，几乎家家开始了小商品经济活动。与此同时，大量外地人迁徙来了，其中有福建人在这里刨烟丝卖，有清江人在这里办起了染布店、药店……南康会馆、福建会馆、广东会馆、临江会馆耸立于古陂河畔十字街；终于，每圩六七千人甚至逾万人的商业潮流往赴古陂圩奔涌来了，十字街熙熙攘攘，人们或在粤式旗楼下躲着炎日和雷雨，或穿梭于客栈、茶肆、烟馆、酒店中饮酒茗茶吸烟啖食，或凑热闹于真君庙、天主教堂、关帝庙、土地庙中烧香拜佛敬神听戏。

富有传承意义的是古陂人一年一度的龙舟比赛，还有两种极为别致的狮舞。古陂河对岸的黎家发明了黎式狮舞——犁（黎）狮，以竹纸扎成犁，前面一人扮牛，后面一人扮农夫，以狮舞形式演绎农耕情景，祈求黎氏人得到上天庇护，保护五谷丰登；古陂圩上的谢氏人不甘示弱，随后创造了谢式狮舞——席（谢）狮，以竹搭架，裹以草席，形似狮状，进行表演，也祈求上天庇护。结果年年正月里，古陂河一片欢腾景象，黎谢两家隔河而舞，情景煞是动人……

卢屋村：一次乡试中举者全姓卢的名村

江西客家人文荟萃，除了保留语言、文化上一些中原母体成分，在与当地畲族融合的过程中，创造了客家语言、客家民俗等丰富多彩的客家文化，且客家人普遍好学，重视教育，人文璀璨，人文故事如歌似潮，难以述尽。因人文因素而蜚声海内外的古村比比皆是，其中最著名的有南康的卢屋村和南良村、上犹小逻口村、定南老城镇等。卢屋村明代至民国以来文风蔚然，进士、举人、秀才层出不穷；南良村是一个千年古村，唐末虔州总兵邓岳如引家避退之地，人口已繁衍至数万；小逻口村是北宋赣州乡贤阳孝本的故乡，传说其五世祖母白太夫人育有五子，均中进士；老城镇在民国十五年时，因官府处理不正，引发廖、黄二姓械斗，官府被火一焚而尽，以致县城被迫搬移至历市镇。唐江卢屋村依附于赣南第一重镇唐江镇，在构筑唐江历史中起了重大作用，因而，南康县卢屋村在人文因素形成的古村中占有不可比拟的地位。

岁月穿过时间隧道数百年，转眼到了明初洪武年间，卢屋村与唐江镇一起，开始有了真正的人文历史。这个时候，有两条古驿道直接影响着唐江的发展，一条是由西往南（即由湖南汝城经崇义聂都、上犹营前）去大余梅关的古驿道，另一条是由北往南（即绕开惊险十八滩，由万安下造经隆木、麻双、沙溪）去岭南的古驿道，两条古驿道都必须经过唐江，另外，从赣州经蟠龙镇欧潭、南康三江、上犹梅水之水路也必经唐江。于是，在水陆路极度繁荣的情形下，唐江这个平常之地陡然间名声大噪，数百年来，“商贾如云，货物如雨，冬无寒土”，商

卢、叶两兄弟的故事

唐末，从宁都麻田辗转而来的卢氏先人起先只在北边的沙溪（现为十八塘）傍山而居，现在的卢屋村所在地则由叶氏（也有罗氏或蓝氏之说）依水而住。人稀地广的年代，卢氏与叶氏如同兄弟，亲戚般时常走往，感情十分的好。更有趣的是，山里的卢氏不喜鸟兽，却喜欢打鱼捉虾，水边的叶氏不喜渔活，却喜欢打鸟捉蛇。于是，兄弟俩便对换了居所。从此，叶氏人到沙溪山里居住，卢氏人则到今天的犹江水边居住了。两人各得其所，乐在其中，叶氏天天可以进出森林，听鸟语闻花香；卢氏则时时可以临水踏浪，荡轻舟唱渔歌。今天的卢屋村人与山里的叶姓人家仍然关系密切，用他们自己的话来说，是千年前祖辈积下的亲缘。

唐江卢屋村祠堂坝

品经济空前繁荣，以致唐江后来成了闻名遐迩的江西四大名镇之一、赣南四大名镇之首，于是有了流传百多年的“鹰潭镇景德镇樟树镇唐江镇”和“头唐江二门岭三营前四古陂”之说。最早见证唐江镇发展是“七间店”。“七间店”形成于老街，随后以此为中心渐成集市，于是有了这块地域最早的名字——大平圩。因圩临犹江，圩中有过路塘，塘、江相连，遂改大平圩为塘江圩，后人图方

狗熊岭的故事

关于卢受海的故事还没有被卢氏族人咀嚼够味，又有另一位祖先出了“狗熊岭”的故事。这时，唐江已成规模，伴随着唐江商品经济繁荣的同时，卢屋村有了“十间店”，有了一大批豪商大富人家。这些富起来的商贩们，经常往返于唐江、赣州之间，由于当时交通不发达，每次往返少则三五天，多则十天半个月时间。这次，卢家太公带着他豢养了几年的大灰狗，肩负着一袋银元，往赣州城调货去。赶到赣州，与供货方见过面，验过货，准备付钱时，才忽然发现，肩负的那袋银元不知搁在哪里了？一时间，竟吓出一身冷汗。货主与他是老朋友了，便允许他先取了货，下回再补货款来。卢太公谢过，又在城里办了些其他事，便急急往回赶，这时离开卢屋村已有近十天了。他走到半途中，忽然想上茅厕，便往前面不远处的茅厕里去，走近才想起，自己那日去赣州时曾在这茅厕所里方便过。忽然，他发现随他一块出门的那条大灰狗竟立在茅厕口一动不动，仔细一看，竟断气死了。他一触摸，它便萎然倒了下去。惊悚之时，见那袋银元仍搁在茅厕一侧，安好无损。卢太公感于灰狗之忠诚，亲自将狗背回卢屋村，并在附近山岭厚葬，同时还建了一庙，名叫“狗熊庙”，以志纪念。这山岭也因此有了“狗熊岭”的名字。卢太公嘱后人，自己死后要葬于狗熊岭，与忠诚之狗为伴。待卢太公死后，后人将其棺木往狗熊岭抬去，快至岭巅，忽然，乌云蔽日，电闪雷鸣，大雨滂沱，山洪陡发。一两个时辰过后，天空才放晴，太公后人出得狗熊庙，却发现棺木失了踪影，风水师傅一看，大叫：“卢屋村当旺，太公天葬也！”原来是泥石流将太公棺木自然掩埋了。从此，卢屋村就有了“头受海，二太公”之说法。这些说法，虽然多少包含了封建迷信的成分，却也散发着卢屋村人对这个客家名村的一种自豪在其中。

便，便叫做了唐江圩（直至上个世纪30年代初，广东军阀统治赣州时代，唐江圩才开始设镇）。

随着“七间店”的形成，旁边的卢屋村也开始有了人文故事。卢氏族谱记载的卢氏开基人卢受海虽然不是“七间店”的主人之一，却是卢屋村最早的传奇故事的主人公。关于他的墓穴有“大地吞金”之说。“文化大革命”时期，因修水渠，要从卢屋村一个叫做长鹰（似为苍鹰）的地方穿过，而这个地方正是卢氏族人老祖先卢受海的墓穴所在地，于是，族人准备移葬他处，却不料始终寻不到墓中棺木（实际

进士卢元伟

乾隆年间殿试三甲第三名的卢元伟，13岁中举人时，还是个贪玩的小孩子。然而，人却异常聪明。传说，中举后，官府来人会他，差人在村口问正在踢毽子的他：“元伟公如何找？”他机智回答：“从前面拐弯过去，便可找到。”他随即从后门跑回家，换了整洁衣服，出来接差人。二十多岁中进士后，卢元伟先后任云南曲靖、东川、普洱三府知府，江苏镇江知府，广东督粮道，两广盐运司盐运使，山东、山西两省按察司按察使等要职，是当时卓有影响的一代名吏。

卢屋村檐

上可能是棺木朽后与土地融为一体了)，族人惊叹此乃“大地吞金”之祥兆。从此，这个传说竟越发传神了。

卢屋水池石刻

在赣南，甚至在全国，每每遇见卢姓人氏，只要是出生于赣南，几乎都可以问一句相同的话：“你是卢屋村的吗？”而结果几乎是肯定的。难怪卢屋村会自豪，它孕育的子孙如此之繁大，它的文明之果真可谓遍地开花。

唐江镇历来便有“三街一村”之说。这村，指的便是卢屋村。所以说，唐江镇在江西、赣南商业地位的树立，是离不开卢屋村的。特别是清代与民国这两个时期，卢屋村的人文辉煌更是为唐江镇添了许多瑰丽的篇章。从清光绪二十六年(1900年)卢屋村人自编的《卢氏族谱》中，我们信手翻来，卢屋村中举人、进士或当过知县以上官职者竟多达72人，如同孔夫子“贤人七十二”一般，一个奇巧的数字，其中有数名翰林和历史上有重大影响的高官。最著名者，有卢元伟。之外，还有卢绚、卢绹兄弟进士，等等。

祠堂坝，一棵巨桉，几株古榕，以一身苍翠，一脉幽然，为卢屋村古老历史

村试的故事

卢屋村清代出的秀才可谓无以计数，也故事绵绵。传说，有一卢家后人，极会读书，每次考秀才必中，以致每次都可以将这考来的秀才预卖给他人，传为笑谈。卢屋村人因为普遍会读书，便在村里搞了个预考，只有通过村里预考者，方可参加南安府组织的秀才考试，于是，卢屋村人格外重视这村考，每当有读书人村考通过，便仿官府形式，鸣锣开道，吹吹打打迎回家，热闹非凡。有一回，这情形被官府考官路过卢屋村见了，气不打一处来，觉得有辱官府威严，便在这年的秀才考试后，将凡是卢姓考生的试卷全部扔在蚊帐顶上，不予批改。岂料，造化弄人，正当即将公榜之际，一场天火将改了的试卷全部毁于一旦，考官气得七窍生烟，一病不起，众人请示如何处置此事，他只好叹了一口气，指了指自己的蚊帐顶，就从这批试卷中录取吧！结果，这年秀才考试考中者全部是卢屋村人。

卢屋村光绪年间族谱

做了最好的表征。面对厚积的尘埃、如织的蛛网，面对二十尺阔的天井、十余米高的厅堂、一人环抱的巨柱，面对数百年前造出来的推拉式木门，面对这虽已残缺后厅、却仍不失为赣南境内最气势壮观的家族祠堂，我们深深感叹！据说，这祠堂是个庄严之地，后厅里摆满了卢氏家族历代祖先的数百块牌位；据说，这祠堂是个热闹之地，祠堂建成后摆了整整一个月的酒席；据说，这祠堂是个迎官接官之地，从卢屋村出去应考高中的人，或是当了官回村光宗耀祖的人，都要在这里接受村中长老代表全村人予以的祝福……

2005年春节前，卢氏祠堂即收归卢屋村自己管理，他们制定村规民约，成立了属于自己的名村保护委员会，一大批热心的干部、老人们义务为这座文化名村的保护与整理工作不停地奔波、操劳着。他们组织村民将村子清理得整整齐齐，干干净净，将家家户户收藏的客家“进士匾”、“功名匾”清点整理，重新安置，将“文化大革命”中被无知者折断了半截的宗祠前的华表重新镶接竖起……这年的清明节，他们又特制了长 4.6 米、宽 1.8 米的赣南宗祠第一大匾“范阳堂”和长 6.8 米、宽 0.7 米、高 1.3 米的赣南宗祠第一大神龛。清明时节情悠悠。卢屋村人是快乐的，因为他们正在营造质朴、自然的精神世界。

胡家村：一个流传罗洪先与胡庄溪故事的村庄

胡家村，位于会昌县城西南 30 公里处的庄埠乡濂江东侧。这是一个人文内容极其特殊的古村，吉安人状元罗洪先在这里建书院，教书三年。

庄埠之名，缘于胡庄溪。庄溪先生因结交状元罗洪先，其居住地“怀仁里”渐渐出名，后来他的儿子胡金池埋葬在离怀仁里不远的濂江边，以致形成了商埠、码头，乡人感念庄溪父子，取其中“庄”字以纪念之，这小码头遂有了“庄埠”之名号，及至衍生出庄口（旧名络嘴、洛嘴）。

庄溪乃其号，名大徵，字慎夫。据同治《会昌县志》载，胡大徵11岁丧父，稍长便追随“心学”创始人王阳明的弟子、于都人何廷仁“致良知之学”。然而，从师何廷仁一段时间后，何先生发现他心思过杂，读书不博，学习有困难，他自己也有所感觉，便暂时放弃了学习。据说，休学的胡庄溪学心不死，打听得吉水有一对王阳明心学很有研究的罗洪先，便一路追赶，直到丹阳才追上，胡庄溪问罗洪先：“我真的学不来‘致良知’吗？”罗洪先为其执著精神所感动，鼓励他：“如果你立志，没有什么学不会的！”于是，胡庄溪再度进修心学。他这次拜的老师是理学名家邹守益、欧阳德。胡庄溪与两位名家一起吟风弄月，游戏山水，在他们两人的熏陶和教育下，潜移默化，渐入佳境，“于良知学卓有心得”。学有所得的胡庄溪，回到故乡后，遵守朱子家礼，割让田地给弟弟，捐谷赈饥民，捐金修王阳明祠。县里推举他为官，他坚辞不受。

多年后，他让自己的两个儿子胡夷简、胡恕简拜明嘉靖八年（1529年）状元、吉水人罗洪先为师。这件事件应该是嘉靖十九年（1540年）以后的事，其时的罗洪先已从翰林院修撰官位上被贬回家乡，讲学于吉赣两地，常与邹守益、何廷仁、黄宏纲等王阳明的一大批弟子们在于都罗田岩共研心学精髓。罗洪先有感于胡庄溪好学、敦厚之秉性，慨然接纳其二子为徒，并以胡庄溪年长而以“道兄”相称。为教育好胡夷简与胡恕简，罗洪先来到胡家村，在“庄溪草堂”广纳弟子，教书三年，成为佳话。罗洪先知识渊博，凡天文、地志、礼乐、典章、河渠、边塞、战阵攻守、阴阳、算数，无不精研，尤精舆地学，他编绘的新图《广舆图》，直至清代中叶仍在沿用。到了庄埠的罗洪先，将毕生所学教授给了胡庄溪的儿子及村子里其他后学。后人为纪念罗洪先在会昌庄埠办学这段历史，将“庄溪草堂”叫了“驻罗庵书院”，因罗洪先字念庵，又叫罗念庵书院。再后来，书院成了祠堂。如今，历经四百多年风雨侵蚀的古祠堂，饱经沧桑，门楼及两侧厢房毁圮已久，许多功名柱与石梁成了沟桥与路基，上厅悬挂的罗洪先带来的一对铜鹤也早已杳然无踪……但飘摇的庄溪草堂依然坚强不倒，尤其令人宽慰的是状元罗洪先亲书的“庄溪草堂”匾，一直悬挂到了上个世纪末，眼见草堂渐危，才作为重要文物被县博物馆收藏了起来。

与孔子一般，“从心所欲” 的胡庄溪 72 岁时仙逝于庄埠。史载，胡庄溪死后，罗洪先赶至胡家村，亲自为庄溪先生撰写了墓志铭。至今，翻阅胡氏族谱，罗洪先撰写的胡庄溪墓志铭仍被恭恭敬敬地保存在其中，成为胡罗二人友情的最好佐证。

关于胡罗二人的友情，还可以从同治《会昌县志》的艺文卷中一则罗洪先写给胡庄溪的书信略知一二。这封书信涉及两家人的不幸遭遇，情真意切，读来让人甚是感动，书信信笔而书，却极有文采与哲理。信的大意是：久闻庄溪道兄遭受无妄之灾，很是相怜，但我却爱莫能助。朋友们每每从于都归来，说起你的事，我渐渐有所明白。事情如果真与自己不相干，自难污蔑，即使有所损失，也等于是一场灾祸相寻。俗话说，财去人安，这话虽粗俗，道理却实在。圣人说的得与失相当的道理，大抵如此。天道人事，每每俱然。凡事要认命，千万不要怨天尤人。你遭受了此番磨难，要引以为戒，以后处世务必谦和，要做到“使人爱而不忍相伤”。留人务必

庄溪草堂的传说

有趣的是，胡庄溪与罗状元亲密交往的这段故事，后来竟被庄溪人以至所有的会昌人演绎成了一个极其美好的传说。——嘉靖年间，胡庄溪贩运粮食至鄱阳湖时，忽遇洪水，阻于鄱阳湖入口的名镇吴城，巧遇也阻于此的赴京赶考的吉水人罗洪先。两人一见如故，交谈甚欢。胡见罗仪表俊雅，气宇不凡，学识渊博，料必高中，当胡庄溪得知罗洪先因盘缠不够欲打道回府时，毅然将一船稻谷卖了，将所得银两悉数送与罗洪先赴京。罗洪先果然一举高中。中了状元的罗洪先被授翰林院修撰，却旋即向朝廷请假，说是要回江西报答一位恩人。于是，他来到胡庄溪的家乡——会昌怀仁里，自愿为胡庄溪办私学三年，为胡庄溪的儿子及村子里的其他学生免费教书……

要详细观察，从善而择，不可滥收，既然收留了则要待之有恩。若不这样做，于身心无补。我去年建了一书室，与妻儿居住，因地方太过湿潺阴暗，竟然灾祸迭生，一年之间，连丧三人，而小弟又于七月夭折。这两个月我在外面野寝，今晚始归。看来，求一岁平坦难得，如今我是"深信损益乘除之于身心极有益"……

值得重笔一写的是，罗洪先教的弟子里面，胡夷简算是最有出息的一个。夷简，字近道，号金池。年少时他师从罗洪先，罗以小友呼之，师生情感甚好。罗洪先返乡后，他继续与何廷仁、黄宏纲等交往、学习，何、黄待这位状元的高足宛如同辈。后来，夷简以贡元身份，被朝廷任命为广东惠州长乐知县，"后升任云南宾州知州不就，归"。回到家乡的胡夷简，为弟子乡人讲学，清贫一生，死后被作为乡贤供奉。

庄埠圩的来历

明万历二十四年（1596年），夷简死后，创造了另一个奇迹。后人将他埋在离胡家村数里外、现庄埠圩旁边的濂江西岸车田坝，造了一座高 3.9 米、宽 9 米、深 25.2 米、占地面积 225 平方米的墓冢，极为壮观，墓冢两边甚至还建有可供人休息的厢廊。据传，其子为其守陵 3 年，搭茅庐于墓侧，不料，本地乡人及外地朋友前来凭吊者络绎不绝，以致濂江东岸高坎处的平原地带竟渐渐有了茶肆、酒楼、客栈、商铺……3 年守陵结束，一个簇新的圩市就此形成，这便是今天的庄埠圩了。

3. 微型族谱——门榜

在赣南，尤其是上犹县，门榜是广泛流传于民间的文化现象。新房老屋的门额上一概大书着属于自己姓氏的门榜。

门榜在寻常百姓眼中是一种对客家祖先精神与理念的传承，是客家人追求美好、崇尚文明的形象表现。门榜文化见证着历史的厚重，讲述着岁月的故事，传达着房主的

上犹门榜

理念，并随着家庭的繁衍世代相传。

门匾题词多以郡望、姓氏及宗族历史名人为题材，形成某姓氏专用题词的，称为匾。以古代名言警句为题材的题词，则是各个姓氏的共用品。改革开放以来，上犹人民与时俱进，出现了以房主名号、住居环境、立志自砺等内容为题材创作的各种新式题词，传统的郡望、姓氏色彩淡化，家庭个性色彩浓重了，呈现出门榜文化的进步发展。

仅从上犹门榜文化中，可以窥知在上犹分布的姓氏堂号有95个之多，也可窥知该姓氏的祖居地、郡望或其他文化内容。“门榜”作为一种习俗，春夏秋冬，四季轮回，代代相传。门

门榜

门榜，又叫门匾或门楣，是客家人住房大门额上的装饰性手画匾框及其题词。门榜标示一个姓氏的悠久与荣耀，家庭的古老与声望，家庭的礼义与教育，做人的修养与道德，世道的称誉与希冀。因此，门榜，已不仅是一种装饰，它实质上已成为一种文化现象。门榜可以唤起同宗群体的归属感，并提高分支别居者的社会地位。过去，“门榜”曾像一根红线，把同宗同谱人的思想感情连接在一起，不管分居多远，他们总是心心相印；也不管是否相识，只要看见“门榜”并能道出点“本家”的世系源流来，就会受到东道主的热情款待，胜若久久出门在外回到自己家里一样。而远方的宗族来访，东道主也倍感荣耀。来访的宗亲越多，说明他的家族势力越大。在中国封建社会里，这一点对分支别居者非常重要，因为那是一个土客矛盾、宗姓矛盾和阶级矛盾交织在一起的时代，家族势力大，也就意味着后盾强大，而不至于遭受土著或别的姓氏的欺凌。当然，在那种矛盾斗争中，成为牺牲品的总是各宗族的平民百姓。今天，旧社会那样的土客矛盾、宗姓矛盾和阶级矛盾已经消除，但是“门榜”作为联络同宗同谱系的人的思想感情这一个功能依然存在。

榜，是在大门上方画一匾额，书之四字（有的三字）而成的一种文化现象。

门榜的内容各姓氏家族有很大的不同，大体上可分为如下几类。一是昭示本姓氏家族的渊源。如黄姓的“江夏渊源”，指出黄姓的发祥地是古代的江夏郡；陈、钟、赖、邬、庾等姓的“颍川世第”，说的是以上几姓均源出颍川郡；罗姓的“豫章遗风”，昭示了罗姓源出豫章郡。二是显示本姓氏谱系的高贵家风或门第，如孔姓的“尼山流芳”，说的是春秋时期孔氏大思想家孔丘诞生于山东的曲阜尼山，其事迹和思想彪炳史册，流芳千古。钟姓的“越国家声”，说的是唐睿宗时期，钟绍京因助李隆基平定韦后之乱，爵封越国公的历史事实。张姓的“曲江风度”、“相国遗风”，说的均是张姓先人张九龄的故事。张九龄为唐时韶州曲江（今韶关）人，唐玄宗时迁中书令。此外，某些姓氏的“大夫第”、“司马第”等，则是显示其高贵门第的。三是反映本姓氏谱系中名人先贤的事迹。如钟姓的“知音高风”、“飞鸿舞鹤”，前者记录下了春秋时期钟子期和俞伯牙“高山流水”遇知音的千古佳话，后者记录了三国时期魏太傅钟繇的书法独树一帜，其书“若飞鸿戏海，舞鹤游天”的事迹。刘姓的“校书世第”“禄阁光辉”指的都是西汉刘向奉汉成帝之命校正五经异同于天禄阁。张姓的“金鉴千秋”指的是唐相张九龄向玄宗上《千秋金鉴录》的史实。王姓的“三槐世德”叙述了这样一段事实：宋朝王祜曾在庭院中植槐三棵，预言子孙必然显贵，后次子王旦果于太平兴国年间考中进士，后出任宰相。田姓的“紫荆传芳”说的是临潼有个田真，兄弟三人分家，财产均分后，尚剩

上犹门榜

上犹门榜

屋前一株紫荆树未分，约定次日斫分为三，各得其一。谁知次日早上，树已枯萎，田真对两个兄弟说：“树木同株，闻将分斫，所以憔悴，是人不如木也。”说完悲不自胜。兄弟相感，不再分家，屋前的紫荆又繁茂起来。四是显示本姓氏谱系先贤品格高尚。如黄姓的“叔度高风”，反映了东汉黄叔度的高尚品行，其品行：“汪洋若千顷波，澄之不清，淆之不浊。”杨姓的“清白传家”叙述了东汉杨震为官清廉，一生清白。曾有人夜怀十金，向他行贿，杨震不接受。行贿人说：“暮夜无知者。”杨震回答说：“天知，地知，子知，我知，何谓无知？”终不受贿。曾姓的“三省传家”取之于《论语·学而》中曾子所说的一句话：“吾日三省吾身——为人谋而不忠乎？与朋友交而不信乎？传不习乎？”以此垂诫后人要向曾子那样严格要求自己。五是显示门风纯朴、吉祥、兴盛。如书写“忠厚传家”、“耕读传家”、“勤俭持家”、“艰苦奋斗”、“紫气东来”、“和为贵”、“得我所”、“安其居”以及“春秋鼎盛”、“风华正茂”、“桂馥兰馨”、“竹苞松茂”、“兰桂腾芳”，等等。

上犹梅水乡茶园村，是个依山傍水的美丽村落，茶歌满山飘，九曲河蜿蜒。茶园村，仅百余户人家，却有 21 姓，21 种内容与风格不同的“门榜”和谐着小桥、流水、人家，在阳光下熠熠生辉。2005 年，作为全省非物质文化保护遗产受到更加广泛的重视；2006 年春，赣州市政协通过审议，决定将茶园村立为赣南客家门榜之乡。不久，客家门榜碑廊、牌坊将耸立于蓝天白云下，成为赣南客家一道古老而簇新的风景。

无疑，仅仅三四字的“门榜”，却因其内容丰富、寓意深远，影响世代。通过上犹门榜我们可以看到，每一块门榜都是一部“微型族谱”，里面蕴涵着大量的历史信息，是客家人尊宗念祖、家族兴旺的重要标志，也是人们研究家族史、客家迁徙史，民族史的珍贵史料。“门榜”是客家崇祖意识的产物，而分支别居的客家人，在他们离开了自己的亲人和祖居地以后，不免感到空虚和孤独。这时，门榜又起着激唤崇祖意识的作用，使分支别居的客家人感到自己的亲人就在身边，脚底下的这块新居地就是祖居地，于是，大大坚定了在新居地干一番事业的决心和信心。

4. 客家雕塑的象征寓意

与门榜文化相互辉映的是，客家建筑中的动植物雕塑图案，它们也是客家建筑中具有强烈文化意识的象征物。那些散落在赣南乡村的明清朝时代留下的民居和祠堂，虽然饱经沧桑，却仍然庄重而华美，在它们的大门门楣上方的种种浮雕图案，以及镂空雕刻着精美画图的室内花门和花格，往往令人由衷地赞叹它的工艺和形式美，并自然会生发对其中蕴涵的思想内容作进一步了解的欲望。雕刻是诗，以象寓意，托物言志，借景抒情，展示的是客家人心灵的向往，其感情内涵却并不隐晦。

具体地说，客家人在宗祠或民居建筑中，学会了巧妙地借用装饰图案中主题名称的同音字，来表达相关的吉祥意义，客家研究中叫做“谐音比拟”。比如，图案中的两只狮子，表示的就是“事事如意”的吉祥意义，因为“狮”与“事”同音，两个狮子放在一起，取的就是“狮狮”谐音“事事”，借以比拟“如意”的人生追求；比如，图案中一只公鸡，即谐音“功”、“吉”，当一只公鸡在一丛牡丹花旁，则寓“功名富贵”的吉祥意义；而如果公鸡是站立在石头上，那一定表示“宝上大吉”了，此时石头意指宝石；比如蜜蜂、猴子同时出现在一个图案中，则祈盼自己家族中有人能够“封侯”（即当大官），蜂同“封”音，猴同“侯”音；比如蜂、猴与葛藤组合在一个图案中，就有“阁（葛）下封侯”的谐音比拟；比如蜂、猴与麻雀（近“爵”音）、鹿（同“禄”音）组合在一个图案中，比拟的则是“爵禄封侯”的祈愿；比如蝙蝠（与“福”谐音）往往出现在花扇花窗上，并每每用五只蝙蝠围着中央的寿字，用来比拟“五福捧寿”；比如莲荷，因为莲有“连”、“年”的谐音，荷有“和”、“合”的谐音，有连绵不断、和谐、聚合、团圆之意，因此，莲荷底下配以游鱼就寓意“连年有余”，莲荷搁置在盒中，则有“和合美好”之意；比如柿子出现在图案中，因为柿与“事”谐音，寓意也是“事事如意”；比如青萍和大橘组合在图案中，则寓意“清平大吉”的生活；比如雄鸡与鸡冠花组合，则寓意

①

②

③

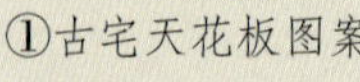

①古宅天花板图案
②③窗
④寻乌澄江镇周田村窗雕
⑤泰山石敢当
⑥客家围屋内的地石花

④

⑤

⑥

“官上加官”;比如多子的葫芦与绵延不断的藤蔓组合,则寓意“子孙绵延”;比如蜜蜂追逐骑在马上的小猴,则寓意“马上封侯”;比如一百只蝙蝠在旋舞,则寓意“百福来临”。

动、植物之外,某些器物也可以有谐音内容。建筑装饰图案中常见瓶中插一支荷,取的是“和”与“平”的谐音,瓶中插月季或四季花,象征着“四季平安”;瓶中插麦穗或稻穗,则有“岁岁平安”的寓意;香案上放置闹钟、镜子、花瓶,则寓意“平平静静”、“终身平静”。

戚氏宗祠

五

香自青山绿水来——客家人的饮食文化

我们不得不称羡客家人——地处大山深处，却承传着世代不改的浓浓乡情，以及风味可人的各式美食佳肴。大凡来到赣南的人，对这两点印象无不深刻。

古代的客家地区，森林茂盛，山高水长，多以山为家的客家人，生活俭朴如斯，过着刀耕火种、“脸朝黄土背朝天”的劳作生活。然而，生存始终是人生最基本要求，“民以食为天”，“人为财死，鸟为食亡”、“树为一张皮，人为一张嘴”……这类关于食的历史古语，每一个客家人从小就被大人训导着。所以说，客家人的饮食文化，首先是为生存服务的，生存的必然性决定了饮食的自然性；其次，客家人的饮食文化才是精神与美学的。

随着时间的推移，土客之间隔阂状态与敌对情绪渐渐淡化，客家人与土著人日益融合，大部分客居深山的客家人从大山深处走出，走向一块块小平原，形成一个个村落。群居的客家人有了智慧的碰撞与生活的交流，有了群体活动与宗族聚集，有了红白喜事，有了各种祭祀……群体活动的开始，其实就是饮食文化的开始。饮食从以往单家独户的生存时期的单一的米饭，转而有了酒、茶内容，有了酒席与茶请。酒席则是一个大概念了，它需要相应的排场、礼仪，更需要桌面上的丰富多彩的内容物；茶请也不是个小概念，它需要小食伴茶，至今客家地区吃饭前必先上茶，必有伴茶小食。于是，多姿多彩的饮食文化便在酒与茶的导引下蔚然而起。

田野牧歌

客家人走亲戚

环境造就形式。与中原地区有所区别的是，客家人的饮食精品，大多源于他们的生存环境。赣南是个青山绿水之丰饶之地，满目青山，江河如织，田野里飘逸着稻菽芬芳，山坡上种着青翠的茶，河滩上栽着圆溜溜的打籽瓜，菜园里生长着四季泛绿的蔬菜，牲畜在圈里酣睡，鸡鸭在树下啄食，和谐的农家屋檐下会有燕子来筑巢，燕子翻飞的庭园里或许盛开着几盘有着对北方思念意义的向日葵……这是相对富裕的客家人家的生活场景。拥有这种生存环境的客家人，可以方便地从身边取来原料，为远方来的客人，或者为年节时聚庆的家人，做出一桌丰盛的菜肴美食来。八仙桌上，少不了溢满清香的擂茶、浓情蜜意的米酒、肥而不腻的荷包胙、怀乡念祖的酿豆腐……

名人造就名胜，也造就名菜。赣州的名菜，除了怀乡念祖意义的酿豆腐之类传统菜肴，有不少属于名人造就的名菜，如毛泽东与“四星望月”、戴衢亨与荷包胙、王阳明与小炒鱼、蒋经国与白蘸鱼头……通过文字巡游于赣南客家美食中，我们感受到的不仅仅是客家菜的美味，还有许多让人咀嚼的人文内容。

1. 客家美食

擂茶与糯米酒

擂茶，是非常地道的客家茶饮。而事实上，由于擂茶的制作之特殊，用料之讲究，味道之特别，擂茶已成为客家饮品之尊。

擂茶必定是现做，所以能喝上客家人为你做的擂茶，是种莫大的尊荣与享受。

擂茶，不是普通意义的茶。一般意义的茶，是指绿茶、乌龙茶之类植物茶，而客家擂茶，是将植物茶与芝麻、花生等许多可食的熟果共研成泥融于其中而成的。

在赣南的大部分县乡，仍可以品尝到客家擂茶。只是真要想喝上一回客家擂茶，可得费些时间等候。因为制作擂茶可是一件特别讲究且费时的工作。

此时，一群人围着桌，搁于桌中央的大盆里的擂茶散发一片诱人的清香，轻啜一口，口舌生津，深饮几口，通体舒畅，满口留香。

链接:擂茶的制作过程

擂茶的制作用具要讲究，因为是与食品接触,所以,擂茶制作工具一概要无毒、卫生、洁净,如擂钵,一般是选取用口径 50 厘米左右且内壁布满辐射状精细沟纹的陶器;擂棍,一般是选用上等的山楂、油茶、樟、楠、枫等可食杂木加工制成的约 85 厘米长的木器;捞滤碎渣的“捞子”则用竹蔑制成。制作擂茶时,取上好的茶叶，加适量的芝麻、花生仁、甘草等置于擂钵,以擂棍研之成泥状,即用捞子滤出渣,留下糊状物即为茶泥，这个过程要半个时辰左右。然后,将茶泥放入大容器,冲入沸水,适当搅拌,便成了又香又甜且有茶之清香的擂茶。

制作擂茶,除以上主料,还可随四季时令不同变换配料。春夏湿热,客家人一般喜欢往其中加入些鲜嫩的艾叶、薄荷叶、元胡荽,若加茵陈、白芍、甘草,则为“清热擂茶”,若加鱼腥草、霍香、陈皮,则为“防暑擂茶”;秋日风燥，客家人一般采些白菊或金银花置于其中；冬令寒冷，客家人又选用桂皮、胡椒、肉桂子、川芎加入其中。

擂茶的这种医学作用，应当与客家人的生存居所有关。赣南直到上世

擂 茶

纪50年代，还有大片大片的原始森林，赣南客家人一直生活在森林的荫庇下，自然也就受着大山长谷里森林瘴气的侵淫，而劳动回来，一进家门，先饮一碗擂茶，既可祛邪健身，又换得身心舒畅。也为正餐前聊以解饥。有许多客家人喜欢喝擂茶时以糍粑作点心，时有“食碗擂茶打个点”或“喝擂茶，食粑粑，壮体格，我哈哈”之说。赣县客家古村白鹭喜食擂茶之风犹甚，有“三天两头擂茶声，一年去根擂茶棍”的说法。

关于擂茶，在赣南还有一个故事传说。说唐末黄巢起义时，黄巢领兵来到赣南于都葛坳一带，时正逢酷暑夏天，北方来的将士不服南方水土，上吐下泻，苦不堪言，一位白发客家老婆婆大发善心，为黄巢做了擂茶，不想效果奇好，从此客家擂茶代代相传，饮誉海内外。

唐宋八大家的苏洵、苏东坡父子先后来到虔州（南宋前赣州旧名），苏洵与家居赣州城南的钟棐、钟槩兄弟交好，苏洵专程来访，钟知道苏不善饮酒，便专门为他制作了客家糯米酒热情款之，苏洵极为感动。47年后的1094年，

糯米酒的传说

话说两晋时期，五胡乱华，天下大乱，中原汉先民举族南迁，筚路蓝缕，一路迁徙。终于，历尽千辛万苦的客家先民在赣粤闽边际这块四面高山屏蔽、土地肥沃的南方山区停了下来。据说，有一家人在刚刚登上赣县鹭溪河时，眼望大片平畴，心想这就是家园吧？一阵欢慰过后，随之而来的是一路跋涉的万千劳顿，一家人偎着一棵大树睡了过去。不知过了多久，他们在一阵清香中醒来，一位老者正在为他们喂食一种有饭有汤的东西。这种东西真有神力，闻起来香气扑鼻，吃下去后心旷神怡，这家人顿时疲累全消，腹内有暖气流动，不饥不渴了。“这是什么宝水？”一家人谢过老人后，惊奇地问。老人端过一只缸，揭开盖：“你们看，这就是我刚才给你们喝的宝水！”这家人一看，只见缸内是煮熟了的饭，中间一个窝，里面溢满了透明的液体，脱口而出：“原来是这种米汤！”老人大笑：“这不是米汤，是酒娘。”老人指向山坑里长着的稻田说：“这里盛产糯米，酒娘就是用糯米加酒饼酿制出来的。它可以养颜益血，延年益寿，神奇得很呢！”说完，老人突然不见了。这家人恍然，遇着神仙了。从此，客家酒娘流传开来了。

苏轼被贬谪岭南，在虔州城南钟家滞留月余，天天饮的也是客家糯米酒。七年后，苏轼北归，钟故，苏轼与其二子相扶同哭。

客家酒娘是客家人最钟爱的食品。尤其是客家妇女在生完小孩坐月子期间，几乎天天都用酒娘炒蛋或酒娘煮鲫鱼给女人滋补身子。当然，演变到今天，酒娘不再为客家妇女专有，客家男人也开始享用酒娘蛋以强肾健体。在赣南兴国，民间一直有“又吃酒娘蛋”的笑话，意思是家里的女人不断让男人吃酒娘蛋，而男人则吃得怕了，因为每回吃了酒娘蛋，女人便要和他亲热，亲热多了，男人竟受不了了。现如今，酒娘广泛使用在客家菜肴的制作中，比如，客家名菜辣椒炒鱼干，便是以酒娘替代水制作而成的，味道甘美，每每成为第一道被一吃而空的佳肴。

糯米酒的制作方法

赣南糯米酒酿造方法极为简便，先将糯米淘净用清水浸两个时辰，将浸透的糯米捞起置饭甑内用大火蒸熟，蒸熟的糯米饭倒入簸箕上充分摊冷或用清净凉水冲冷，再将酒药（又称酒饼、酒曲）研碎调冷水淋撒糯米饭上拌匀，装入坛瓮中压实，中央做个小“酒井”，加盖保温（冬冷天可于坛瓮外包裹稻草或棉被）两天两夜，即见“酒井”渗有酒娘。如置阴凉处保存，越存越香，经年不坏，尤以冬水（即立冬后的水）做的酒留存更久更好。也有在见酒井渗出酒娘时，再掺入适当白酒，密封坛瓮口做成蜜酒、冬酒。

客家人过年

小溪风光

小溪酒饼

说到酒饼，不能不提一个地方——于都县小溪乡。民国时，赣南东片关于“四大名镇”的说法与南片不一样，东片认为“头唐江二营前三门岭四小溪”。而小溪跻身四大名镇的最主要因素是酒娘做得好吃，因为小溪的酒饼赣南第一。乾隆六年（1741 年），小溪便盛产酒饼，罗古村有一半多的农户在从事这项传统工艺，每户少则年产 250 公斤，多则上千公斤。以稻谷和酒药草为原料，经配方发酵而成。用小溪酒饼酿出的酒娘，味美醇厚，香甜可口。1963 年国家在小溪建了酒饼厂，远销上海、广东、安徽诸省。当时有笑话，赣州人托去上海出差的人捎酒饼，竟买回小溪产品。

南方水饺——酿豆腐

酿豆腐流传千年，当推为客家菜的情感成份最重的菜。有的人甚至说它是一种怀乡念祖菜。这种说法不无道理。

山，登高可以望远，可以聊慰心中对故园的那份思念。在赣州，周围几座高山，一直是官宦和文士们借以瞭望北方的踞高点，如城外的崆峒山（俗名峰山）、马祖岩、通天岩，北宋的赵抃、周敦颐、苏轼，南宋的洪迈、辛弃疾、文天祥，均高攀无数回，遥望北都，抒发爱国念家之情怀，到了清代，更有董榕，担当吉安府赣州府南安府宁都直隶州四地巡抚，却忍不住思乡之苦，在道署甓园内挖池垒山，不时于山巅遥望河南老家孤母。万里迢迢，从北方南迁到赣南的客家先民落入群山后，一次次回望中原，然而，千山万壑阻隔了他们视线，于是，他们的思乡念祖之情便在这阻隔之中愈加强烈了起来。

这种愈加强烈的思乡念祖之情，自然

酿豆腐的制作方法

酿豆腐属于酿菜中的一种。酿菜有三类：平酿、斗酿、填酿。客家酿豆腐属于斗酿法。其做法：取石膏豆腐若干块，切成 2.5 厘米见方小块。取瘦猪肉、大蒜、冬笋、香菇或其他料剁成泥，加上等酱油、细盐、淀粉拌以鸡蛋制成馅。再将方块豆腐中间轻轻剖开一口，喂入馅料。锅下油 100～150 克，将酿豆腐喂料口贴着油锅烧熟呈金黄，加肉汤焖 10 分钟左右即成。其合荤素为一体，嫩滑鲜香，营养丰富。这样的客家酿豆腐，一派乡土风貌。

酿豆腐

得有种种形式来宣泄，如讲古文，说三国，走古事，拜汉帝，敬祖宗……但最解渴的还是吃！吃什么？吃北方老家远古传下来的饺子！他们想借着包饺子这种形式来舒缓内心这份焦灼的情感。是的，饺子可以解食之馋，还可以解心之渴。可是，茫茫赣南大地，森林遮天蔽日，气候偏冷，块块南方红土，土地贫弱，只生水稻，不长小麦。要包饺子没有面粉，怎么办？这浓浓的乡愁就像拌好的饺子馅料，竟然找不到盛载之物！好在客家人智慧，替代品！酿豆腐就这样诞生了。

酿豆腐，即把豆腐当成饺子皮，把馅料填进去，外素内荤。富人家馅料荤多素少，穷人家馅料素多荤少。然而，因为这是情感菜，不管荤素多少，只要能享天伦之乐、解思念之渴，哪家的豆腐饺子都好吃。

1918 年，孙中山一次在客家人的餐桌上，对这道菜赞不绝口。随着生活好转，酿豆腐的馅料添加了鱼胶、浸发虾米和佐口鱼末，既保持原有的鲜爽，又增加了甘香，并衍生出系列产品：桶锅酿豆腐、煎酿豆腐、铁盘酿豆腐、鸡汤豆苗浸酿豆腐等。

由唐代而有的豆腐代替面粉做饺子起，各地客家人大展智慧，有了各种替代品。如用芋子加适量番薯粉做饺子皮包成的“薯芋饺子”。芋子和番薯那是客家人赖以生存的主要杂粮，正所谓：“番薯芋子半年粮”。客家人把番薯、芋子视为“农家最重之蔬”，它既

三僚的豆腐宴

豆腐宴是中国风水地理文化第一村——兴国县梅窖乡三僚村的一大饮食特色。三僚是南方风水师祖杨筠松的廖、曾两个弟子的居住地，村内古树丛生，古坟满山，八卦地形，风水遍地，且家家以给人看风水地理为生，有"一村三百地理"之说法。但一般游人喜欢的是三僚的豆腐宴。三僚豆腐看上去嫩，吃起来爽。三僚豆腐宴，由油煎豆腐、焖豆腐、豆腐脑、酒娘豆腐等十余种组成，譬如酒娘豆腐由家酿米酒娘、姜末、红糖、芝麻等若干配料制成。酒娘豆腐，豆腐的成分多，酒的成分少，但家酿米酒力道足、后劲大。焖豆腐配着红辣椒粒，豆腐脑撒上一层青葱末，浓香扑鼻。霉豆腐，金黄灿亮，散发着清香的小长形颗粒，极能勾起人的食欲。三僚豆腐的好吃，主要在于三僚的水源。常言道：高山有好水，平地有好花。高山好水作豆腐，做的豆腐鲜嫩、白净、味道香甜甘润；平地鲜花映靓妹，映得妹子皮嫩、脸红。当地谚语云："米脂婆娘好，还不如三僚；皮肤晰晰嫩，活像豆腐脑。"这既是对三僚女子的赞美，也是对三僚豆腐脑的褒奖！

三僚蛇形祠

可当蔬菜，又可当粮食。因此，几乎家家户户都有种植，每至秋季，家家户户的地窖、房角都堆满那红姣姣的地瓜和黑黢黢的芋子。在客家人中还流传着一个“芋赈饥”的小故事：古时有一寺僧，专力种芋，岁收极多，捣之如泥，筑造为墙，后遇大饥，独此寺四十余僧食芋泥墙度过凶岁。

客家年货——腊味

腊味，是客家年货。顾名思义，就是客家人过年吃的主要美食。客家腊味有些类似于湖南人的熏肉。都属于肉类的干货形式，只是制作上稍有区别，客家腊味以自然阳光为热源，湖南人以火为热源。其实并不是赣南的阳光更为充足，主要是一种风俗习惯的差异。赣南客家人吃腊味主要在春节前后一段时间，湖南的熏肉可是四季皆可以享用的。历史上，赣南客家人人平常节俭有余，唯有过年时才舍得吃用。立冬后，休闲下来的客

薯芋饺的制做方法极为简便

将个大、易烂的芋子洗净，连皮置锅内煮熟，然后取出剥去芋皮，置簸箕内捣（烂）成芋泥后，加入适量番薯粉和精盐，用擀面杖擀成饺子皮待用。接着将瘦猪肉、香菇、冬笋（或笋干）丝、虾仁、萝卜丝、葱白等料剁碎，放入精盐、味精下锅翻炒，滤去汤汁即成馅心，出锅置盆中待用。当饺子皮和馅心做好后，就开始包饺子了。芋子饺包好后，摆入垫有纱布的蒸笼中，下锅用猛火蒸15分钟，便香气满屋，令人垂涎。此时，将薯芋饺出锅摆盘，放入麻油、猪油等调料，趁热食之，味道极美。

腊货

薯芋饺

家人，将养了大半年的各类家畜家禽部分宰杀，用盐腌制起来，在阳光下晒烤至干，便成了一整个春季的美食。夏天来临之前，腊味会变质，因此在这之前要全部吃尽。之后，又重复一年的清贫日子。

因此，客家人的腊货这一食文化，其实是悲喜成分交织的。春节时往往视谁家的腊味多而全，成为富庶的表象，而受人羡慕，主人家每每脸上有光，一整个春节都喜气洋洋；但究其根本，这种富庶只是短暂而苍白的。春节过后，穷人复穷人，稍富有一点的也收敛起来，只能隔三差五地买些肉荤解解馋，重新为来年春节的风光与快活积蓄财力。

南安大余板鸭

南安板鸭

南安板鸭是客家腊味中最为著名的一种。南安板鸭盛产于 19 世纪后期，即清朝后期，时产地大余为南安府所在地，故名“南安板鸭”。清末民初，广东商人梁德昌、梁广昌等每年都要来大余采购南安板鸭。同时，广州有“皇上皇”、“八万载”等行栈经营南安板鸭，并运往粤、港、澳及南洋，更是畅销。便是现在的粤港澳地区的人家，每每谈及南安板鸭也还是赞不绝口，这几个地区的人吃板鸭的爱好远胜过赣南客家人，赣南人大多不吃头与屁股，粤港澳人便是几只鸭屁股或鸭脚也可以煲一锅异常美味的汤来。

每年大年初二开始至正月十五出元宵，乡邻相互走访拜年贺岁，家家以九龙盘盛腊味伴酒小酌，兼以花生、瓜子、水果、糕点待客，遇有贵客或远客则以腊味煮满碗（即一碗面或粉，面上裹以大块的腊肉与腊鱼等）款待之。往往是前一批串门的客人走后，主人迅即添上吃缺的腊味，等待下一批客人的来临。客家人一整个春节便在这种腊味的飘香与客人的请送中进行。

客家腊味独具特色，每年立冬一过，家家户户皆晒腌腊味，品种之多，令

人称奇，有腊猪肉、香肠、猪肝、猪心、猪腰、牛肉、鸡、鸭、鹅、鱼、野味等等，凡可食之肉类，均可腌制成腊味。

南安板鸭用当地麻鸭加工制作，从麻鸭收购、育肥到加工制作都十分讲究。建国后，南安板鸭的产品质量不断提高，产品以其造型美观、皮色洁白、肉嫩、鲜美、咸淡适宜、骨脆可嚼、尾油丰满，色、香、味、型兼备等特点，被誉为“腊味之王”，多次被评为省优质产品、部优产品，还获国家银质奖、金质奖。到上世纪 90 年代，赣南年产“南安板鸭”产量已达百万只，赣县后来居上，以其产量多被命名为“中国板鸭之乡”。

四星望月、荷包胙与小炒鱼

四星望月，不是宇宙天象，而是发生在现实生活中的一个真实故事。1929 年 4 月，毛泽东在兴国指导革命工作，住在潋江书院。受到后来成为共和国上将的兴国籍将军陈奇涵以及胡灿、肖芳全等人的欢迎。

当时，革命政权尚未正式建立，革命形势尚处在低落时期。加之国民党对苏区进行封锁，苏区物资极为匮乏，苏区干部群众的生活极为艰苦，每顿饭只有一小碟历历可数的盐水煮雪豆，每每是吃一粒豆子咽一大口饭。天天让毛泽东也这样吃饭，兴国县委的同志心里过意不去。有一天，老肖捉到一尾大草鱼，就请炊事员按照兴国米粉鱼的做法烹制。于是，一笼香气扑鼻的米粉鱼，配上花生米、笋烧肉、雪豆、辣椒炒鸡蛋四盘菜，摆上了桌。毛泽东兴致勃勃地吃着浇满辣椒的米粉鱼，指着这一桌

四星望月

子的菜肴，随口问道：“这道菜好吃，，叫啥子名字？”大家一听，互相望了望，告诉毛泽东：“我们就是喜欢吃，也没什么名字。要不，请毛委员你给取个名字吧？”毛委员兴趣盎然地说：“好！你们看，一个大蒸笼，四个小盘子，盘子围着蒸笼，就像星星围着月亮，我看就叫它‘四星望月’，好不好？”大家齐声叫好。从此，“四星望月”就这样传开了，赣南客家一道名菜就此诞生。

据说，1959年，庐山会议期间，江西省委还特意请兴国县委招待所一名叫“癫婆子”的厨师上庐山，为会议做了这道菜。1972年，第二次复出前的邓小平重返兴国，也提到“四星望月”这道菜，可见，“四星望月”确有其事，并非讹传。

米粉鱼的制作并不复杂。一般选用肥美草鱼，剖好洗净切块，拌好油、盐、生姜、辣椒等佐料，然后在蒸笼里入上芋头、萝卜、豆角、青菜等，拌上米粉用猛火蒸，待鱼蒸好后再浇上辣椒、生姜、蒜仁等，撒上葱花即可上桌。如今，四星望月这道名菜，已经衍生出了更多更宽泛的内涵。从粉蒸鱼，发展到了所有肉类的粉蒸肉（禽系列）；从花生米、笋、雪豆、炒鸡蛋四小碟，发展到了任选品种的四小碟，当然所选品种肯定更为讲究、精致；从兴国这个原产地，发展到了赣南客家任何一个家庭与餐馆。

荷包胙，也是赣南客家的一道经久不衰的名菜。其中，有一个美好故事包裹在内里。

这个故事是戴衢亨创造的。戴衢亨（1755–1811年），南安府（今大余县）人，中状元后，官至军机大臣、体仁阁大学士，位同宰相，极受嘉庆皇帝的重用。其父戴第元、叔父戴均元、兄戴心亨，与他同为进士出身，且均在翰林院供过职，一门四进士，天下稀奇，世称西江“四戴”。

相传，清朝乾隆年间，少年戴衢亨很是孝敬母亲，每次到亲朋好友家吃喜酒，他都要预先怀揣一张大荷叶，就餐时用荷叶从桌上的炆肉中包上几块带回家给老母亲吃，孝行感人，传为美谈。戴衢亨高中状元后，人们为了纪念他，逢年过节或红白喜事，就把过去酒席中的炆肉改用荷叶包好，置放甑里，用大火猛蒸一天一夜，烂熟到远远可闻得着肉香、荷

荷包胙

小炒鱼

香方止。由于荷叶包肉比原来的炆肉香,人们极为喜爱之,每每有人家做红白喜事,主人往往会让参加酒席的客人在离席时带上一两个荷包胙回家给家里人吃,或是作为回礼补送给礼金到了人却因故不能来参席的客人。如此,既沿袭了戴状元的行孝做法,也迅速促进了荷包胙的民间流传。这种因戴状元而兴起的荷包胙,民间又称之为“状元肉”。

荷包胙以猪肉为主料,以荷叶、米粉等为配料。其做法是:将猪肉切成2.5厘米见方的肉块,加酱油、糖、精盐、甜酒、胡椒粉、八角拌和腌半小时;然后和入米粉、鸡汤水、花生油、味精搅拌匀。把荷叶用沸水烫软,用荷叶把猪肉包扎成圆锥形或锭子形,上甑旺火蒸3小时即成。其特点是入口糯烂,吃不粘牙,有荷叶清香。

小炒鱼,是今天赣州招待外地来客最拿得出手的一道名菜。理由是这道菜的制作取材考究,味道独特,且这道菜还有人文故事在其中。

据传,王守仁任南赣巡抚时,不少时间驻扎在赣州城。出生于浙江余姚的王阳明,一生酷爱吃鱼,到赣州后,打听得当地著名的凌厨子善做鱼,便聘了他做家厨,专制鱼菜。不想,有一日,做炒鱼这道菜时,外面催得急,凌厨子匆忙中错把小酒(即白醋)当酒加了,结果,端上去以后,味道特别好,王阳明当即传凌厨子询问原因。凌厨子如实告之,是错把小酒当白酒加了,是小酒做出来的炒鱼。王阳明一听,稍加思索,对凌厨子说:“以后这种用小酒做出的炒鱼,就叫小炒鱼吧！”就这样，一个错误，生出一道名菜。

小炒鱼，从此流传了下来。民国时期，在赣州当专员的蒋经国也甚是喜欢吃小炒鱼，每每有重要客人来赣州，便要到宾馆请吃小炒鱼。后来，蒋经国与章亚若有了恋情后，喜欢往小街小巷的美味餐馆吃饭，当时在九曲巷口有一张万盛小酒馆，小炒鱼做得一般，白蘸鱼头做得却很到位，蒋、章二人极为爱吃。于是，继小炒鱼后，白蘸鱼头成了赣州另一道名人造就的名菜。

小炒鱼的做法并不特别，主要在取材上与用料上下工夫。一般选用1公斤左右的草鱼为好，取其鱼肚皮上无骨头的鱼肉切成小条块，用淀粉、食油拌之，配以适量生姜、葱、红椒、醋、盐、酱油、水酒，经烹调后色泽金黄，咸鲜兼辣，味鲜嫩滑，略带醋香，别具一格。

2. 客家人的好客

客家人自古便是多情好客之民系。究其道理，恐怕与客家人自身生存历史有关。中原汉族来到赣粤闽边际地区，客居他乡，与当地土著人共同开垦这块土地的过程中，客家人表现了极大的忍让、宽容精神与亲和力量。有一则故事可见一斑。

——传说，初期来到赣南与畲族土人为邻的中原汉先民，每每体现容忍态度来赢得土著人的认同，并因此获得稳定而长久的生存空间。某

过 年

日，畲汉两族人家小孩因故而打架，结果汉人的孩子不小心把畲人孩子的左手食指折断，畲人群起而围攻这家汉人，汉人小孩的母亲向畲人父母道歉后，说："为表示我们的诚意，我会给你们一个满意的结果的。"说罢，走到儿子面前，抓起小孩的手，用菜刀将小孩左手食指猛然砍下。畲人惊愕，为客家母亲的巨大牺牲精神而震撼，从此，这家汉人与畲族人长期共存下来。

当然，更多的事例是汉畲两族人民和美共处的例子。比如，有相当多的一种情况是，汉族人举族南迁，选择某一处耕种、生活，族群势力远大于当地分散的土著，但汉先民并没有歧视与驱逐土著人，反而主动与畲人团结友好，共同生产、生活。另外，汉族人带来中原的农耕文明，耕读传家的传统，办学、考举，也让畲族人受到很大影响，他们的子女也开始和汉人子弟一起享受教育。

生存、繁衍过程中的汉畲两族人民的团结，其实就是一个客家人体现友好、宽容等传统美德，忠诚、热情地处世、待人的过程。这个过程，培育与强化了客家民系的好客传统，弘扬了客家人与人为善、忠诚为本的优良秉性。

有了以上了解，对客家人热情好客的种种风俗便可以理解了。在客家赣南，几乎任何一个乡村人家，每当有来客，主人必然笑脸相迎，上茶上果，特别是对首次来客或稀客或远客或贵客，接待更是不一般。所谓首次来客，如第一次登门的亲家、女婿，或是老师，常常是跨出家门，老远去迎接，有的还燃响鞭炮，摆起欢迎仪式来。

一家有客，四邻众家皆欢喜。经常是某家有远客或贵客来，邻居家都会有人上前，热情相邀："也来我家坐坐"。客家人的好客还表现在语言、施礼上，见客就是"请进"、"请坐"，坐下就是"请喝茶"、"请吃东西"，客人走时，满口感谢话："多谢"、"请留步"；送客者则说："慢走"、"多来"；古代见面多是打拱作揖，甚至脱帽鞠躬，现在多是握手或点头微笑。

赣南客家人的好客，让许多外地人大有受宠若惊之感。比如在春节期间，若遇上某个家庭或屋场在举行上丁仪式，那么，外地来的客人必尊为贵人，他们认为撞上来的客最大，此时，无论你年龄大小，一概是请为上座，与族里最年长的族老坐在一起。凡上丁人家的酒都一定要你喝，若上年有百户人家添丁，则这百户人家都会携来酒菜，酒席摆成长龙，全村每家出代表恭贺，此时，百户人家的酒你都得喝，当然，喝一百碗酒，哪怕是再香再甜的客家糯米酒，也是喝不下的。你只需不断致谢，让百户人家的酒尽数筛于碗中，自然是边筛边流掉了，留下最后满满的这碗酒，当着百户人家的面，先敬族老，再敬全体，然后一饮而尽。假若没有遇上上丁这类大型宗祠活动，春节期间的客家人的好客也让人备受感动。你只要认识一家人，到这家熟悉人家喝酒，那么，这家人的所有亲戚朋友都会来请你去喝酒的，而亲戚朋友的亲戚朋友又会来邀你到这些人家去喝酒，直喝到天黑，直到强行脱身，才放你走。

客家人的好客大多表现在“吃”上面。关于客家人的吃，讲究颇多，烹调有炒、煎、溜、炸、蒸、烩、烧等做法；菜肴有盆（盘）盛菜、碗盛菜两种分类；筵席有四盘八（4盘8碗）、倒席（以四盘八为底，另加6小碟）、顺席（以四盘八为底，另加12小碟）、三滴水（即4炒4蒸4炸，另加9小碟）等种类。筵席间，乡间出炒鱼时，主人需轮流到席向来客奉烟敬酒；城里出肉皮时，需放鞭炮；出红烧肉时，表示最后一道菜上完了。

寒信村萧氏祠堂聚餐

说到客家人的好客与吃，赣南信丰县安西镇一个地方，至今还流行一种民俗活动——老爷会。

安西老爷会

信丰县安西镇有上堡、中堡和下堡。安西三堡人具有独特而淳朴的风情习俗。数百年来，老表们在日常生活、红白喜事中，宴请亲朋好友叫请“老爷会”。每年8、9月份，尤其中秋前后10天农事稍闲时，客家老表们会轮流在午时摆开“老爷会”。“老爷会”上，若有外地客人撞上，主人家会觉得很有面子，而客人意外成了一回“老爷”，也是一件十分开心的事。

安西人重人情，把请“老爷会”作为亲朋好友礼尚往来、沟通交流的一种特有方式来操办。“老爷会”以屋场选择日子轮流举办，八月初一从上堡开始，到九月中旬下堡结束各家宴请。有句古话说：“人情到，谷种粜”，就是说手头上再紧张，到了这个季节，也要“打肿脸来充胖子”风光一下。哪家轮到请“老爷会”的前一个星期左右，主人就会传口信或写请帖邀请，被邀的客人一概如期赴“会”，否则就会认为是“失信”、“吃帖”而从此断绝交往。

“老爷会”那天，村民一大早，便成群结队地敲锣打鼓“噼里啪啦”地鸣放鞭炮到一个叫海螺寨的寺庙里去杀鸡宰猪祭拜，然后把寺庙的香火引回家，放在家中的厨房里，以示“人丁兴旺、代代相传、吉祥如意”。这种“老爷会”以吃搭桥，尽显乐趣。主人款待客人的素菜较为丰富，有木耳、香菇、笋干、板栗、松子等，均取自于自留地的菜地或山里采集，荤菜大凡有山鸡、水鸭、野猪、泥鳅、黄鳝等，汇集成每桌丰盛的九菜一汤。炒菜是主妇们的拿手戏，哪一家的菜肴优劣也就取决于主妇的手上功夫了，要让老爷们吃出气氛、品出情调，可谓是主妇们的“台上一分钟，台下十年功”。

“老爷”赴宴，一般会带些水果、鸡蛋、饼干之类的“手信”前往，一进屋，对主人一番亲热的称呼后，主人笑嘻嘻地泡上一壶热气腾腾的茶，桌上放有花生、瓜子、南瓜条、芝麻酥、橘子饼、炸粉皮等香喷喷、味津津的食物，桌上放着一根约2寸长的细小竹签，以便“老爷们”品尝。

陆续前来的“老爷”们坐定下来，各人打开话匣，议论各家农作物的种植、收成等。然后话题便展开来，大凡农家耕种饲养、山林养护、衣食住行、子女婆媳等等话题，无所不谈。有女“老爷”在时，气氛就更加浓郁了。俗话说:“三个女人一台戏”,免不了出现一些说东家长道西家短的“长舌妇”,但着墨不多,往往是点到为止,见好就收。他们为了活跃气氛,也争相讲些笑话,诸如:男人们上山砍柴,把柴伙扔到山脚下时,为了让山下妇女们注意安全,男人们往往会用当地方言大喊:“下面有没有人呀,我们在上面发烧(臊)了!”孰不知,上堡人把“柴”叫做“烧”,在座的下堡人听了笑脱了牙齿。下堡人也会回敬一个“暂时认蚊格”的段子,说的是以前一个私塾老师教学生,对看图识字下面的“蝙蝠”自己认不出,学生问他怎么念,他觉得像一只大蚊子,就干脆教学生用土话念“蚊格”。后来,这些小段子成为当地人茶余饭后的一则笑柄。

“老爷会”上也会出现少数孤寡老人行乞,主人会很大方地施舍。他们认为对这些弱势老人施舍是种福气。村上一些有吃奶小孩不好带的母亲,会把行乞食物买来喂给小孩吃,并写上数十张“天皇皇地皇皇,我家有个夜哭郎,行人看上一百遍,一觉睡到大天亮”的红纸条,请孤寡老人四处张贴。他们信奉这样做,小孩子夜间就不会惊叫哭啼。

“老爷会”氛围最浓的时刻莫过于猜拳行令了,他们叫“划拳”,男男女女都可以一齐参阵。事先把桌上的筷子收集起来,编成6根一组的叫半年,编成12根一组的叫一年,并说定规矩然后每两人一组对战,由一个没轮到的旁观者充当裁判,三局定胜负。紧接着,一句句节奏和谐、斗智斗勇的“拳发手,高升,贵!”“一丁、四季、七桥、八马、满堂红!”的拼比声此起彼伏,谁喊的“拳语”与双方一起伸出手指的个数总数相吻合,谁就能获得一根筷子,谁积累的筷子最多,谁理所当然就是胜主。不管年纪大小,最后划输者以后见面打招呼时就要称赢者为“师傅”,直到下次赢了对方为止。

猜拳之余,客中的活跃分子又念起了当地的打油诗:“八月十五月光圆,看着日子车车过,请得客来兜里空,出门寻钱禾苗黄……”这时,“老爷会”接近尾声,“老爷”们沾着一身欢乐,心田暖暖的,人生不痛快的事也便解脱了,向主人道一声“多谢了”,于是主人点上一挂鞭炮放响,欢送客人出门说:“下回再来!”,“老爷会”也就尽兴而散了。

庄溪村贞洁牌坊

六

无处不在的神明——客家人的民间信仰

客家人的民间信仰是深深积淀于客家民系中的传统意识,它的内容非常广泛,包括自然崇拜、神明崇拜、风水信仰、祖先崇拜和特殊历史人物崇拜等等。在客家传统社会中,民间信仰是一种十分普遍的现象。只要稍稍翻检一下客家地区的老方志、老家谱,大量关于神庙、神坛以及祭神祀神的记载便目不暇接。我们在进行客家民俗田野调查时,也处处感觉到客家传统社会的踪影和客家地区民间信仰的遗风犹存:在不少乡村,禳神活动还存在着;社官或伯公、公王坛还处处皆在;有些地方,甚至一棵大树,一块石头就有人去烧香磕头。根据对客家地区民间信仰做田野调查的资料分析,我们可以对客家人的民间信仰做如下扫描:

从信奉神明的种类来看，主要有七类：一是佛教神明，如释迦牟尼、观音、定光古佛、伏虎禅师等；二是道教神，如许真君、三奶夫人等；三是古时为人民立过功的英雄人物，如妈祖、东平王张巡、许逊等；四是祖宗神——既是开基祖，又是保护神，如赣南的朱公，闽西的涂赖公等；五是土地神，包括有些公王和伯公；六是风水神，如风水祖师杨太伯公；七是自然神，如月光姑姐、树神、山神、石头神，等等。

祖宗神位

从神明崇信的范围来看，分四个层次，一是整个客家文化圈都崇拜的神明，如观音、风水祖师杨太伯公、定光菩萨、伏虎禅师、三奶夫人等。二是地域性神明，如汉帝的崇拜仅局限于赣南各地，许真君的供奉圈也很少跨越赣南边缘；而妈祖的崇拜却

龙南客家祠堂——抱石鼓

禳水府神

主要在闽西和粤东。三是乡村神明，为一乡或一村共同崇拜。四是宗族姓氏神明，为某一姓氏宗族所奉祀，如祖宗神便是。

从神明的来源看，有来自中原和北方的神明，如关帝、太保公王等；有来自相邻地区的神明，如妈祖来自闽南地区，许真君则来自赣文化圈；有本地土神，如赣南的石固，汀州的定光佛、伏虎禅师，粤东的三山国王等等。

总之，在客家地区，信奉多神是一种十分普遍的现象，“不仅是各种宗教杂陈，天神、地祇、人鬼皆有，而且每一位神灵，都具有多重的功能和实用”，充分反映了传统社会中客家人趋吉避凶、实用主义的信仰倾向。

1. 祖先与神明

在客家民间信仰中，最统一最普遍的信仰莫过于祖先崇拜。

客家人的祖先来自中原，携家带子、离乡背井的远徙，隔不断他们对故乡的思念；面对艰苦的生存环境，又迫使他们必须更加紧密地抱成一团，靠家族的力量，靠勇于拼搏和开拓的精神去求得生存和发展。因此，血族相助、同宗相亲成为客家人的传统理念。在这样的背景下，客家人的崇祖意识必然得到强化。这种强化了的意识突出地表现在普遍建祠立庙与祭祀祖先上，如光绪《江西通志·风俗》“赣州府”条云：“巨家寒族莫不有宗祠以祀其祖先。旷不举者，则人以匪类摈之。报本追远之厚，庶几为吾江右之冠焉。”

客家人的崇祖活动主要有：

一为岁时和喜庆祭祖。一年中的四时八节，春节期间为第一个祭祖高潮；清明扫墓挂纸，是崇祖的第二个高潮；中元节，俗称“鬼节”，烧纸钱敬祖宗，是崇祖的第三个高潮；冬至修墓挂纸，是崇祖的最后一个高潮。此外，端午

祖先崇拜

祖先崇拜是汉民族的古老观念。宗族之“宗”的本义就含有祖先崇拜的意蕴。《白虎通义》云：“宗者，尊也，为先祖主者，宗人之所尊也。”可见，宗族与祖先崇拜之间有着密切的关系，两者的产生和发展是同步的。

祠堂祭祖

在客家传统社会中，祖先崇拜是一种深入骨髓的传统观念，也是一种严格的宗法程序，受到强大的舆论支持。客家人可以不崇教，不信鬼神巫术，但若不崇祖先的话，便会遭到家长或族人的谴责，甚至惩罚，在舆论和道德上陷于孤立，断难在社会上存身立足。同时客家人相信祖先有灵，虔诚礼拜祖先，就能保佑家族人丁兴旺，事业发达。相反，数典忘祖、不敬祖宗的人，则要受到天谴神责，不得好报直至断子绝孙。

节、中秋节以及嫁娶和祖先的生忌日，子孙都有祭祖习惯。

二为建祠堂。祠堂是宗族的标志，是宗族内聚力的纽带。思亲崇祖、慎终追远的重要活动场所便是祠堂。客家有族便有祠，祠堂建筑是族人心目中的圣殿，也是体现本族孝心、面子和势力的地方，因此，每一个宗族都不遗余力地将祠堂建得尽可能地豪华气派。祠堂内设有列祖列宗的牌位，每年的清明冬至，在此举行隆重的祭祀仪式，仪式后族人聚餐，俗称“吃公堂”。

三为修族谱。修谱的重要意义在于，通过追源溯流，明确本族的祖先是谁？支派情况如

(左图)寒信峡水府庙会

(右上图)求神祈福

(右下图)清明祭祖

(下图)黄氏族谱

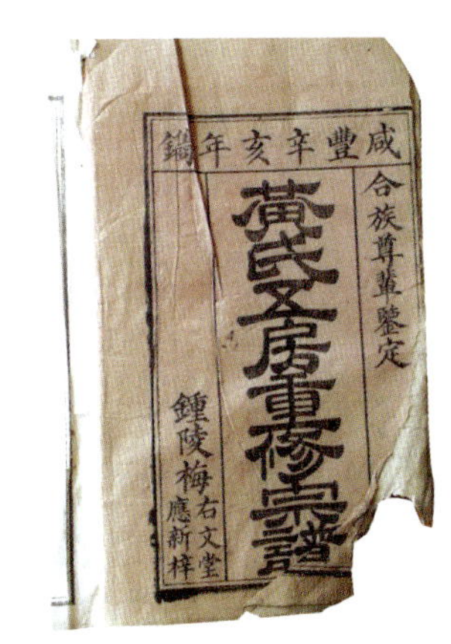

何？从而厘清宗族内成员的尊卑长幼、亲疏远近关系，最终达到认祖归宗、敬祖睦族之目的。客家人十分重视修谱，严格遵循“古人以三世不修谱为不孝”的古训，隔若干年便续一次谱，使修谱续谱的传统一代代沿袭下来。而且，客家人把族谱看得跟自己的生命一样重要，迁徙到哪里便把族谱带到哪里。这样，虽然历经战乱和磨难，大量的族谱还是得以保存下来。据20世纪80年代初所作的一次调查统计，仅赣州的宁都一县便保存有1053部老族谱。

在客家人的祖先崇拜中，有的是会转

化成神明的，如开基祖，或在宗族发展历史中作出重大贡献者，或成了英雄人物的祖先等。对待祖先神明，要建庙奉祀，每年定期举行祈禳或庙会活动，其仪式与奉祀其他神明同。如，赣南宁都洛口乡的洛口村，有30多个姓氏，2600余人，他们共同供奉朱公菩萨。相传朱公为唐时人，是本村的开基祖。朱公没有儿子，仅三个女儿。三个女儿分别招赘黄、杨、丘三氏，黄、杨、丘三姓遂得以繁衍发展。于是，他们的后代以及后来的入迁者均把朱公奉为始祖和神明，立庙加以虔诚祭拜。每年端午时节，都要举行为期20天的“朱公庙会”。对朱公的崇拜起了维系全村团结和谐的作用。据年近九旬的一位老先生说，从他孩提时代记事起，从没有见过和听说过洛口村各姓氏间发生过械斗事件。

2. 城隍与社公

城隍与社公都属自然崇拜。

城隍是城市保护神，凡有城池者，就建有城隍庙。城隍庙里的塑像与配神一般是：正殿之中供奉城隍大神，两旁分列八大将、判官、牛头、

于都寒信村社官庙

城隍

起源于古代的水（隍）庸（城）的祭祀，为《周宫》八神之一。“城”原指用土筑的高墙，“隍”原指没有水的护城壕。古人造城是为了保护城内百姓的安全，所以修了高大的城墙、城楼、城门以及壕城、护城河。他们认为与人们的生活、生产安全密切相关的事物，都有神在，于是城和隍被神化为城市的保护神。道教把它纳入自己的神系，称它是剪除凶恶、保国护邦之神，并管领阴间的亡魂。

万寿宫

土地神位

马面、黑白无常、钟鼓神以及十殿阎王、十八司等地狱塑像，府城隍庙里则有更多的配神。城隍庙里挂有“纲纪严明”、“浩然正气”等匾额，还有“善恶到头终有报，是非结底自分明”等楹联。这些匾额与楹联的核心是歌颂城隍爷的功和德，劝人行善不作恶。

在客家地区，每逢元宵、清明节日及城隍寿诞，城隍庙都要举行庙会活动。这些庙会规模大、范围广、人数多。旧时庙里多有钱、米、衣服、棉被、医药、棺木等施舍，还有为人主持公道，排解纠纷的活动。

客家人所称社公，又叫社官，土地伯公，俗称“福主”。

客家人心目中土地神被认为是主持一方风调雨顺、人畜平安的神。每年都有春秋两次祭拜社公。春社为重要农时，有“社过南风日日晴”，“人勤春早，人懒伴社”的俗语。

客家人旧时拜社公时，需备鸡、肉、鱼、酒、饭等去敬社神，隆重的还上演社戏。解放后社日祭社官之俗渐废。

在客家人的信仰体系中，城隍是县级神明，社官则是乡村级神明，他们在阴间享有与阳上县官老爷、乡村长一样的权力和地位，都具有协助阳上保境安民的功能。县官解决不了的事情，

“社”即祀土，旧以一二十户人家为一社会，社公即为社会的保护神，又称土地神、土谷神，其庙也称土地庙或土谷祠。

有时就求助于城隍老爷。如，据田野调查的资料，过去定南县老城镇的城隍庙里有一面鸣冤大鼓，它的后殿完全阴暗，给人以恐惧感。宗族与宗族之间如发生矛盾和械斗，县衙不能解决，则动员双方族长到城隍庙发誓下场了结。在广大乡村，社官的神灵更是处处显现，它紧紧把住村口和水口，不让豺狼虎豹和凶神恶鬼进村来，也不让财富轻易从水口流走。它还经常化解一些棘手的矛盾和纠纷。如，过去乡民们常因一些事情发生争执，争得不可开交了，就杀一只公鸡，到社官老爷面前去赌咒，于是纠纷得以化解。

3. 迎神赛会与消灾祈福

迎神赛会或庙会，是一种祭神娱神且伴有商贸交流的大型群众性民俗活动。

在客家传统社会中，很多村与村之间(或者村子内部)姓与姓之间的

宁都县石上元宵“担灯(丁)”民俗

（上图）赣县田村超度亡灵
（下图）菩萨出游

联盟，都以共同的崇拜为基础。乡民们每年定期举行迎神祭神的节庆活动，并按坊、棚、会、房的仪式结构，或者按威望、抓阄、轮流等方式去选择每年的当值“福首”（理事会首事），经费则由大家筹集或捐献。活动期间，除祭神游神外，还要请戏班演戏，进行聚餐和商议一些公益事业，如修庙、修桥、铺路等，同时伴有一系列商贸交流。通过这种节庆活动，除大大满足了乡民们消灾祈福的心理需求外，还加强了姓氏与姓氏之间的沟通与情感交流，化解了各种潜在的矛盾，从而给社会带来和谐与安宁。

民间三角班

朱公庙会

相传宁都县最灵的菩萨有两个，一个是东山坝的白石仙，再一个就是洛口的朱公。所以洛口的村民们对朱公的供奉非常虔诚，平时谁家里生了男孩，子女考上学校，做生意发了财，养猪卖了好价钱，久病痊愈等，都要买纸钱蜡烛香到朱公庙敬朱公；元宵、中秋、春节三节庙里香火尤盛，据说收到的蜡烛足可日夜不断地点三个月。当然，最为隆重的纪念活动莫过于一年一度的“朱公庙会”了。庙会期间，恰逢端午节，人们把纪念朱公和节日活动融为一体，更添其热烈的气氛。

庙会为期 20 天，从农历四月十九日开始至五月初九日结束，前十天供奉老官，后十天供奉朱公。庙会最主要的内容就是演戏和游神。所演剧种，过去是祁剧，现在演采茶戏。剧目多为传统剧，如《花墙会》《珍珠塔》《女驸马》等。

四月十九日上午，庙会开始，先把老官菩萨从朱公庙里请出，抬至祠堂戏台正对面靠墙的神台上安坐，并上香烛，请他与大家一起观戏。

这一仪式由一道士主持，须有鼓乐仪仗。然后戏班开始演戏，闲日上午、下午各演一场，圩日则上午、下午、晚上共演三场。至二十八日，“老官戏”结束，把老官菩萨送回庙里。二十九日或三十日，仍由道士主持，由戏班演员装扮成“八仙”（即汉钟离、张果老、吕洞宾、铁拐李、韩湘子、曹国舅、蓝采和、何仙姑），到朱公庙里举行隆重的仪式（称“打八仙”），把朱公夫妇清洁一番，然后演员再在祠堂门前“打八仙”把朱公夫妇接入祠堂神台安坐，与村民一起观戏。至五月初九日，“打八仙”把朱公菩萨夫妇送回庙中，庙会结束。

庙会期间，恰逢端午节，要举行游神活动，把整个庙会推向高潮。游神活动从五月初四日晚 11 点开始，由道士主持“打八仙”，村民们用轿子把朱公菩萨从祠堂请出，在仪仗队伍的簇拥下到各家各户去“游神”给村民们祈福消灾。“游神”队伍前面一人扛着一条木龙，接着是彩旗，再是朱公菩萨，后面是鼓乐手，最后是三名挑担的：一人挑着箩子以盛纸船和蜡烛香，一人挑担收米，一人挑担收酒。

福神庙

事先，家家户户都已摆好两张供桌，一张供朱公菩萨安坐，一张置放供品。“游神”挨家挨户进行，不走重路。游至各户，均应放铳（土炮）迎接，然后出来一家人，手执黄荆（表示驱赶蚊虫），把龙接入家中，让它在厅堂、厨房、内室及床上帐内游一番，以示祈福消灾（包括驱赶蚊虫）。然后把朱公菩萨请入厅堂（朱公菩萨进门时要由妇女朝他轿子撒米），置于预先准备好的供桌上。家人先向朱公菩萨礼拜，尔后，道士取供桌上的纸钱烧化，念咒语，滴阴阳交（把阴阳交丢在地上），拾起再讲几句吉利话（家庭平安、多子多福之类），随后抬出菩萨到另一家。因为户数多，“游神”直到五月初五（端午节）下午四五点钟方能告完。各户游神完后，把朱公菩萨抬至水口，然后把纸船和各户所献香烛在水口的沙滩上焚烧掉，意即把灾难和病害都驱赶至江河中流走了。这一仪式称“化舟”。“化舟”道士要念一段很长的咒语。

“化舟”完后,朱公菩萨要回祠堂,须“八仙”来请。于是,又在水口朱公息足的地方“打八仙”,由“八仙”一一向朱公菩萨膜拜,完后再把朱公菩萨抬回祠堂观戏,至此,游神结束。

在游神和整个庙会期间,村民们对朱公和老官菩萨的敬奉是虔诚的。20天的庙会,气氛始终是热闹和令人愉快的。

竹篙火龙节

竹篙火龙节是宁都县北部洛口乡南岭村八月中秋节期间的一项独特的大型民俗表演。这项活动一般是八月初一拉开序幕,至八月十五日中秋之夜达到高潮,八月十六日凌晨结束,前后历时半个多月。活动的主要内容是祭祀火龙神。

在南岭村,流传着一个妇孺皆知的故事。故事说,清朝光绪年间,有一年的农历八月,南岭村瘟疫流行,人畜大量死亡,人们万般无奈,只好祈求天神保佑。就在这个月的中秋之夜,明月当空,万籁俱寂。突然,天空中出现了两条赤色的火龙,它们在天上腾飞盘旋,与瘟神展开了激烈的搏斗,战至黎明,终于将瘟神击败。瘟神遍体鳞伤,狼狈而逃,火龙则融于东方绚丽多彩的朝霞之中。此后,瘟疫在南岭竟奇迹般地消失了。人们认为是这两条火龙保佑了他们,称它们为“火龙神福主”,并认为它们是两兄弟,弟弟叫火虎,哥哥叫火龙。为了表达对火龙神的感激和崇敬之情,南岭卢氏族人在村子里建起了“火龙神庙”,长年供奉,并在每年中秋节期间,举行隆重的祭神活动。

祭神分两阶段进行。前一阶段祭火虎。从农历八月初一至十五日,每天晚上有七支由儿童组成的“火虎”队(每队七人),他们每人手持一个毛竹编制的半圆形虎头,每个虎头上插上数十根点燃着的香,分别到各个村民

(右页上)竹篙火龙

(右页左下)竹篙火龙点火

(右页右下)竹篙火龙烧油

小组的每一户人家送吉祥。在这期间，每个村民小组要赶制竹篙火龙。竹篙火龙是一根长约三丈，圆约一尺的巨长毛竹，毛竹上半段横扎着一层层的竹片，每层竹片又扎着许许多多的火把，这些火把全用山茶油、菜油等浸泡过，以易燃烧。扎好后的毛竹成飞龙状。

8月 15 晚上，祭神进入第二阶段，亦即祭火龙阶段，这是整个活动的最高潮。晚 8 时左右，由各村民小组组建成火龙队依次来到火龙庙前的大坪上，他们将每根竹篙点燃，再将它们高高举起，共七七四十九根的竹篙火龙，把天空映得如同白昼。劲风吹动着火苗，犹如 49 条转动着的巨大火龙在与妖魔搏斗，一百多年前的历史，仿佛在这一瞬间得到重现。然后，按照抽签结果规定的顺序，各支火龙队依次绕着村子游神。走在队伍前面的是由七名儿童组成的“火虎”队，它们生龙活虎，天真烂漫。火龙队伍的后面则是乐队，他们敲锣击鼓吹唢呐，金乐齐鸣，和着不停的鞭炮声，使得气氛既庄重，又热烈。火龙队伍快步前进，他们所到之处，带来一片光明。晚上，观看火龙节者人山人海，除本村男女老少外，尚有来自方圆十几里的邻村邻乡人。人们兴高采烈，整个南岭沉浸在一片忘我的热烈气氛之中。

竹篙火龙节期间，村里还放电影、演戏，并有土特产和小商品交易，热闹非常。这一古老的民俗活动，相沿不衰，除“文革”期间外，从未中断过。如今，竹篙火龙节正吸引着愈来愈多的游人前往观光，它的娱乐和文化功能将进一步显现出来。

4. 风水——客家人的生存策略

客家人崇信风水，每逢婚丧喜庆，盖房子、打灶、挖井、选坟地乃至于修桥筑路等，都要请风水先生勘地利，看风水，择良辰吉日。这种风俗，自古至今，长盛不衰，以致积淀为颇具特色的“客家风水文化”。

杨筠松与风水术进入赣南

风水术作为中国传统文化的一部分，它和其他文化现象一样，首先发生、形成、发展于中原地区。隋唐以前，它也主要流行于黄河流域的中下游地区和长江两岸地区，尚没有传播到现在的客家地区。

风水术是何时传播到客家地区的？这与客家先民的南迁直接相关。

客家先民的南迁，必然带来北方地区先进的生产技术和传统文化，因此，也就在这一时期，风水术悄然流入了客家地区。

从客家地区风水术士们世代相传的口碑资料中，我们知道，将风水术带入客家地区的主要是杨筠松。

杨筠松系唐末避乱南迁的客家先民。他由长安来到赣南以后，便在这里居住下来，寻龙追脉，从事风水术的实践活动，并授徒传术，使风水术在赣南播延开来。

唐时，虔州（今赣州）领赣县、虔化、雩都、南康、大庾、信丰、安远等七

风水

"风水"一语，最早见于托名晋郭璞所作的《葬经》，其云："气乘风则散，界水则止，古人聚之使不散，行之使有止，故谓之风水。风水之法，得水为上，藏风次之。"可见，风水本是古代相地术的两大要素，它的核心是人们对居住环境进行选择和处理。古人迷信，认为人死灵魂不灭，因此死后的葬所，是生前住所的延伸和继续，因而居住环境又有阳宅和阴宅之分。风水的寻求，从根本上说是为满足人们避凶趋吉的心理需要。

（上图）八卦

（下图）中国风水第一村：七星池

县，杨筠松操风水术足迹遍及各县。今天赣州市沙河乡的杨仙岭，于都县宽田乡的杨公坝，兴国县梅窖乡的三僚，瑞金县叶坪乡的观音岭，寻乌县南桥乡的青龙洞等等，都留下了关于杨救贫的遗迹和传说故事。这些传说，妇孺皆知，有口皆碑，令人津津乐道。一般人不知道杨筠松这个名字，杨救贫却名闻遐迩，几乎无人不晓。

杨筠松继承和发展了风水术中的形法理论，创立了江西形势派（实际上是赣南派）。其理论的特点是主形势，定向位，强调龙、穴、砂、水的配合。实质上就是因地制宜，因形选择，观察来龙去脉，追求优美意境，特别看重分析地表、地势、地场、地气、土壤及方向，尽可能使宅基于山灵水秀之处。相传杨筠松的著作有《正龙子经》《疑龙经》《撼龙经》《黑囊经》《青囊奥语》《葬法十二杖》等。但据专家学者们考证，"杨筠松本人创作的风水著作并

杨筠松其人

关于杨筠松其人其事，《唐书》无传，宋代陈振孙《直斋书录解题》载其名氏，《宋史·艺文志》则称为杨救贫，亦不详其始末，唯术家口耳相传和方志的零星记载。如清道光《宁都直隶州志》卷二六《方伎志》云："杨益，字筠松，窦州人，官金紫光禄大夫，掌灵台地理事。黄巢破京城，益窃秘方中禁术，与仆都监自长安奔虔化怀德乡。爱其山水，遂家焉。以其术授曾文辿，刘广东（应为刘江东——笔者）诸徒，世称救贫仙人。卒葬雩都寒信峡药口坝，今呼为杨公坝。著有《青襄》《疑龙撼龙》《穴法》《倒杖》诸书传世。"

类似的记载还见于《江西通志》和《四库全书总目提要》等书籍中。

三僚罗径西石山

不很多,《宋史·艺文志》载有杨救贫《正龙子经》一卷,现似乎已失传。后世托名杨筠松所作的风水著作甚多,都不可信。因为据《江西通志》引《安志》云,江西派初起时,杨曾等人并不著文字,只稍有口诀而已。所以,杨筠松的主要活动是传业授徒”。他的主要弟子有曾文辿,刘江东,二人均为今于都人,方志中有记载:

“曾文辿,居会同里同口。师事杨筠松,熟究天文、谶纬、黄庭、内经诸书,尤精地理。梁贞明间,游袁州万载,爱其县北西山之胜,谓其徒曰:死葬我于此,卒如其言。……著有《寻龙记》上下篇行世。”(清道光《宁都直隶州志》卷二六:《方伎志》)

“刘江东,上牢人。杨筠松避黄巢之乱来虔州,江东与同邑曾文辿师事之,得其术。”(清同治《雩都县志》卷一二《方伎志》)

自从杨筠松在赣南授业传徒之后,风水术士就成为客家地区世代相传的职业,杨筠松也因此成了历代风水术士共同尊奉的祖师。

江西形势派风水术的兴盛播衍

两宋时期,随着客家民系的孕育形成,一些客家文化事象和习俗也逐渐形成。也就在这一时期,形势派风水术大大兴盛起来。其表现在如下几个方面:

中国风水第一村:杨公祠

首先，这一时期信奉风水术的人越来越多。关于这一点，由于在漫长的封建社会里，风水等方伎术数一直被正统的高层文化人士所轻视，正史中极少记载有关的情况，以致我们今天很难从正史或其他史志中找到有关材料。但宋代陈振孙在《直斋书录解题》中有云：“江西有风水之学，往往人能道之。”由此我们可以窥见当时江西赣南等地风水术兴盛之一斑。

其次，这一时期赣南等地风水术名流辈出，这些风水术士不仅在本地看风水，而且声名远播，被请去外地看风水。如清道光《宁都直隶州志》卷二六《方伎志》载：

“廖瑀，字伯禹。……宋初，以茂异荐，不第，精研父三传堪舆术。卜居金精山，自称金精山人。著有《怀玉经》。尝为饶州许氏卜宅，曰：后世子孙当有为吾州守者。建炎四年，许氏子中知虔州，忆瑀遗言，遣使致祭，为立碑记。”

“谢世南，廖瑀子婿，亲受廖瑀术。传子永锡。游公卿间，官至武功大夫。……及卒，侍郎廖彦铭其墓，博士米芾书丹，人以为二绝。”

“赖文俊，字太素，宋时人。精地理，人呼赖布衣。著《催官篇》，以天星阐龙穴砂水秘，至今传诵。”赖文俊是宁都人，曾文辿之婿，为江西派的第三代传人。他浪迹江湖，以“先知山人”的别号在福建相地，有很名气。

另外，《古今图书集成·堪舆部》列传的宋时江西派名流尚有刘潜、傅伯通、邹宽等人。他们在风水术的理论和实践上都很有成就。刘潜为南康人，著有《地理诸说》行世。傅伯通师从廖瑀，其术颇精，闻达于朝廷。宋室南迁后，傅伯通奉诏去相看杭州是否适合做都城。他相看后上表说，杭州过去虽然曾经称雄，实际上无论从形势或局面来看都是弱小的，只适宜做一方巨镇，而不能做百祀的京畿。否则，皇帝来此驻跸只能维持偏安局面，在此建都则难奄九有。这份奏表呈上后，南宋朝廷乃升杭州为临安府而称为行在，南宋最后竟偏安于此。邹宽与傅伯通同师廖瑀，深得推崇。他曾为汪伯彦卜地葬亲，因为墓地卜选得好，汪伯彦果然于丁未年拜相。他还借谈堪舆寄信劝说汪伯彦抗金，但不果。

第三，这一时期形势派风水学理论著作大量涌现。综合各种资料，这一时期的主要著作除上述廖瑀的《怀玉经》、赖文俊的《催官篇》和刘潜的《地理诸说》外，尚有：黄妙的《博山篇》；廖瑀的《九星穴法》《十六葬法》《鳌极精金》；谢和卿的《神宝经》《天宝经》；刘见道的《承生秘宝经》；孙泊刚的《琼林国宝经》；胡矮仙的《三十六穴图至宝经》；以及托名杨筠松的《撼龙经》和《疑龙经》，二书中对山龙、脉络、形势的论述，典型地反映出形法派风水术的特色。

北宋后期至南宋，是客家民系形成后的第一次发展时期。客家人由于自身的发展繁衍，原居地相对地狭，已难以维持生计，于是由赣南东北部、中部向西南部发展；由闽西的西北部、中部向闽西纵深和闽西南部发展。这两股势力并推进到了粤东和粤北。

随着客家民系的发展，形势派风水术也迅速向广大客家地区播延。到南宋时，并从中衍生出一个新的流派——理法派。理法派风水术“纯取五星八卦，以定生克之理”，即以八卦、十二支、天星、五行为四纲，讲究方位；特别是重视罗盘定向，阳山阳向，阴山阴向，不相乖错，以定生克。

三僚曾氏祖墓

三僚曾氏猛虎下山墓

理法派由王伋等人创立。王伋为南宋时江西赣州人，他因科举失利，弃家浪游江湖，后居福建建瓯，利用其风水术使其迁居地出了何太宰诸人，因此声名大振，其所用的风水术遂被称之为福建派。由上可知，王伋本身系客家人，他后来移居的福建建瓯，即今福建建宁，也属客家杂居地，因此，很可能王伋的风水术当时也主要在客家人中流行。加上王伋所用的“纯取五星八卦”之法，原本就是江西派的传统方法；还有，宋元时期的理法派著作亦多为江西人所作。所有这些，足以证明，理法派实际上也源自于赣南风水术士，它的产生从另一个侧面说明了形势派风水术的兴盛与发展。

明清时期，是客家民系得到进一步发展的时期。此时，风水活动已经成为一种风俗盛行于赣闽粤广大客家地区。风水观念则作为一种文化积淀深深浸透于人们的心灵之中。表现之一是：这一时期各地遍建风水塔，人们相信这可以祈福消灾。如在河流的转弯处或交汇处建水口塔以镇水患；在城镇附近的山上建文峰塔以祈文教昌盛，仕宦顺利，等等。表现之二是：风水思想成为人们的行为准则而具有约束力。如清代宁都直隶州府曾明令禁止庶民在莲花山挖煤、烧石灰，原因是“莲花山系州城发脉之处”，在此挖煤烧石灰，会破坏“州县龙脉”，应即予究治。表现之三是：葬俗上停柩不葬和坟墓屡迁不厌之风越来越严重。如乾隆《嘉应州志》卷一《舆地部·风俗》云：“葬惑于风水之说，有数十年不葬者。葬数年必启视，洗骸，贮以瓦罐，至数百年远祖，犹为洗视。或屡经起迁，遗骸残蚀，止余数片，仍转徙不已。甚且听信堪舆，营谋吉穴，侵扩盗葬，构讼兴狱破产，以争尺壤。俗之愚陋，莫丧葬为甚。”同治《雩都县志》卷五《民俗》也载：“停柩不葬有至数年、十数年，甚而数十年者。其因有二：一由南方地湿，惧水蚁之为害，择地无吉或不敢葬；一由俗尚侈靡，亲死以散帛广至客为多能，惧丧无费或虑居隘而不葬。”这一陋习也盛行于闽西，如民国《长汀县志·礼俗志》载：“汀俗葬亲迷信风水，寄葬择地久而不决，甚有延至数十年，子孙俱逝而棺骸未归茔穴。此尤悖礼败俗，亟应革除者也。”总之，这一时期风水术在客家地区普及、深入人心的同时，也越来越走向迷信化，大有“风水人间不可无，全凭阴德两相扶”的趋势。

明清时期，客家地区风水术的另一发展变化是形势派和理法派出现了合流。究其原因，一方面是因为如前所述的理法派本身源自于赣南风水术士，与形势派之间相容之处颇多。另一方面是由于宋末元初蒙古人的南进，迫使赣南和闽西客家人大规模地往粤东粤北迁徙，由此势必把主要流行于赣南的形势派风水术和主要流行于闽西闽中的理法派风水术带入上述地区。明清时期，梅州已成为客家人的第二块根据地，此地人文渊薮，达到了与赣南闽西同等的程度。因此，很可能就在此时形势派与理法派完成了合流的过程。此后至今，客家地区的风水术士是既操罗盘以定向位，又重视龙穴砂水的配合，再也没有什么形势派和理法派的区别了。

客家地区风水术兴盛的原因

上文我们介绍了形势派风水术兴盛和播衍的过程。那么，造成客家地区风水术传播和兴盛的原因是什么呢？

第一，风水术适应了客家先民求生存、开发山区的需要。

风水术是在唐朝末年随着客家先民的南迁而传入客家地区的。那么，在这之前客家地区的状况怎样呢？清同治《赣州府志》载：赣之为

赶山鞭

世传杨救贫有赶山鞭，赶山术，既可以把山赶走，也可以把石头赶走。他四处寻龙跟脉，足迹遍及赣闽边区。发现哪里有山障碍交通，与民不便，他就把山赶走；哪里有流水为患，他就把圆滚滚的石头像赶猪婆仔一样赶去堵塞；或者把石头赶至河中间拦坝蓄水以灌溉农田。当然，如果他正在驱赶着的山或石头被女性看见、点破（一般以扫帚指），移动着的山和滚动着的石头就会轰然停止。

鸭婆寮的传说

南康有个叫鸭婆寮的地方，虽然土肥水足，却种不好禾，因为虫子总是把禾苗给吃光。有一年，来了个放鸭婆的，他白天在塘边搭棚睡觉，晚上出来放鸭婆，鸭婆只只体肥肉壮。几天后，放鸭婆的走了，田里的禾苗也变得绿油油的了，原来是鸭婆把虫子吃光了。放鸭婆的留下了两个鸭蛋，从此以后，这里的百姓也学会了养鸭子，禾再也不生虫了，年年丰收，人口也很快发展起来，地名也就叫鸭婆寮了。后来人们才知道，这个放鸭婆的就是杨救贫。

郡，处江右上游，地大山深，“汉唐以前，率以荒服视之”。可见，赣南由于地处僻远，交通不便，唐代之前，还是人烟稀少，处于荒凉的状态。一直到宋代，王安石还说：“虔州江南地最旷，大山长谷，荒翳险阻”，那么，唐以前的落后程度，便可想而知了。闽西和梅州比赣南开发得更迟，尤其是梅州，直到唐代中叶，仍处于“人烟稀少，林菁深密，野象横行，鳄鱼肆虐，瘴气熏人”的境况。加上南方山区阴霾多雨，虫蛇出没，各种疾疫容易流行。这样一种自然环境，对于客家先民来说，不能不说是一个严重的挑战！他们远离了中原战火，却面临着新的生存劣境。要在这样的环境里生存和发展，除了需要吃苦耐劳、勇于开拓的精神外，还得有一些适应环境的办法，其中，如何定居下来就是一个首要的问题。原来，在北方地区，气候干燥，地面平坦，盖房的择地问题比较好解决。

历代杨公碑

可是来到赣闽山区，地形复杂，溪河遍布，且多虫兽侵袭，选择一块好的地方来建房安家就显得非常重要和复杂了。风水术满足了先民们的这种生存需要。因为其阳宅理论的宗旨就是追求房宅建筑选址的方位布局与周围环境大自然的协调统一，以保证人的生理健康和心理平和，所谓“人因宅而立，宅因人得存，人宅相扶，感通天地”。而且，当时的风水术士都是掌握了一定科学知识的人，他们懂天文地理，善于观察地形地貌和水土优劣，如杨筠松等人便是。所以，风水术在先民们的定居生活和以后开发山区的斗争中起了积极的指导作用。现在客家地区仍流传着许多关于风水祖师杨救贫的许

赣县客家文化城

一千根扁担

兴国县有个梅窖乡，这里何姓人口特别多。相传在很久以前，地理先师杨救贫想把一座石灰山从宁都的青塘赶到兴国三僚。到了梅窖，正好天色晚了，杨救贫看到路边有一间草房，就前去借宿。草房住着姓何的，只有老婆婆一人在家，她丈夫和儿子出门去了。老婆婆让杨救贫住下，并把家里唯一的一只老母鸡杀来敬客。杨救贫很为老人的热情感到不安。可是到了饭菜上来时，杨救贫很纳闷：怎么一只母鸡那么大，竟然没有胸脯肉？

第二天一早，杨救贫要走了，给钱老人不要，还反送他一包东西。走了不远，杨救贫打开一看全是昨晚那只老母鸡的肉。他实在过意不去，为了感激老婆婆的款待，就又回去，对老婆婆说：“老人家，我要帮你做个风水。”老婆婆说：“不用了。”而杨救贫执意要，便在她房子侧边一座山上选了个地方。风水做好了，杨救贫要为老人喝彩“文武官员千千万，朝朝天子出能人”。可是，老婆婆很容易满足，便说：“有一千根扁担就够了。”杨救贫说：“那好吧！以后保证你出一千根扁担。”可是，他转而又想，既然有了扁担，就应该有挑的东西。于是，就把那座本想赶到三僚的石灰山留在了梅窖。从此，姓何的一家采烧石灰，日子越过越殷实，人丁越来越兴旺。

杨公祠

多传说故事,像《赶山鞭》《一千根扁担》等。

第二,客家地区的地理形势为风水术的传播带来了条件。

赣闽粤三角区同属丘陵地带,这里山连着山,连绵起伏,河流交错,正是形法理论大显身手的地方。因为形法理论的特点就是“主于形势,原其所起,既其所止,以定向位,专指龙、穴、砂、水之相配”。所以,杨筠松来到赣南以后,很快就施展开了他的风水术数,并且有曾文辿、刘江东等一帮高足追随着他,遍历各地,寻龙探穴,观砂察水,开创了江西形势派风水术的发展局面。

第三,宋明理学对风水术的影响。

有人认为,“宋朝是我国风水史上的高峰期,这期间,风水术——主要是阴宅风水——发展到了极盛点。这一是由于宋朝的理学思想为风水术提供了理论基础及方法手段;第二也是由于科技的发展,如罗盘被普遍地用于堪舆术”。宋明时期,是赣南理学颇为兴盛的时期。北宋仁宗时,理学的创始者周敦颐曾先后讲学于南安的道源书院和虔州的玉虚观,理学的重要代表人物程颢和程颐都曾在此向周敦颐求过学。此外,当时的赣县人曾准对理学也颇有造诣,深受周敦颐赏识,称誉其“实开儒术之先”。明代,理学大师王阳明又曾巡抚南赣,镇压了赣南等地的农民起义，并在赣州通天岩的观心岩讲学，创发其“心即理，心外无理，心外无物”的“心学”旨意。

宋明理学的唯心主义本体论与风水术阴宅理论中的唯心主义在渊源上有共同之处，在本质上则是一致的。它为阴宅风水理论的基本前提——墓地位置能决定人的吉凶祸福提供了一套圆通的解释。因此，赣南宋明理学的发达，必然促进这一时期风水术的兴盛。

第四，客家地区“巫文化”的盛行，也是风水术蔓延的一个因素。

我们知道，在先秦时期，赣南曾长期隶属于楚，受到楚文化的强烈影响。楚人信巫，巫文化特别发达，这种“巫文化”势必沉积于赣南的人文土壤之中，成为客家文化的一因子。如清同治《赣州府志》卷二〇《地志·风俗》称“赣俗信巫。……有巫师角术为患”就是明证。这种“巫文化”，跟风水术中的迷信成分完全合拍，两者相得益彰，共同发展，所以明清时期的风水术披上了更加浓厚的迷信色彩。

风水术对现代客家人物质生活和精神生活的影响

通过以上的介绍和分析，我们可以得到以下的认识，即：风水术是唐朝末年随着客家先民的迁入赣闽边区而流入客家地区的；它的传播、发展、兴盛与客家民系的形成、发展、壮大有着密不可分的关系；它适应了客家先民求生存和开发山区的需要，适应了客家地区的地理环境，并深受宋明理学和客家地区“巫文化”的影响。因而形成的江西形势派风水术是颇具客家特色的风水流派，它积淀着客家人的传统素质，成为重

水府庙

要的客家文化事象之一。

毋庸置疑，客家地区的风水术既有科学的成分，也有浓厚的迷信色彩，但它一旦成为一种传统积淀，一种文化民俗事象，就具有它的承传性和顽固性，因而风水术对现代客家人的物质生活和精神生活仍有很深的影响。如在赣闽粤客家聚居区，客家人“多迷信风水，常为求一好坟穴或屋址，不惜长期供养堪舆师，以丰美酒食招待”。“风水先生在人家建房举行‘动土’仪式时，也把他们的祖师——唐代著名堪舆家‘救贫先生’杨筠松摆到了土地之神中一并祭祀”。我们在进行客家民俗的田野调查中，发现许多地方都有对“杨太伯公”的崇拜和祭祀，“杨太伯公”就是风水祖师杨筠松。

在国外的一些国家和地区，风水术的影响也不亚于中国国内，“在中国传统文化影响较大的国度里，如朝鲜、日本、老挝、泰国、菲律宾、越南、马来西亚和新加坡等地，都有关于风水的各种活动，以至演变成为满足当地需求的一种方式。尤其是在马来西亚、新加坡等地，因气候湿热，人死了以后，不能在地上久放，必须尽快入葬，因此，从事掘墓工作的农民人数众多，而看风水相墓地则变成了众所周知的职业”。

而在形势派风水术发源地赣南，杨救贫风水术代有传人。据民间风水先生们说，杨筠松的风水术现已传到44代，其传人有杨筠松遗物银牌为证。

风水文化遗存举要

杨仙岭

杨仙岭位于赣州市章贡区沙河乡东北部，西北濒贡江，沿江走向；海拔412米，地域约2平方公里。山上灌木丛生，峰顶岩石裸露。登临山顶，赣县县城尽收眼底。相传风水祖师杨筠松曾修炼于此，故名“杨仙

杨仙岭

岭”。

时南康县人[一说为虔化县(今宁都)人]卢光稠与姑表兄谭全播在南康县石溪(今上犹县双溪)聚众起义,攻占虔州(今赣州市),自称刺史,从此,割据虔州达26年。后梁时,卢光稠被梁太祖封为“留后”,授百胜军防御使兼五岭开通使,辖虔州、韶州和吉州南边诸县。传说卢光稠主政虔州期间,与杨筠松过从甚密,曾请杨公为其择地筑“卢王城”(即今赣州城)。卢王城位于今赣州城东北角,中心在郁孤台和八境台之间,三面临水。古城为“通天龟形”,龟尾在八境台,故名“龟角尾”。所辖十县(赣县、雩都、虔化、兴国、信丰、安远、会昌、石城、龙南、瑞金,此为宋时虔州十县,不含当时南安军所辖三县,即大庾、南康、上犹)为蛇形,故赣州市过去有“十蛇聚龟”之说。赣州古城中原开有狮子两泉和凤凰、嘶马、金鱼三池。南宋绍兴十七年(1147年)郡守曾慥谯门,掘地得一方石头,上面刻写有钳记云:“穿开狮子两条泉,九秀回龙出大官;金鲫鱼池赐金紫,凤凰池上出名贤。”

一些风水研究者认为,杨仙岭就是杨筠松授徒传术、阐发形势派风水理论的地方。山顶曾建有杨仙祠,后毁,仅见遗址,现仍有信徒前往烧香祭拜。

风水文化第一村——三僚

三僚,古称僚溪,是江西兴国县东部梅窖镇的一个偏远山村,距兴国县城60多公里,现有人口4600余人,分居在18个自然村,均为曾、廖两姓后裔。其中曾姓人口略多于廖姓,且均系曾文辿的后代,自称是由于都县的曲洋迁居此地,现分为五大房派。廖姓分为三大房派,他们的祖先则是在不同时期从不同地点迁来的,其中操风水术的均是廖瑀的后代,自称系由宁都县的黄陂迁居此地。据当地人说,在这个人口不到5000的小山村里,长年活跃在赣、闽、粤、台、港、澳乃至东南亚各地的风水师就有200多人,从而在海内外留下了“风水不到三僚不灵”的传言。

三僚风水之出名,盖源于风水祖师杨筠松。

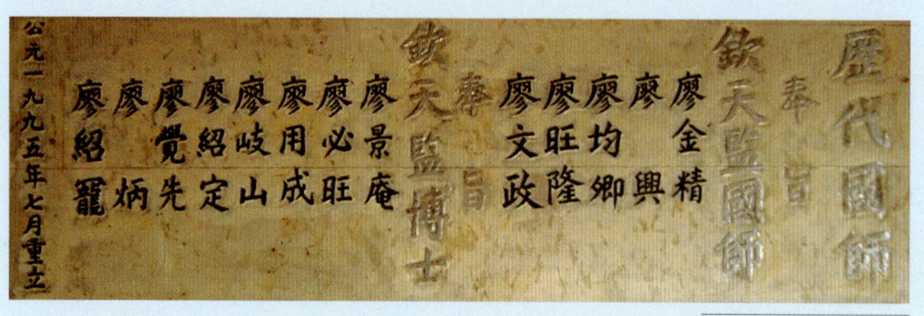

三僚历代国师匾

相传，杨筠松晚年，因自己无后，想给自己和徒弟们找一块安居的好地方，以便将自己创立的风水术代代传扬下去。于是，带着两个徒弟曾文辿、廖瑀四处物色安身之处。当师徒三人走到僚溪时，环视四周，眼前不禁为之一亮：此地群山环抱，水口密闭，明堂开阔，正是理想的安居之所。于是，杨筠松勘定此地，并随即让其弟子曾文辿从于都曲洋迁来；又亲自对三僚地形勘测了一番，并留下钳记曰：

僚溪山水不易观，四畔好山峦；
甲上罗经山顶起，西北廉幕应；
南方天马水流东，仙客拜朝中；
出土蜈蚣艮寅向，十代年中官职旺；
今卜此地为尔居，代代拜皇都。
初代钱粮不兴大，只因丑戌相刑害；
中年富贵发如雷，甲木水栽培；
兔马生人多富贵，犬子居翰位。
今钳此记付文辿，三十八代官职显。

钳记中对三僚村的地形地貌进行了详细的分析，对每个地形对曾氏的影响也进行了预测。如，“出土蜈蚣”是三僚东北面的一座山名，其形状如一只蜈蚣横亘在三僚村东北面，这个山形可使曾氏前十代“官职旺”；“天马水流东”，故三僚人能够“仙客拜朝中”（即成为钦天监灵台博士）。三僚曾氏初期人丁不旺，各房往往单传，原因是“初代钱粮不兴大，只因丑戌相刑害”；三僚村明清时期名扬全国，“白衣承诏”，勘测明十三陵、修建故宫，原因是“中年富贵发如雷，甲木水栽培”。故现在海外许多风水研究者都是拿着杨筠松的这个钳记到三僚村一一验证。

以上虽系传说，不足为信。但从文化人类学的视角看，它提供给我们的却是一则有价值的资料，揭示出三僚村可能就是形势派风水术的发源地。关于这一点，从曾、廖两姓族谱中的迁徙资料和宗族发展史以及三僚村现存的诸多风水文化遗迹可以得到有力的佐证。

据《兴国三僚武城郡曾氏重修族谱》（1995）、《兴邑僚溪清河廖氏首届联修族谱》（1996）、《兴国三僚清河廖氏专修族谱》（1895）等谱籍的记载，曾氏的开基始祖是曾文辿，于唐代末年迁居三僚。曾氏迁入三僚之后，直至明代初年，一直“人丁不旺”。而廖氏三房派中，最早的一支据说是唐代末年从宁都蔡江乡胡坊村迁来的；最晚的一支，亦是现今从事风水行业人数最多的一支，则是北宋中期从宁都黄陂镇中坝迁来的。族谱记载，其开基祖是形势派风水传人廖瑀的第3代侄孙邦公（一说为邦公之子禄舍）。

三僚风水既由杨筠松及曾文辿、廖瑀等师徒肇始，遂渐成风气，代有名师。至明代，三僚风水师足迹遍布全国，甚至闻达于朝廷。其中最负盛名者莫过于明代初年的风水大师廖均卿和曾文政。

据三僚曾、廖两姓族谱记载，廖均卿、曾文政从小酷爱风水，长大后并对其有很深的研究。明永乐五年（1407年），经礼部尚书赵翊的推荐，从三僚来到京城，面见当朝皇帝，并奉旨为朝廷堪定了天寿山皇陵（即十三陵），因功受封为钦天监灵台博士，领四品职官月俸。

继廖均卿、曾文政之后，嘉靖十五年（1536年），廖文政、曾邦旻、曾鹤宾又奉诏晋京，为朝廷相看献陵，并奉旨治理黄河，兼通漕运，从而受到嘉靖皇帝的一再封赏。

清顺治十六年（1659年），曾氏后人曾永章再次晋京，奉诏相视陵园，受封钦天监灵台博士。

由于三僚曾、廖两姓的风水术一再为朝廷所看重，恩宠和封赏有加，所以，明清时期，曾、廖两姓的政治地位和经济地位也迅速提高，人才随之大批涌现。据统计，明代以前，该两姓不仅人丁稀少，且族中读书之人，寥寥无几。而明代永乐、嘉靖之后，随着其社会地位的提高，两姓呈现出一派丁多财（才）旺的局面。仅明清两代，两姓取得贡生、增生、廪生资格的便达到375名，经科考入仕的有11名。在曾姓取得生员资格的175人中，注明专修《易经》的就有16名。与此同时，村中具有崇高威望的风水大师也蜂拥而出，其中仅见于（清）同治《兴国县志》记载的就达到21个，而见于两姓族谱记载的更有六七十人之多。在这些大师中，有廖均卿、曾文政、廖绍定、廖绍宠、廖胜概、廖邦明等一批人，他们不仅在实践上有很大作为，而且在理论上也有不少创新，整理出诸如《阳宅简要》《地理指迷》《风水指南》《地理心得》等一批有价值的风水著作，使得三僚这一江西形势派风水发祥地名声日著。

三僚留下了许多风水文化遗迹。走进三僚，犹如走进了一座“易学博物馆”。站在曾、廖两姓交界的“和合石”上看，三僚村地形状如一个太极图形。整个村子坐落在盆地上，盆地中间一座条状石恰如罗盘中的指针，故称“罗经吸石”。曾姓村和廖姓村分居指针两侧，就像太极图中的两仪。盆地四边各有东华、西竺、南极、北斗四座寺庙和御屏障、活龙脑、九尾杉、和合石、多士石、章罡士、七星池、甘泉井等八个景点，仿佛在演绎着《易经》中“太极生两仪，两仪生四象，四象演八卦”的原理。

走进三僚，又如走进了一座巨大的风水文化陈列馆。在这个不足两平方公里的古老山村，布满了历代风水师们留下的独具匠心的风水文化建筑。如，这里有大小祠堂42座，典型的有“挂壁天井”、“蛇形祠”、“龟蛇会”、“狗形祠”、“半坑祠”、“无蚊祠”、“万方祠”、“月洲祠”、“美女照镜祠”等等，每一座祠堂都蕴藏着高深的玄机和包含着神奇的故事。

又如，三僚现存明清以前古墓几百座，其大者如皇陵，座座皆有风水说道，诸如“鹅形”、“蜈蚣形”、“观音望海”、“夫子弹琴”、“凤凰翘尾”、“上水鲤鱼”、“侧面卧虎”、“猛虎回头”、“五虎下山”等等。该村

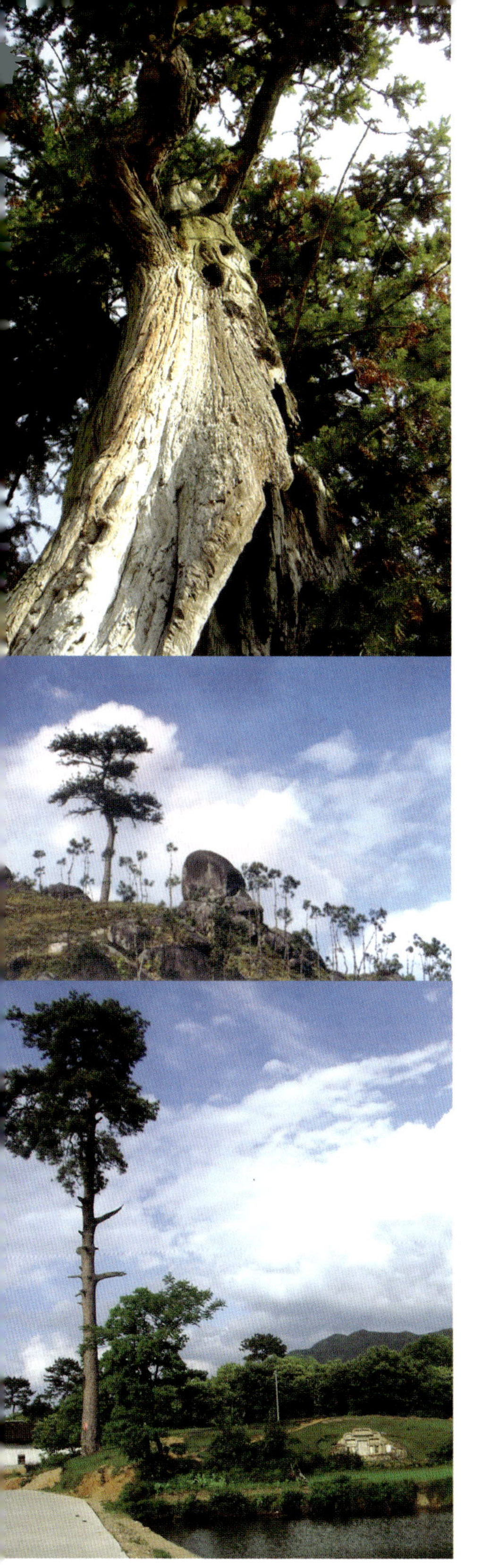

北面的罗山墓（明代曾邦旻之墓），坐落在一片开阔的平地上，前面有低矮的小山坡，但后面却非常空旷（风水上称其为“座空向满”），左前方还有一条很长的山坑，正对着墓址（风水上称其为“坑煞嶙峋”）。针对这种环境，三僚的风水大师们将该墓设计为鱼形，以与周围的环境相协调（即把平地比喻成江湖，取“鱼水之欢”之意）。同时又在墓的后面筑起一条与左边山丘相连接的小山梁，它一方面可作为墓的靠背，另一方面又可把山上的龙脉接引下来。为了缓解来自山坑的冷风与水流，并加强整座墓的美学效果，他们又运用文学创作中的比喻手法，在墓的左前方开挖了12口大小、形状、深浅不一的池塘，并在最后一口池塘的塘边上做出一个圆形小墩，以象征鱼儿吐出的气泡。整座阴宅，既庄严肃穆，又给人以简洁、明快的感觉。

在三僚村，我们还可以看到许多人工开挖的池塘，这便是有名的“七星池”和“百口塘”。据说，这是风水师们针对所居屋场犯“四煞嶙峋”而采取的“消水”“制煞”的措施，不免带有浓厚的迷信色彩。但是，池塘开挖以后，与屋场周边小溪相连贯

（上图）三僚九尾杉

（中图）三僚包裹石与雨伞树

（下图）罗公山墓——明代风水师曾邦旻的鲤鱼形墓

通，使排水通畅，气韵回旋，可谓“藏风得水”，居住环境更加宜人、美妙。

三僚村曾、廖二姓各建有一座杨公祠，供奉杨公金身，并将本姓先祖与杨公并列同祭。曾姓的杨公祠毁于“文革”，但偶像仍留存了下来，现今贡奉在曾姓屋场的关帝庙内，神台上左为杨公像，右为曾文辿公像，香火不断。廖姓的杨公祠一直保存了下来，并于1995年重修。现神台上供有杨公、廖瑀仙师等神位，神台两边并立有牌匾等，香火亦十分兴旺。

此外，在三僚村的西边，还有一株千年古杉，树干中空如半轮残月，树冠则枝叶婆娑。据说此树壮年时有九个分支，故名“九尾杉”。相传此树亦为杨公亲手所植，因而成为一棵神树，引得许多杨公信徒前往顶礼膜拜。

总之，三僚村历史悠久，神奇无限，处处可见风水文化的“活化石”，不愧是“中国风水文化第一村”。

杨公坝

根据清道光《宁都直隶州志》卷二十六《方伎志》的记载，杨筠松死后安葬在“雩都寒信峡药口坝，今呼为杨公坝”的地方。杨公坝位于于都境内梅江东岸的河滩上，地属于都县宽田乡，现为一行政村。

白 塔

关于杨筠松之死，清代兴国县志《潋水志林》“遗闻” 条中载为被卢光稠毒死。但前于此的明万历《宁都县志》 却记为：“（杨） 为卢光稠卜地，道雩都寒信峡，疾发薨，遗命其徒曾文辿等葬之于药口坝，今呼为杨公坝。”清同治《雩都县志》卷十六《轶事》亦载：“杨筠松卒于邑之药口，其徒曾文辿即于坝上扦地葬之，因名杨公坝，人欲寻其冢不可得。”两书所载均未言及杨筠松之死与卢光稠有关，而是死于疾病。两说孰是孰非？尚难考证，故存疑。

杨筠松死于药口坝，并由其高徒曾文辿就地安葬，又将药口坝更名为杨公坝，则是明白无疑的。

（上图）客家人屋檐上的吉祥物
（下图）宝华寺玉石塔

因杨筠松是风水祖师，在赣南地域影响深远，其墓葬虽寻之不可得，但却留下了一些后人凭吊的文物。如，清同治《雩都县志》卷一二《茔墓志》载：“都监杨筠松墓，县东北八十里，地名跃口，今称杨公坝。明万历初，太守叶梦熊竖碑表之。”这块万历碑石，已于1992年由于都县博物馆征集收藏。于都县博物馆还收藏有清代的石碑一块。该碑原立于车溪乡黄沙村梅江边，与杨公坝隔河相望。碑文虽多有脱漏，但仍可辨其大意是：清代嘉庆十八年，段道轩、吴肇龙两位风水师前来祭奠祖师杨筠松，并祈求祖师护佑弟子们遂心如愿。

风水塔

在风水观念的影响下，明清时期，赣南各地普建风水塔，构成了一道道颇具特色的人文景观。据文物工作者的调查，赣州市下辖的18个县市区，现有明清时期的古塔达40余座。这40余座明清古塔，没有一例属于佛教意义的塔，而全都属于堪舆学意义上的风水塔。

赣州白塔

风水塔可分为两类，一类是水口塔，另一类为文峰塔。

水口塔往往建于河流侧畔，起“培文明，障水口”的作用。如，赣州城北的玉虹塔（又称白塔），位于章贡两江合流后的赣江西岸，建于明代万历年间。其主要功能便是镇水，人们祈盼依靠它来使赣州城免遭水患。1995 年 5 月，玉虹塔的地宫出土了一个重达 76.5 公斤的特大铁元宝，上面铭铸着“双流砥柱”四个大字，正是这种功能的最好诠释。

又如，上犹县营前镇的“龙公塔”，位于营前墟东面桃岭之侧峰的水口旁，建于明天启四年（1624 年）。系本里陈蔡两姓“为培文明而障水口”，在上犹县令龙文光的倡议下共建的，故后名龙公塔。

文峰塔多位于村落或城镇周缘的峰峦顶部，起“补缺障空”、光大人文气象、满足人们希冀文运昌盛的心理需求的作用。如，瑞金县城的南面山峦，从明代万历年间开始至清代乾隆年间，按照风水观念的要求，或由官府，或由乡绅，先后于峰峦巅处沿弧状排列建起了三座文峰塔，构成了“笔架凌霄”的胜景，给人以心理上的满足和美的享受。

风水塔虽然是古人出于迷信动机所建，但她们犹如一颗颗璀璨明珠，镶嵌在江西大地上，使江西的山山水水平添许多妩媚和灵秀！

山乡秋色

七

山花烂漫春满园——客家人的民间民俗文艺

春天，赣南大地，山花烂漫。即使是今天，你随便走进某个村落，仍可能会与一支悠扬的山歌、采茶歌相撞，或是与一支欢快的唢呐队伍相撞，或是与一支灯彩队伍相遇……

赣南，是一个民间民俗文艺多姿多彩的地区。自古以来，山歌、采茶戏、吹打、灯彩、傩舞、唱古文、祁剧、南北词、竹篙火龙节、走古事等缤纷多彩的民间民俗活动便风行整个客家地区，今天，客家赣南宛如一个中原古代文明与礼俗的博物馆，赣南民间民俗文艺成了活化石！有人说，是因为赣南是重峦叠嶂的山区，少有外来文化的侵扰，少有嬗变因素，中原汉先民从遥远的故园携来的文明成果与文化习俗才得以保存并流传下来；有人说，是因为赣南客家是畲汉两族人民共同融合的民系，畲族人从来就能歌善舞，畲族人歌舞的习俗融进了客家人的生活，才有了歌、戏、乐、灯、舞、文、剧、词的流传与演绎。

纵观全国，民间民俗文艺呈现如此缤纷状态的民族或民系并不很多，虽然，随着时代的进步，赣南的民间民俗文艺也呈渐渐衰弱之势。但相对而言，赣南的非物质文化遗产仍然是令人瞩目的。2006 年 6 月，赣南采茶戏、兴国山歌申请国家级非物质文化保护遗产，一举成功。

山歌并非赣南独有，但能与革命战争结合得如此完美的山歌，只有兴国山歌。第二次国内革命战争时期，兴国干部发扬艰苦奋斗的作风，“夜打灯笼走山路，自带干粮去办公”，创造了第一等的工作。这期间，兴国山歌功不可没。红军长征前夕，“一首山歌唱出三个师”，多少兴国子弟抛妻别子，参加红军，奔赴前方。长征路上，兴国山歌多少回唱响在娄山关、大雪山，鼓舞了多少战士勇往直前。

赣南采茶戏，源于赣南广袤的茶山。这些茶山，在安远九龙山上，在上犹九曲河畔，在崇义阳岭，在宁都小布，在于都盘古山，在定南云台山

赣南山水

（上图）安远县九龙山采茶戏纪念碑

（下图）采茶戏

……这些汲取天地之灵性、大地之精华的物华天宝之地，生长着如海浪般的绿色茶林，逶迤成片，甚至是满山满岭。这就是特质，巨族型的茶林，而绝非园林式的茶园。便是在这巨大的茶林中，蹲着矮子步、携着茶篓子的客家男儿女孩们，隐藏在茶垅间，放开歌喉，对唱出心中的情歌。最原始、最质朴的采茶歌，把土地唱得更灵气，把茶林唱得更绿茵，把天空唱得更湛蓝。于是，戏人把茶林中的歌与戏引进了民间舞台，引进了现代生活，《怎么谈不拢》《茶童戏主》《长长的红背带》《山歌情》《围屋女人》等当代客家采茶戏经典，将赣南采茶戏推向了一个又一个艺术峰巅。

民间民俗艺术是涵育民间文化，养育客家人精神的重要艺术途径，是赣南地域特色的文化瑰宝与精神财富。纵观赣南客家民间民俗艺术，我们不胜感叹，这是中国文学艺术宝库中的瑰宝，是中华民族的一项重要文化内容。赣南客家民间民俗艺术存在于客家生存、发展与进步的历史长河中，渗透着一个客家民系的传统与精神。人们常说，没有了民间的东西，少了民俗的成分，便缺乏其民族性。而民族性的东西、地域特色的文化，是最能代表一个民族与一个地域文化的。有句老话，民族的，即世界的。因为世界是由一个个民族构筑而成的。赣南的民间文学素材更为广泛，因为赣南的民俗丰富多彩。赣南上犹营前的九狮拜象，赣县田村的晒经书，农村农忙吃三牲，上丁与竹篙火龙节，过年吃蛋吃鱼要余，端午划龙船、洗药澡、插蒿草于门上……无不体现客家特色、地域特色，这些颇具特色的赣南客家民间民俗，给人们诸多想象的空间。站在历史的高度，不难发现，凡是赣南地域特色显著的作品，就被外界接受与赞赏得多些。

1. 山歌

赣州府志记载的最早的人物是一个叫石固的人。石固，秦人。追溯历史，秦固，可能是传说中的“秦木客”中的一员。秦始皇时期，为修建万里长城和阿房宫，押派了数十万死囚到赣南来采木。这些西北来的汉子，是最早亲近赣南的汉人，他们的来到，搅动了沉睡的赣南，撩开了它千万年来被森林笼罩着的神秘面纱。我们不妨遐想——芳香的樟木顺赣江而下，远涉数千里抵达咸阳后，三百里的阿房宫建筑群里有多少栋

民间山歌对唱

梁是赣南贡献出来的巨木在支撑着秦朝的天空与辉煌？可悲的是，这个辉煌的朝代太过短暂，阿房宫尚未建成，便被项羽一把巨火烧了三个月。留在赣南的秦木客们如遇大赦，顿然四散，大多的木客回到中原，少部分的木客留在了赣南这块森林包裹的土地上。史书把这部分留下来的伐木人叫做木客，又称土著山都木客。

石固，显然是留下来的秦人中的最优秀分子。可惜岁月太过久远，我们已无从查考他的故事与传说。府志中只是寥寥数笔：赣州城东有嘉济庙，纪念秦人石固，清代移入城内，改名江东庙；北宋知州赵抃任上，一年贡水连旱三月，城外贡江之上滞留无数货船，赵抃率官衙们往城外嘉济庙祭拜石固，当夜贡江水“清涨三尺”，贡水赣江贯通一气，解了船商们长久的烦恼。有一种说法，这批木客是赣南山歌的最早的吟唱者，他们远离故土，整天砍伐森林，时刻与死神交遇，日复一日地砍伐、运载，却毫无生还故园的希望，生命低贱得如同蝼蚁。然而，赣南清澈的山水抚慰了他们，赣南明净的天空抚慰了他们，他们只要活着一天就快乐一天！面对崇山峻岭，面对无边森林，面对大江急流，面对茫茫长路，他们砍伐时、拉纤时，想念故乡时、想念亲人时，终于冲破心灵的樊篱，放开了歌喉，纵情吆喝、号叫……唱出心声，唱出思念，唱出豪迈。木客们这一唱，呐喊声就响彻了两千多年，木客们这一唱，“哎呀呐”就感天动地，木客们这一唱，就唱出了后来的客家山歌！

这种说法，不无道理。根据有关史籍的记载，隋唐以前，生活在赣南的土著居民山都木客是有自己的原始艺术形式的。如，前南北朝时于都人邓德明在《南康记》就记载：于都盘古山北五十里有石山，上有玉台，

兴国宝石仙境天鹅湖

方广数十丈，又有自然石室如屋形。风雨之后，景气明净，颇闻山上鼓吹之声，山都木客为其舞唱之节。又是“鼓吹之声”，又是“舞唱之节”，说明山都木客是能歌善舞的民族。此外，还有史料记载说，唐朝末年，兴国上洛山（唐时属赣县）木客曾经来到汉民中间，一边饮酒一边唱起了自己编的歌：“酒尽君莫沽，壶倾我当发；城市多嚣尘，还山弄明月。”这就是《上洛山木客歌》。这首木客歌折射出的历史信息是，木客喜隐山林，不习惯于闹市；他们善于用歌的方式来抒发感情，传情达意。有研究者认为，《上洛山木客歌》就是兴国山歌的雏形。

到了宋代，随着客家民系的孕育成长，兴国山歌也逐渐成熟起来。苏东坡《八境台八首》之八云：“回峰乱嶂郁参差，云外高人世得知；谁

罗隐与兴国山歌

兴国山歌的产生与一个人物有关，这个人物名字叫罗隐。在山歌唱得最普遍、最呱呱的赣南兴国，仍流传着《罗隐秀才抄歌本》的故事。——唐朝末年，有个秀才罗隐，科场屡试不第，只好看破红尘，和一个同样命运的武秀才结伴，浪迹江湖。一天，两人来到兴国潋江边，忽然听到悦耳的对歌声。罗隐听罢这悠扬的山歌，顿觉心旷神怡，联想到自己的命运，情不自禁地学着兴国山歌的样子即兴念唱起一首冇头诗来：“桌上笔头尖又尖，双手磨墨自团圆；一篇文章做得好，必定中个文状元。”武秀才不甘示弱，也和着罗隐的诗韵脱口而出：“袋中箭头尖又尖，拉开满弓自团圆；九支飞箭射中靶，必定中个武状元。”两人正在得意之时，不料拱桥下面飞出一首山歌来：“胸前乳头尖又尖，双手搓乳自团圆；一胎生下两个崽，必中文武双状元。”两人听了哭笑不得，想不到堂堂七尺男儿，饱学之士，竟然败在一个洗衣妇手里，欲想回诗相骂，却又无从开口，只得自叹不如，转而对洗衣妇的敏捷和才华十分钦佩，甘拜为师。后来，罗隐把洗衣妇唱的山歌一一记录下来，整理成歌本。从此，这些山歌便一传十，十传百，到处传唱，流传至今。人们追忆罗隐，至今传唱着这样一首山歌：“会唱山歌歌驳歌，呒怕朝廷礼节多；罗隐秀才抄歌本，风流才子早登科。”

向空中弄明月，山中木客解吟诗。”其中的“山中木客解吟诗”，可以理解为，那些常居山林的木客居民们与汉族发生了融合，接受了汉族文化，因此在他们的山歌中常有诗的意境。说明此时兴国山歌已深受唐宋诗词的影响而趋于成熟，并且已广为流传，以至于引起了苏东坡的好奇与注意。南宋后期，随着客家民系的向赣南西南、闽西南及粤东粤北的发展，客家山歌也流传到更为广大的地区。客家山歌在流传过程中自然会带上浓厚的地方色彩，但从本质上说，都是兴国山歌的演变与发展。

在漫长的历史长河中，兴国人民创作的山歌，有如潋江之水，滔滔不绝。正如一首山歌唱道的那样：“潋江流水波连波，兴国老表爱唱歌；山歌好比山泉水，源源不断汇成河。”

兴国山歌内容极其丰富，题材广泛多样；既有情歌，也有生产、生活歌谣，还有民俗歌谣以及杂歌等等。她历史跨度长，涉及社会面广，真实地反映了人民群众对情感世界的追求，对美好生活的向往，对旧社会罪恶的鞭笞，对封建礼教的反抗等等。特别是在第二次国内革命战争时期，兴国山歌随之一新，成为苏维埃政权的主要宣传形式之一，在我国新文化史上写下了光辉的一页。

情歌

情歌，是兴国山歌百花园中最为璀璨夺目的一朵奇葩，占据着传统民歌的主导地位。情歌有山野田头之中相互唱和的谣唱体山歌，有在室内公共场合演唱的叙事体山歌。它们荟萃了兴国山歌的精华，有着极高的文学价值。歌词中，形象生动的比兴、精确奇妙的用词、炽热的情感、优美的意境、浓郁的生活气息，宛如一杯清香扑鼻的春茶，沁人心脾；又如一杯甘醇的美酒，令人陶醉，堪称美妙绝伦。

如，一首想情郎的山歌这样唱道：“日头一出浑浑黄，老妹日夜想情郎；日里呒得到夜晡，夜晡呒得到天光；黄鳝拿来钓蚜子（青蛙），该号（这个）引（瘾）头实在长。”一首探情的山歌这样唱道：“至今到年冇几久，哥哥连妹好动手；九冬腊月霜雪大，再好饼子蒸酸酒。”一首逗情的山歌这样唱道："老妹今年十五六，奶箍大过茶缸𡱂(底)；拿佢哥哥摸一下，当得食了腊猪肉。"另一首唱道："昨夜连妹太慌张，摸到神台当是床；摸到观音当是妹，观音莫怪探花郎。"

类似的例子，俯拾皆是。这些情歌，大胆表露出对爱情和性的渴望；既直率，充满乡野气息，又不失幽默和诙谐，是坐在书斋里的秀才们绝对无法想象出来的。

生产、生活歌谣

生产、生活歌谣的特点是，取材于生活，直接为劳动生产服务。生产、生活和爱情常常纽结在一起，很难截然分开。所以，从广义上说，情歌也是一种生活歌谣。

客家青年男女在对唱山歌

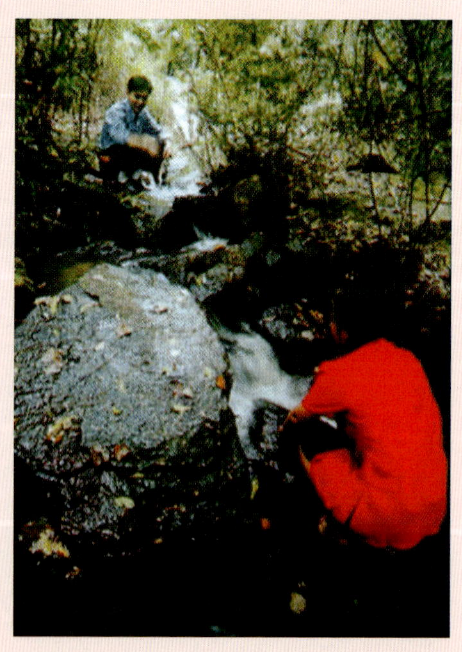

生产、生活歌谣也分谣唱体山歌和叙事体山歌。谣唱体山歌如:"哇苦就算作田嫲,黄连树上挂苦瓜;黄连树下埋猪胆,从头苦到脚底下。作田要作土丘嫲,阿哥牵牛妹驮耙;阿哥耙田妹脱秧,阿哥莳田妹送茶。日出耘田夜绩麻,阿哥阿妹会当家;作好良田金满斗,绩出精麻纺白纱;要食要着靠自家……"

叙事体山歌则多为劝世内容的,如《哥哥做事要坚心》《行行都出状元郎》《戒赌歌》《戒嫖歌》《劝郎歌》《十劝妹》《劝人莫把老人嫌》《忍字为高是古训》《十劝世人记在心》等等。此外,也有紧贴生产生活的,如《十二月长工歌》《二十四节气农谚歌》《十月怀胎歌》,等等,反映出传统社会中客家人纯朴、善良的秉性和农本主义思想。

民俗歌谣

民俗歌谣,是流传在兴国民间礼俗和各种祀典上演唱的山歌,其中有相当一部分是和宗教迷信活动结合在一起的。兴国民间一向流行"跳觋",这是一种由"觋公"主持的"祈福禳灾、降妖驱鬼"的古老活动。"觋公"除掌握一整套"跳觋"的程式外,更重要的是会演唱大量的民俗山歌及各种类型的其他山歌。所谓"跳觋",在通宵达旦的活动中,大部分时间还是演唱山歌。所以,在兴国,"觋公"其实就是半职业歌手。

兴国的民俗山歌除大部分来自跳觋活动外,也有一部分来自一般的民间歌手、清乐班的鼓师、工匠师傅、和尚道士、灯彩领班等人的祝赞、劝诫等,所以,其内容比较庞杂。如,有《赞八仙》《祝寿赞》《十拜寿》《斩轿煞》《新婚赞》《添丁赞》《小儿满月过周赞》《安大门赞》《发梁赞》《新居落成赞》《新灶赞》《四季赞》《灯彩唱赞》《猜花》《褡裢贴花》《十二月属相歌》,等等。这些民俗山歌有不少含有"安贫劝善"的宿命论观念,也有宣传三从四德、迷信鬼神、金钱万能、及时行乐的,无疑,这是民俗山歌中的糟粕。但也有不少是有积极意义的,如"十拜寿"是劝人孝敬父母、和睦家庭的:"五拜寿来情义长,恭祝爷娘

盾牌舞

身健康；阖家和睦永安乐，牵子带孙人丁旺；万载兴隆百世昌。”

男婚女嫁

如《灯彩唱赞》是祈求家业兴旺、五谷丰登，表达俗民们渴望过上幸福生活的良好愿望的：“天开文运大吉昌，龙灯摇摇到华堂；贺喜东君好运到，五福临门喜洋洋；青龙山上龙赶到，灌润此堂百世昌；左舞三转龙显威，右舞三转凤呈祥；前舞三转金银库，后舞三转万石仓；中间舞个团团转，五谷丰登家兴旺；今日有佢祝赞后，老安少乐永健康。”

还有男婚女嫁、新屋落成、筵席喜庆时的祝赞歌，也都是俗民们对未来的美好祝愿，是可以批判地吸收、借鉴的。

杂歌

杂歌，是一种极具夸张、富有灵性、不拘一格的山歌。它那生动、丰富的群众语言，幽默、诙谐的艺术风格，夸张、辛辣的创作手法，深受人们的喜爱。如“乱弹歌”：“自从吪唱设谎歌，风吹磨石下大河；隔壁邻舍添赖（儿）子，添了老弟添阿哥；昨晡（夜）放鸭上高山，火烧岭上捡田螺；捡只田螺三斤半，挑出肉来四斤多；爷佬讨亲佢扛轿，看稳外公讨外婆。”

这是一首戏谑性的山歌，通篇看来全是荒诞无稽的不经之谈，只给你逗笑取乐而已。但它有趣味而不低俗，让人笑得健康愉悦。

如“黄鳅咬尾巴”歌，又叫“尾驳尾”、“连锁歌”。这是客家山歌对唱的一种独特方式。对唱的双方，彼此接过对方的结尾句作为自己应答的开头句，起韵接意，前后呼应。这种唱法，可以围绕一个中心意思，阐发、深化主体，尽情抒发各自才智和感情，以达到难分难解的程度。请看下面的“黄鳅咬尾巴”：“敢放白鸽敢响铃，敢唱山歌敢大声；来段黄鳅

客家头饰

咬尾巴，两人山歌消停扳。两人山歌消停扳，胡琴箫子你起扳；潋江河畔摆歌台，擂台赛歌比输赢。擂台赛歌比输赢，你唱山歌有名声；莫怪徒弟冇礼貌，冇把师傅来欢迎。冇把师傅来欢迎，听到该句着一惊；今日歌台初相会，呒敢跟你来对扳。莫哇呒敢来对扳，你唱山歌出哩名；手拿花边石上掸，听你声音有八成。你哇声音有八成，长衫落地偃过砗；该次来到贵地方，还要拜你做先生……”

这种“黄鳅咬尾巴”最主要的技巧之一，就是要起韵接意，中途不得随意变韵离题；而且要应答得紧凑流畅，不能生搬硬套。一场好的“黄鳅咬尾巴”赛歌，往往能给人们丰富的生活知识，生动的群众语言，调动群众的参与情绪，让歌场高潮迭起，给人以难忘的美的艺术享受。

如“逞强歌”，用斗歌的方式互逞歌才、互逞本领、互逞劳动等等，其语言夸张，气势压人，表现出客家人逞强好胜、互不示弱、不甘居下风的品格特征。如“锁歌”，又叫“猜问歌”，由客家谜语、童谣演变而来。提问者曰“装锁”，回答者曰“开锁”。有一首猜一事物的，有每一句猜一事物的。装锁者要形象风趣，开锁者也要机灵准确。在一问一答中，歌者的聪明才智凸然而现。此外，还有猜诂歌、骂歌、劝世歌、书俚歌等等，亦各具特点，情趣妙生。

革命山歌

革命山歌是从情歌发展起来的。兴国民间流传着一首古老的情歌，为了爱情，连妹即使遭到杀身之祸，也在所不惜。它表现了一个渴望婚姻自由，殉于爱情的形象，长久地留存于民间："打铁呒怕火星烧，连妹呒怕斩人刀；斩了头来还有颈，斩了颈来还有腰；就是全身都斩碎，还有魂魄同妹聊。"连妹情歌不知经历过多少年代，遭到封建统治阶级所代表的恶势力的阻挠、破坏、扼杀，但它仍然像严寒霜冻中的一枝花，卓然挺立，生机无限，因为它深深地根植于广大人民群众的沃土之中。

红军女歌手

在20世纪20年代大革命失败后的低潮时期里，从外地回到兴国的共产党员们，在家乡到处播撒革命火种。虽然当时反动势力甚嚣尘上，然而贫苦工农大众反抗呼声却越来越高涨，他们曾借用《连妹呒怕斩人刀》这首山歌，改为"造反呒怕斩人刀"，作为动员民众参加反抗斗争的号角："打铁呒怕火星烧，造反呒怕斩人刀；斩了头来还有颈，斩

红军女歌手

红军长征中的兴国山歌

在红军长征途中，1935 年 6 月翻雪山时，遇到了极大的困难。此时，周恩来副主席就鼓动警卫员魏国禄同志（兴国县江背乡人）给大家唱兴国山歌：“哎呀嘞——大雾围山山重山，红军队伍过雪山；千难万险都旡（不）怕，同志们哟，红军面前冇困难。”歌声刚落，战士们便欢呼起来，要求再来一个，气氛顿时热烈起来。周恩来一手扶着棍子，一手挥动着打拍子，歌声又响了起来。战士们忘记了疲劳，忘记了饥饿，忘记了寒冷，一股劲地向雪山顶峰冲去，终于翻过了雪山，越过了草地，完成了举世闻名的二万五千里长征，在中国革命史上写下了壮丽的篇章。

了颈来还有腰；就是全身都斩碎，变鬼还要把仇报。”这首山歌歌词虽然只改动了两处，但于此不仅可以看出山歌主题思想的变化，而且也可以看出革命山歌同传统山歌一脉相承的关系。

中央苏区时期，为配合革命斗争的中心任务，编唱红色山歌，成为扬眉吐气的苏区群众新生活的一项内容，成为苏区干部革命工作的一个部分。如，脍炙人口的《苏区干部好作风》就是这一时期创作的。当时，长冈乡主席谢昌宝同志，不但善于做组织宣传工作，而且在宣传工作中又最会唱山歌，成为苏区时期著名的山歌手。在他模范工作的影响下，群众热情地唱起了《苏区干部好作风》：“哎呀嘞——苏区干部好作风，自带干粮去办公；日着草鞋干革命，同志哥，夜走山路打灯笼。”

兴国山歌，在动员人民参军参战，粉碎敌人的军事围剿、经济封锁，瓦解敌军士气，巩固红色政权，鼓舞兴国人民创造“第一等的工作”等方面，发挥过巨大的作用。

当敌人不断向苏区发动进攻，中央苏区面临巨大困境的时候，为了巩固革命根据地，保卫新生的红色政权，兴国人民响应工农民主政府的号召，积极参加扩大红军运动，动员青年和自己的亲人，踊跃参加红军。于是，情歌中的《十劝郎》，很快成为《十劝我郎当红军》的革命山歌了。青壮年踊跃报名当红军，就涌现出许多母送子、妹送哥、妻送夫的动人场面。当年长冈乡著名的女犁耙手李玉英送丈夫当红军，临别时她唱道：“哎呀嘞——潋江流水长又长，嘱郎安心上前方；勇敢冲锋多杀敌，心肝哥，家事你莫挂心肠。”

在红军长征出发时，有一对未婚夫妻，临别前夕，未婚夫来告别。他（她）们采用山歌对唱方式，互相鼓励，坚定信念，表示矢志不渝，一直唱到鸡啼三遍。女唱：“一盏油灯结灯花，妹做军鞋坐灯下，厚厚铺来密密缝，送给阿哥好出发。”男唱：“老妹做鞋到深夜，鞋绳抽得响沙沙，明朝出发来告别，要哇几多心里话”……最后，女唱：“鸡啼三遍月影斜（音：霞），千言万语一句话，妹送阿哥上前线，等你转来再成家。”这样的革命山歌，声情并茂，句句动人，深为山区人民所喜爱，所以流传至今。

总之，兴国山歌的传统艺术，就像一枝千年不败的山花，根深叶茂，本固花荣。因为它根植于赣南大地，根植于客家沃土之中。今天，现代化建设又给了她新的养分，新的生长环境，她必将绽放得更加美丽灿烂。正如一首山歌唱道的那样：“哎呀嘞——兴国山歌一枝花，红霞万朵叶些些；民间生活是土壤，同志咯，千年开放永不谢……”

2. 赣南采茶戏

赣南采茶戏，是赣南客家文化的特色之一。要了解赣南采茶戏的发展与成长脉络，应从山、茶、戏三个方面来理解。

赣南，史称“南抚百越，北望中州”据五岭之要会，扼赣闽粤湘之要冲。清同治《赣州府志》文翼序载：“其地抚闽粤之背，扼章贡之吭，层峦叠山献，气势磅礴”、“地大山深，疆隅绣错，握闽楚之枢纽，扼百粤之咽喉”、“其山川必磅礴郁积，潆洄蜿蜒，故能固东南之灵气，蓄造物之秘藏，而非他郡所可颉颃也”。赣南境内周高中低，南高北低，山峦起伏，群山环绕，东有武夷山脉，西有罗霄山脉的储广山，南有南岭山脉之

东河戏

大庾岭与九连山,北有雩山山脉。据统计,赣南境内千米以上的山峰近500座。海拔2061.3米的齐云山为江西第二高峰、赣州最高峰。整个赣南境内中,丘陵占61%,山地占22%,平原仅有17%,素有“八山半水一分田,半分道路和庄园”之说。

山,孕育了河流、森林,也孕育了好茶。《赣州府志·物产志》载:“茶,储山、九龙山、盘古山所产皆著名。”常言道:“高山出好茶。”这几处茶山,森林茂密,阳光稀薄,穿过云雾的阳光受到雾珠影响,红、黄光得到加强,使得茶芽中的氨基酸、叶绿素和水分含量明显增加,加上日照时间明显偏短,漫射光增多,也极有利于叶绿素和含氮量的提高,再者,大雾弥漫也使得空气和土壤的湿度提高,从而新生的茶芽可长期保持鲜嫩,而高山地区繁茂的植物枯枝落叶巨多,也使得土壤中有机肥料格外充足,可以充分满足茶树生长所需的各种营养成分。诸多因素,造就了赣南这几处高山茶不俗的品质。

储山，位于赣县储潭圩之东，赣江最大的深潭——储潭就在它的脚下，古代，赣江储潭水终年氤氲储山，四季云缠雾绕的储山，生长着品质上等的茶林，自宋代储山茶便成为贡品，当时叫泥片茶，清时叫大园茶。据说，储潭的泥片贡茶，强有力地促进了七里镇的瓷茶具生产，南宋直至元末的300年，七里镇茶具极为兴盛，甚至赣州城专门形成了一条瓷器街。可惜，清末民国初，储山茶林渐渐消亡。盘古山，位于于都县南偏东，从清初成为贡品后，繁荣昌盛，至今仍茶林成片，茶品供不应求。然而，三座大山，真正因为山与茶而产生了戏的，却只有安远九龙山。

九龙山，古称九龙嶂，足可见这座山的屏障巍峨。古人甚至用“九龙嶂，九龙滩，萦回起伏，奇异之状，口难殚述矣”形容它。旋绕于城南17公里的1106米高的九龙嶂，峰峦叠嶂，山石嶙峋，飞瀑跌宕，云蒸霞蔚，尤其是九龙山脊蜿蜒如龙，把一山瑰丽飞然显现。九龙山的巍然之状、锦绣之丽、峻峭之险，便在这龙的飞舞中演绎。

采茶戏

九龙山是底蕴丰厚的。这个源生了众多民间故事与民俗舞乐的大山，以它一山的情怀、一山的风情，采天地之灵气，汲山水之精华，汇民间采茶音乐舞蹈之大成，终于成就了飘逸江西全省东、南、西、北、中五路采茶戏的最重要源头。

赣南采茶戏的来历

有一个故事传说，唐明皇时代，宫廷里有一位教练舞女的歌舞大师，名叫雷光华。雷性情耿直，见义勇为，看不惯朝廷的腐败，反对太监仗势欺人，遭到太监陷害。太监在皇帝面前诬告雷光华调戏舞女，皇帝大怒，降下死罪。雷闻讯后，随同中原汉民辗转南逃，来到赣州，隐居在

采茶劳动

安远九龙山开荒种茶，改姓为田。由于他能歌善舞，很快将采茶劳动动作与当地民歌糅合在一起，借以当时盛行茶区的马灯、龙灯和狮舞形式，创造了采茶歌舞，亦名茶篮灯。当然，采茶戏不可能是某个人发明的。一般认为采茶戏于明代中叶开始流行于民间。关于这一点，明代文人学士的诗文著述里，有所反映。如，明代戏剧大师汤显祖，在他的一首即事诗里，有“僻坞春风唱采茶”的吟唱。可见那时，偏僻的乡村里，已有“采茶”的演唱。他还有一首赠别的诗，更能说明当时“采茶”的发展情况：“粉楼西望泪眼斜，畏见江船动落霞；四月湘中作茶饮，庭前相忆石楠花。”诗的题名《看采茶人别》，从诗中吟咏的情景看，所赠别的“采茶人”，不是指从事采茶劳动的人，而是指从事唱“采茶”的职业艺人。这艺人在“采茶”的演唱艺术上可能已有相当的造诣，才有可能受到当代名人如汤显祖的深情眷注。可见采茶，已在当时的民间有了深厚的基础，否则，是不可能有这样的职业艺人的。

随后，在茶篮灯的基础上，把原来12个茶女，2个男队首的“十二月采茶歌”缩减为2女1男，女的为大姐、二姐，男的叫茶童，并由原来的一唱众和改为载歌载舞，姐妹对唱，茶童手摇纸扇，插科打诨的小戏《姐妹摘茶》。与此同时，根据客家儿童生活情趣为内容的编有一个以大姐、二姐、三郎子戏要板凳的小戏叫《板凳龙》，就此，“两旦一丑”的三角戏在明朝末年从茶篮灯的母胎中脱颖而出。

《九龙茶灯》是赣南采茶戏的“戏祖”，《怎么谈不拢》《茶童戏主》是走上银幕的赣南采茶戏。赣南采茶戏的艺术魅力是独特的，它是茶农生活的真实写照，它诙谐机智的细节、清新甜美的曲调、欢乐明快的歌舞动作表演，尤其是它模仿上山、下山、摘茶等动作设计的“矮子步”虚拟动作和表达情绪的“扇子花”配合舞动的“水袖功”，精彩传神，有着“摆动像狗尾，站势吊马腿，游走像蛇走，龙头又凤尾”之称誉，这些传统的戏剧程式，一方面使演出空间显得绵密和谐和，另一方面也使表演情绪更为高涨饱满，从而成为采茶戏中的经典程式。

采茶戏——钓蛤

今天，我们走上九龙山麓，虽然不可能看见九龙狂舞的仙境，也不能轻易听见满山身着艳丽服饰的采茶女的美妙茶歌，但，九龙山漫山遍野的茶树如弥散的绿团团，直把山麓造化成茵茵的人间仙境，便是零乱显出峥嵘的巨石们，也在茶和周围竹、草、树的绿中柔和了起来，失了它本来的刚烈与顽强。而一面朴实的碑记：赣南采茶戏发源地

采茶戏——矮子步

看戏

（载《中国音乐大辞典》）、清九龙茶贡品发源地（载《清安远县志》），不过寥寥两行字，却把这一山的空灵写就得富蕴深远的内容。便是山巅上飘忽的流云，也似乎留恋这歌舞的故乡，有些脚步迟缓起来，是想遁入这绿的怀抱，还是想聆听一回这山里茶歌的悠扬韵味？！

三角班

三角班是赣南采茶戏之源头。三角戏原名茶篮灯，后称采茶戏，是形成与发展均在赣南本土的主要地方剧种。它经历了采茶歌、茶灯舞、三角戏三个形成阶段。清代，风靡一时，曾出现了“长日演来三角戏，采茶歌到试茶天”的乾隆年间、“满脸烟灰十指黑，出看采茶也入魔”的嘉庆年间和“琵琶斜拨月琴张，月下争看窈窕娘”的光绪年间三个鼎盛时期。三角戏具有风趣、幽默的喜剧风格，组合上采用“两旦一丑”三角班的体制。三角戏音乐源于山歌小调，以曲牌体见长，有粗犷、高亢、浑厚、含蓄、热烈之特点，具有山野风味的灯腔，抒情优美、活泼奔放，富有浓厚的田园风味的茶腔；有轻松愉快、诙谐风趣的路腔；有轻盈甜美、玲珑华丽的杂调，俗称“三腔一调”。三角戏的服饰具有“头带一把抓（罗帽）、身穿三花衣、腰系白堂裙、脚穿灯笼裤”之特点。

赣南采茶戏发展最盛的年代，是在清代康熙、乾隆年间，清人陈文瑞（乾隆时人）有一首《南安竹枝词》，反映了当时民间演出采茶的盛况："谣哇小唱数营前，裘扮风流美少年；长日演来三角戏，采茶歌到试茶天。"营前，在今上犹县，当时属南安府，是一个山区小镇。一个三角班，能在这样的小圩镇从采茶开始，长日地演，演到试茶结束，这在今日的专业剧团，也是很难办到的，它说明那时的采茶三角班，已有相当的基础，才有这么大的吸引力。否则，是不可能在一个地方维持这么久的演出的。

关于当时群众在观看采茶时的狂热程度，信丰县志里有一首《南安吟》描述得极为详细："采茶歌，村童扮作妖娥。周历乡里寻瑶琢，回眸一盼巧笑瑳。纨绔子弟争打彩，持杯谑浪肆摩挲。可怜铁石燕泣口，蚩民生计下煤窝。满脸烟灰十指黑，出看采茶也入魔。辛苦得钱欢乐洒，囊空归去，学得阿妹'一声哕'。"这首《南安吟》，是县里一个名叫谢肇祯的教谕写的。教谕是学官，他的观点，代表了封建社会统治阶级对采茶戏的看法，尽管满含贬义，但反过来看，正好说明当时群众对采茶戏的迷醉，尤其是那些生活在社会底层的挖煤工人（铁石口出煤），对"采茶"更是看得"入魔"，哪怕把辛苦得来的钱全洒去，也带着"学得阿妹'一声哕'"的欢乐心情归去。

传统三角戏有《南山耕田》《阿三打铁》《九龙山摘茶》剧目；客家人热爱生活，向往爱情，传统剧目有《睄妹子》《睄同年》《钓蚂》；客家人为养家糊口常出外经商，传统剧目有《上广东》《卖杂货》；客家人勤俭持家，反对嫖赌和吸洋烟，传统剧目有《大劝夫》《四姐反情》；客家人常以手工业者出门谋生，传统剧目有《补皮鞋》《补缸》。客家人长期居住山区，从事摘茶劳动，他们从中提炼出采茶戏独特的矮子步、扇子花、单袖筒这一表演艺术，如根据上山腿蹲、挑担肩压的形体动作创造的矮子步成为采茶戏表演艺术的基本形体动作与舞姿，其双腿前蹲，脚跟提起，趾尖落地，向前移动，艺人形象地概括为："狮子头，老虎背，鲤鱼腰，狗牯尾，猴子跳架蚂子腿，行如蝴蝶走如水。"根据摘茶时，客家茶农一手摘茶，一手需用扇子不停地扇风，这样才能使茶叶不烫而确保茶味纯真，创造的扇子花广泛运用于采茶戏舞台，时而为鞭，挥戈千里；时而成笔，书写绘画；时而为茶篮，时而又成锄头，运用自如，变化无穷。艺人把扇子花形态归纳为："过头像葵花，落地滚西瓜，平舞似流水，左右如月挂。"采茶戏小丑的表演动作是根据茶山动物模拟而成，更具特色，如"蚜子撒尿"、"猴子洗脸"、"蜻蜓点水"、"画眉跳架"、"乌龟扒沙"、"老鹰展翅"等为小丑刻画人物，表现内容注入了新鲜血液。因此有人说赣州采茶戏是"三角成戏、小丑当家"。数百年来，赣州采茶戏演的是客家事（内容），穿的是客家衣（服饰），说的是客家话（方言），唱的是客家歌（茶歌），跳的是客家舞（表演），从而伴随客家人劳动生息，代代相传。

20世纪中期后，赣南三角戏统称为赣南采茶戏。18、19世纪，三角戏开始走出赣南，向毗邻的粤湘闽等地流传。尤其是客家人聚居地区，竞相传演，蔚然成风，成为客家人最喜爱的戏曲形式之一。以致粤东农村有句俗语云"有钱丢采茶，有钱买笠嫲"，意为因贪看采茶戏，连身上仅有的准备买斗笠的钱都丢给演采茶戏的艺人了。罗香林在《粤东之风》一书中也有记载："从此业者，多属赣南客族中的放荡少年。"当然，这其中有些贬义，罗香林称戏人为"放荡少年"，细细分析，恐怕是罗香林不甚了解采茶戏的欢快活泼之特点，戏中反丑角色多是表现一些烟鬼赌徒、流氓地痞、浪荡公子等，常以一些生动、含蓄、诙谐、幽默的语言和动作，互相揭露或自我嘲弄，可能反丑角色给罗香林印象太过深刻的缘故而致。

事实上，采茶戏在明代自演自娱的"自乐班"时代，是受到社会上的尊敬的。因为当时演出《九龙山摘茶》这类灯戏，内容大都是欢庆升平的，如戏中的摆字灯，就有"天下太平"的摆字表演，所以能为封建统治者所欣赏。到了演杂套戏的三角班时代，由于剧目的内容，大都是以男女爱情为题材，而表达爱情的观点与方式，又往往与封建的伦理道德相逆悖。如《反情》《睄同年》。有的还以喜剧的方式，从反面对社会的现实生活进行讽刺、揭露、批判,如《大劝夫》《满妹贺喜》等等,这就为封建统治者所不容了,认为是诲淫诲盗,有伤风化。从乾隆以后,历代王朝,曾多次下令禁演。如道光四年《宁都直隶州志·风俗志》载:“查采茶亦名三角班,妖态淫声,引入邪僻,最为地方之害。……近来竟有听许搬演者,应拘该管约保重惩,以息此风。”类似的记载,在赣南各县的县志里均有。禁令不仅写在官文告示上,还刻碑勒石,立在乡场圩镇上。如1949年以前,在信丰的小江真君庙旁,还立有这种禁牌,把采茶戏和烟、赌、嫖、盗一律禁止。赣南采茶戏遭禁演之后,交上了厄运,再不许进村坊和祠堂,只能在圩尾庙角搭台露天演出,在凄风苦雨中顽强地存活。

赣南采茶戏在其最盛的时候,发展到30多个班子,之后逐渐衰落,到新中国成立前夕,全赣南只剩下五六个班子,躲在深山角落里,偷偷摸摸地时演时停,日渐式微。

直到1949年,大地春回,万物复苏,赣南采茶戏也得到了新生,走上了繁荣昌盛的新历程,成了赣州地区客家文艺百花园中的一朵奇葩。

3. 吹打

赣南客家的吹打,即吹奏,又称吹打或锣鼓,一般指唢呐、锣鼓、胡琴、竹笛等乐器,其中最主要的吹打乐器是唢呐。

于都唢呐

唢呐,是一种为广大农民群众所喜闻乐见的管弦乐器,在赣南民间有着深厚的基础。一般百姓家里举办婚丧寿庆、盖新房、庆丰收、上大学等等，都要请唢呐乐手来热闹一番。村坊上举行迎神赛会，或其他大型活动，也必定有唢呐以壮气氛。然而，在赣南各县市中，最有特色的要数于都唢呐。

据统计，于都县共有唢呐乐队800多个，唢呐乐手2000多人，是一个乡乡有唢呐队，村村有唢呐手，常常能听到唢呐声的县域，1993年江西省文化厅授予于都县"唢呐艺术之乡"称号，从此，于都唢呐蜚声海内外。

于都唢呐历史悠久。据有关资料记载，早在1000多年以前，于都民间便"鼓手举于道路，往来人家，更阑不歇"。于都人称唢呐为"鼓手"，实为"吹鼓手音乐"。其乐器以扁鼓和唢呐为主，配以锣、钹等打击乐，所以俗称"吹打"。当地唢呐手就有这么四句顺口溜："七寸吹打拿在手，五音六律里边有。婚丧嫁娶没有我，冇声冇息蛮难过。"

于都唢呐汲取了赣南采茶戏"灯腔"、"茶腔"音乐的内涵与特色，曲牌繁多。据调查，唢呐老曲调有280多个。分为喜调和悲调两种：喜调

于都唢呐

轻快、欢乐，悲调深沉、低吟。吹奏讲究“鼓板分明，粗细结合，高昂悠扬，音乐协调”。是客家八音最主要的乐器，也是客家人非常喜爱的一种传统乐器。

吹奏以齐奏、对吹、吹打并重。吹打能长能短，可坐可行，十分轻便灵活，不受时间、场地等条件限制。演奏分路行、坐吹两种。路行吹奏的曲调，一般为《将军下马》《下山虎》《百凤朝阳》《春景天》等欢快热烈的曲牌。坐吹，即乐班围桌而坐，配合琴、笛、锣鼓进行吹奏。常用曲牌有《十堂花》《扬州调》《结心草》《洞房》等。对吹的曲牌有《公婆调》《斑鸠调》等细腻悠扬的民间小调。齐奏，就是几十人甚至一两百人在一起同吹一支曲子，也即大合奏。这时，激越而气势磅礴的演奏，会把整个场景推向高潮。置身其境，你会感觉到一种精神在升华，因为这是壮美和力量的汇合，是客家人勇敢顽强、开拓向上的精神风貌的展现！

4. 灯彩

九狮拜象

“九狮拜象”，这一名称本身就给人以有气派、有特点的感觉。它是流传于上犹县营前镇一带的大型春节民俗表演。

营前镇地处罗霄山脉南段，是赣南西部的一个边陲乡镇。全镇总面积为65平方公里，现有人口26000多人，是赣南客家人中一个典型的聚落区。这里既有南宋以来的客家老姓氏（即“老客家”），也有明末清初从粤东等地迁来的客家新姓氏（即“新客家”），新老客家共处一个社区，创造了丰富多彩的民俗文化，“九狮拜象”便是其中的一朵奇葩。

“九狮拜象”是一种大型的民间灯舞，它以造型艺术为主要特征，整个灯彩由一龙、九狮、一象、一麒麟，另加若干牌灯、锣鼓彩亭组成。龙多为9节至11节。龙头用竹片造型,龙身多用红布或黄布缀接而成,内部均可点灯烛。龙身有的用金箔纸贴成龙鳞,鳞中贴小圆镜;有的则粉画而成,多用金黄,忌用白色。狮子造型有蚕形、狗面、猫头、猪脸等,狮身腹部可点烛,装有机关通耳、眼、鼻、口、爪各部。麒麟似鹿,独角、赤蹄、披梅花,颈部可以伸缩。象为庞然大物,白色,象鼻、口有机关,可以上下前后左右蠕动。狮、象均以竹片为骨架,用篾片织成空心状,外裹粗布,缀以染了色的苎麻(也有的大象的毛片是用白纸剪成丝状粘贴而成,但不耐用,表演时需事先告诫燃放鞭炮者小心火烛)。牌灯上方扎着蝙蝠图样或花篮,中间书写姓氏堂名。锣鼓彩亭的扎制很讲究,扎有"八仙过海"、"鲤鱼跳龙门"、"水漫金山"、"刘海砍樵"等纸牌小人物,这些"小人物"会做各种各样的动作。

表演时,其队形庞大,前面是写有姓氏堂名的牌灯,接着是锣鼓彩

九狮拜象

亭、长龙,龙的后面是麒麟和神态各异的狮子(四只狗牯狮子,五只大黄狮子:狗牯狮子分红、青、蓝、白几种颜色,白狮子头上披红布;狗牯狮子形态似狗,狗有忠于主人守家守舍的秉性),麒麟居群狮中间,大象殿后。在锣鼓、唢呐和鞭炮的喧闹声中,龙灯队伍前呼后拥,浩浩荡荡;各色狮子咧嘴咋舌,摇头晃尾,做出各种怪相,相互逗趣;狗牯狮子上蹿下跳,前翻后仰地戏弄蛇龙来回穿插、翻腾,在鞭炮的硝烟中时隐时现,呈腾云驾雾状;麒麟伸颈缩腰,瞻前顾后;慈祥的大象则甩动着长长的可伸可缩的鼻子,接受龙狮麒麟的朝拜。表演节目有:金龙参神戏水、迎神、团龙、回龙、辞神、黄龙缠柱、狮龙相耍、群狮相戏、黄龙穿花、麒麟献瑞、黄龙戏珠、少狮戏金龙、九狮拜象等等。

乐队以民间吹奏乐和打击乐结合组成,最少两台,多到四五台。锣鼓点子有一花、二花、满堂红、长锣、引子、尾曲等,唢呐多按鼓点子轮流吹奏《三子对》《将军令》《十杯酒》《喇叭滚》,有时也奏《缝绣鞋》《小桃红》《茉莉花》等曲调。整个演奏具有广东音乐情调,听起来雄浑、激越、热烈、悠扬、催人振奋向上。

据营前老人们介绍,“九狮拜象”的前身是“龙狮舞”,它是随着“新客姓氏”的迁入而从粤东兴宁、和平等地传入营前地区并在这一特定的地域发展完善起来的。所以,营前“老客”不会搞“九狮拜象”,只有“新客姓氏”才会搞;别地(包括兴宁、和平)客家不会搞“九狮拜象”,只有营前客家才会搞。

初期的龙狮舞比较简单朴素,一般是一条蛇龙,三五头狮子,最多是七头狮子,没有麒麟和大象,而且扎制很朴素,最初是“管龙、管狮”(即用稻草扎成的龙狮,客家话称稻草为“管”),后用纸做,再后是布龙、布狮子(即用篾片和布扎制而成)。约民国24年后,才兴起“九狮拜象”。起因是,民国24年春节期间,黄姓(新客家)搞“龙狮舞”,一条蛇龙,七头狮子,看热闹的人很多。当搞龙队伍从高桥(即世荣桥,黄姓祖先捐修)过时,看热闹的人也都挤在桥上围观。因人太多,结果把桥压塌了。以后,为了保护桥,就规定观看人群不能站在桥上,必须等搞

团龙

龙队伍过后再过。但这也同时提出了一个问题，即搞龙规模小，看热闹者多，难于避免拥挤和酿成事故。于是组织者们就在扩大搞龙规模上做文章，增加到 9 头狮子，9 为阳数中的最大数。但光增加狮子的数量又显得过于单调，于是认为狮是兽中之王，象比狮更庞大，狮不敢侵犯象，增加一头大象，让狮朝拜象合乎情理；且“九狮拜象”可隐喻为“万象回春，九州同乐，共庆升平”。龙和麒麟同为传说中的吉祥物，且狮象征狗，象象征猪，麒麟象征牛，因此又增加一匹麒麟，寓“风调雨顺，五谷丰登，六畜兴旺”之意。这样，“九狮拜象”这一艺术形式就创造出来了。当然，以后又增加了锣鼓彩亭和一些道具，龙、狮、象、麒麟的扎制也更加艺术化，使这一形式愈显多姿多彩。因为搞龙队伍长，阵容大，随处皆可观看，所以尽管观者如潮，但不会太拥挤。这样，既避免了不安全事故的发生，又满足了群众的观赏要求。

从上述介绍中，使我们直观地感觉到，“九狮拜象”这一形式是根据群众的实际文化精神生活需要创造出来的。当然,因为“九狮拜象”是以姓氏宗族为单位组织的,能组织如此规模宏大的民间活动,自然该姓氏宗族的政治势力和经济实力也是强大的。因此,不可否认,搞“九狮拜象”也有炫耀宗族势力的一面。如,据村民们回忆,过去“九狮拜象”搞得最多的是黄、张、胡三姓,而这三姓均是营前族大人众势力较大者。还有另外一种说法是:营前地区“新客”有这么一条不成文的规定:凡是本姓中没有人做过皇帝或丞相的,不准扎象。有的姓氏就借九狮拜象来炫耀一下宗族的兴旺发达,人才辈出。因此,一些姓氏的族长、家长或长辈,往往就借春节闹龙灯的机会,鼓励后辈读书求学,奋发向上,做有作为的人。

过去,“九狮拜象”是以姓氏宗族为单位组织的,一般一姓搞一盘,不会联姓搞。每盘“九狮拜象”需动用三四十人,其中绝大部分皆练过武。另外,还有一些装成围观群众的武师,以防外姓捣乱。“九狮拜象”活动的组织由本姓氏各宗族各选举一人参加;其经费由各“众”凑,还有私人捐一部分,乐意者捐,绝不摊派。

每年腊月初便开始准备,组织者们分头筹办各项事宜。大年初一即开始搞龙拜年。

搞龙的地方,除本姓氏宗族的祠堂、屋场外,如外姓氏(包括“老客姓氏”)会请,也会去搞。此外,年初八营前圩开圩,(营前圩逢二、五、八)也到圩上去搞。

搞龙开始时不请礼生,先到本姓氏宗族宗祠烧香敬神(敬祖宗),然后按照事先安排好的路线搞龙,一般不走重路。碰到社官、土地伯公均要敬神,除烧香烛外,龙、狮、象、麒麟等要去拜社官和土地伯公。每到一姓氏(屋场),便放鞭炮迎入。一般在祠堂或厅堂搞,如祠堂或厅堂太小,也可在坪下搞;街上则在店面前搞。如从北门庵(营前的一座佛寺,今已无香火)前经过,庵主会放鞭炮迎接,也会进庵里去搞。每到一个地方,主人会在龙身上挂一条红(红布),另外包一红包(金额不限、随主人意)。如恰逢吃饭,则可能被地主各户分别请去用餐。除白天搞外,晚上也搞，晚上一般搞到九十点钟。

过去每年春节不止一盘“九狮拜象”，一般有三四盘或五六盘。但每年搞“九狮拜象”都不会发生矛盾。如两盘龙队相遇时，双方均会很礼貌地打招呼让路，龙、狮、象、麒麟均要互相敬礼。

搞龙从初一到元宵晚才结束。元宵晚，要举行“谢龙神”仪式（将龙狮等火化）。这一仪式要请一礼生，先在祠堂烧香敬神（敬祖宗），说上一些好话，如祝新的一年风调雨顺，五谷丰登，本次搞龙很顺利等等。然后到祠堂外面扯下龙、狮、象、麒麟身上一些纸片象征性烧掉，其骨架子则留待下年还可再用。

最初的“龙狮舞”就含有驱邪和庆丰收的寓意，后来发展成“九狮拜象”，其寓意就更加深刻。它既隐喻着新年伊始，“万象回春，九州同乐，共庆升平”的喜庆情景，又寄寓着来年“风调雨顺，五谷丰登，六畜兴旺”的美好愿望。而随着历史的发展和“九狮拜象”这一形式本身的不断完美，它除能满足俗民们的上述心理外，吉庆和娱乐的功能大大增强。改革开放以后，“九狮拜象”已走出山村，进入上犹县城；又从上犹县城来到赣州城，引来八方观众，深为人们所喜爱。如今，她已被载入史册和搬上了屏幕。

石城灯彩

石城灯彩历史悠久，因道具、舞蹈、音乐极美，是别具一格的表演艺术形式。

石城灯彩无疑与它所处的环境有关。石城县位于赣州东北部。南唐保大十一年（953）建县，以境内“环山多石，耸峙如城”而得名。除横江重纸、龙岗砚石享誉大江南北，石城遍地植莲，有“中国白莲之乡”之美誉。石城境内，山地为主，平原几无，出于生存的自然选择，在无数的大山皱褶之间，或一小平畴之上，乃至在每一块空地上都种满了荷，荷叶田田泛绿，莲花亭亭玉立，开满乡野阡陌，山石累累的石城竟被一地荷花柔化得诗意荡漾。风月无边的莲，承传着客家人对中原文明的苦苦追寻，也点缀得这块“石笋如城”的古老乡村宛如芳菲世界。今天再到石城，早已不见古书中描述的石头如林的骨感，满眼是青山、绿树和荷的世界。

传说，石城灯彩源于将军庙会。南宋名将赵彦谭曾在石城境内征剿叛匪立下不朽功绩，老百姓为了纪念他，在村庄里建起将军庙，并于每年农历正月举行祭祀活动。

另有一种人文解释，是石城因莲而衍生了民间灯彩。贫弱的土地上生存的石城人，耕田稀少，人丁不发达，生存环境极为艰难，自古是个客家人“继续往闽粤走，还是往北回”的观望之地。因此，这块土地上生活的石城人十分喜欢烧香许愿，寄希望于神灵，触目可见大大小小的庙宇，农闲时如潮般涌满了祈求平安的乡人。是石头地里长出的莲让石城人走出了贫困，让石城人开始有了生活的满足感。白天往庙宇叩过头还过愿之后的乡人们，满心的欢喜还是没有完全宣泄，他们晚上还要继续宣泄快乐，于是，便将目光转向了灯与莲——灯可以让黑夜变成白昼，莲是予以他们幸福生活的仙物。于是，充满还愿意识的“石城灯彩”问世了，舞着莲花灯，尽情抒发对生活的热爱。

赣南灯彩

而其中最能表达石城人还愿心态的是所有石城灯彩中最为壮观的“观音莲花灯”。12名大汉抬起高一丈五，宽一丈二莲台，莲台呈六角形，中间一枝出水荷花，花芯内亭亭玉立一位持净瓶柳枝的观音，频向人间洒下千滴甘露；六角的莲花上，六位仙女轻盈袅娜，翩翩起舞，把莲乡人精神世界的快乐演绎得飘逸若仙。如此，随着莲花灯的问世，石城人聪明才智显现出来了，所有与石城人生产、生活有关的物事都成了他们可以表达感激意识的灯彩形式与内容，于是，有了罗汉灯、茶灯、篮花灯……林林总总，灿若星辰。

今天的石城县共有民间舞蹈30余种，灯彩就占三分之二，遍及全县。最有趣的是，石城灯彩之品种繁多，简直是“万物皆可入灯”。民间歌谣云：“灯彩纸扎随意变，海阔天空万物全，扎物似物凭巧手，以假乱真难分辨。”较流行的有桥板灯、篓子灯、秆龙灯、龙灯、狮灯、马灯、蚌壳灯、船灯、茶篮灯等。诸多灯彩，表演灵活，形式自由，有一人表演的“打瓶盖”，也有100余人合演的“罗汉灯”；有粗犷豪放的“盾牌舞”，也有轻松活泼的“板凳龙”，还有“倒采茶”、“蚌壳舞”等灯彩舞。大型组合灯舞“罗汉灯”，以罗汉灯为主，将龙灯、狮灯、马灯、鸡灯、鱼灯、船灯、莲灯、茶灯、篮花灯以及高跷，再加观音坐莲台，八仙过海等神话传说故事的16种民间灯舞融为一体。整套灯舞有110余个形色不一的灯具，由160余人演出，气势磅礴，色彩斑斓，场景甚为壮观。

细细追究石城灯彩的起源，恐怕与石城语言中灯与丁同音（“灯彩”即“丁财”），舞灯有祝愿丁口繁盛、庆贺吉祥之意也不无关联。往庙里求神拜佛，是为了求家兴人发，而舞灯彩既可宣泄收获之快乐，又能以灯彩这种形式祈求“丁财”，岂不是一举两得的好事！

因此，自明清以来，石城的新春舞灯之风开始盛行。农历元旦将至，各乡村热心者就会自发组织各种灯会，制作各式彩灯，自正月初一起，游村串户舞灯为戏，直至元宵“谢灯”为止，久之渐成习俗，流传至今。特别是改革开放以后，石城灯彩这一古老的民间艺术得以恢复与发展，据1983年编辑《民间舞蹈集成》时的普查，石城全县15个乡镇，183个自然村，竟有350个灯彩队。为此，1993年，石城县被江西省委宣传部和江西省文化厅授予“灯彩之乡”的光荣称号。

石城客家灯彩具有三方面艺术特色：

灯具美：除秆龙灯外，其余彩灯皆用各色纸张（亦有用纱绸者）编扎、画、剪、贴精制而成，具有形象逼真、色彩华丽、制作精工等特点。

舞姿美：龙灯、狮灯侧重舞蹈，表演时踏、摆、蹲、转、插以武艺，动作粗犷、豪放；茶篮灯、船灯、蚌壳灯等一类为舞唱结合，人物有旦、丑之分。其舞蹈小旦轻盈、活泼，彩旦滑稽、泼辣，丑角诙谐、灵活，协同表演，情感交流，富有生活情趣。

音乐美：石城客家灯彩有独创的锣鼓经与灯歌、灯调。《累累经》为石城特有的打击音乐，它节奏紧凑明快，变化有致，用于龙灯、狮灯伴奏，与威武雄壮的灯具、粗犷豪放的舞姿配合，给人以阳刚之美的享受。而茶篮灯、船灯之类，吸收民间一些优美的民歌、小调，形成了独特的灯歌、灯调。此类音乐，大都旋律优美、节奏明快，其中尤以《倒采茶》以其轻松、活泼、热情、质朴的格调，最受人们的欢迎。

石城灯彩中的龙灯、狮灯只有舞而无唱；茶篮灯、马灯、船灯、蚌壳灯、八宝灯等则有舞有唱；稍子灯、桥板灯则舞唱俱无，纯属表现彩灯工艺；而秆龙灯实际无灯，以稻草扎成束，上插神香，由儿童操持，象征丰收及敬天祈神之意——

龙灯：旧时以龙灯为诸灯之首，象征吉祥与敬天祈年之意，故有“灯王”之称。表演时踏、摆、蹲、转，插以武艺，动作粗犷、豪放，给人以阳刚之美的享受。龙灯一出面，其他灯都要让路。龙灯到了，没有人不接的。又有“秆龙灯”，用稻草扎成，上插神草，由童子或成年男子操持，走村串户。一般在年初一至元宵日期间活动。如遇灾年，用稻草扎成“应龙黄”，到田地角舞动，以求降雨除灾。这种灯，实际上无灯，只插神香，有舞无唱。

蛇灯：在木兰村叫“桥板灯”，在濯龙村叫“蛇灯”，在长溪村叫“竹篙凳”。这种灯规模最大，凡村中男丁，每人须备一块五尺长的木板或五尺长的竹篙，上扎三盏灯，表演时首尾相接。少则三五百人，多则一两千人。结队游村，穿田塅、过山坳、占河滩、卷禾场，气势磅礴，如龙蛇舒卷。夜晚观之，灿若星辰。

罗汉灯：由一百二十人操持各种人物，神仙、鬼怪、动物、花卉等扎成的灯具，以花神与仙女作烘托，表现观音娘娘频频向人间撒下滴滴甘露，造福人间。有歌有舞，其词曰："一唱观音坐莲台，莲花朵朵绕台开。观音慈悲普度众生哟，人间观音排打排。二唱观音坐莲台，莲灯盏盏放光彩。柳枝挥洒甘露水哟，风调雨顺万福来。观音菩萨坐莲台，人间处处鲜花开，鼓乐喧天唱灯歌哟，万民共抒太平怀。"

麒麟送子灯和甑盖灯。这是石城民间婚俗所用的灯。女子婚后第二年的元宵日，亲友送灯来祝贺她早生贵子。是夜，新娘坐在椅上，头戴甑盖，众人用丝瓜络打，散出许多丝瓜子，象征子孙满堂。边打边唱彩，词曰：

男领：哟嗬，打甑盖啰！

众唱：子啰子叭叭，

子叭叭子啰！ 咳！ 咳！

男唱：一打甑盖打来个二龙来戏水，

女唱：三打甑盖打来个三星高高照。

男唱：六打甑盖打来六畜多兴旺。

女唱：九打九九长九九，

十打十满满堂红。

众：（喝彩）有嗬——

众向新娘头上的甑盖上打。

男领：日吉时良大吉昌。

众：有嗬——

男领：新打甑盖正相当，

众：有啊——

男领：夫妻双双同致富。

众：有嘀——

男领：幸福日子万年长。

众：有啊——

类似《打甑盖》的还有迎亲嫁女的《喜庆灯》《双喜灯》，庆祝寿诞的《寿桃灯》《寿星灯》等等。

茶篮灯，是赣南客家灯彩中独树一帜的灯，纯属为歌舞表演所用。它以一男丑角手捧宝伞灯，四旦角手捧茶篮灯，在丝管乐器的伴奏下，载歌载舞。基本舞步是穿对角，押篱笆，绕八字，占四方的表演。这种表演形式的形成，有一段传说。说的是石城名山通天寨，盛产岩茶。此茶品质纯正，清香四溢，被钦点为贡品。一年春节，岩茶贡入宫中，皇帝品尝后，龙颜大悦，御赐黄罗宝伞。喜讯传来，县令受宠若惊，赶紧组织茶农夹道迎接。当县令接过黄罗宝伞时，高兴得手舞足蹈起来，茶农们也跟着歌舞起来。从此以后，年年春季都要舞茶篮灯。

除传统灯舞外，近年民众又创作出一套大型组合灯舞。这套灯舞以罗汉灯为主，将龙灯、狮灯、马灯、鸡灯、鱼灯、船灯、莲灯、茶灯、篮花灯以及高跷，再加观音坐莲台、八仙过海等神话传说故事的十六种民间灯舞融为一体。共有一百一十多个形色不一的灯具，由一百六十余人演出。

5. 香火龙

香火龙与布龙、板凳龙、狮舞一起，是赣南民间最普遍的舞蹈之一。

通常在春节期间或其他喜庆之时玩耍，一般在围屋表演，后来发展到城镇也时有表演。它是用竹篾和稻秆分别扎成龙头、龙身和龙尾，上面糊纸，用彩色画成龙的形象，连头尾在内一般 9 节至 13 节，取单数，节与节之间用棕绳加彩布条做成的彩色“布练”互相连接起来。每节密插燃着的香火，下面装有木柄，香火越浓表演越好看，故名“香火龙”。

演出时，舞龙者手擎木柄舞动，龙头前面有一人手持“龙珠”引龙戏舞。香火龙玩耍时，龙头一绕，龙身龙尾随之滚动。在浓重的夜色下，火花四溅，煞是好看。在舞法上既反映出龙的威武，也反映龙的美姿，舞龙时还有各种精巧的灯饰配合，如“鱼灯”、“虾灯”、“龟灯”等，全部是水族造型，增添热闹气氛。

香火龙有小型、大型之分，小则五、七、九人舞动，赣南各县均有流行，多至由数百人共玩，只有龙南县汶龙乡上庄村流行。这种香火龙由龙头、节龙、龙尾组成。龙头由 6 人轮流擎举、挠动，节龙一人举 1 节，龙尾由两人轮流摆动。上庄人玩这种香火龙，祖传习俗每三年玩 1 次，每次玩 3 夜，时间一般为正月十三至十五日夜。十三、十四日夜，每次玩时都先举香火龙在老厅大门口“拜祖宗”，接着举龙“游屋场”，最后回老厅“放龙”。十五元宵夜，玩时从老厅出发至上汶老圩，接着走江夏村，最后回老厅大门口表演，表演完将香火龙及随行的灯、牌坊全部烧毁，以示灭灾。

龙南香火龙

每逢香火龙表演时日，龙南各地均有人往上庄走亲戚，以一睹香火龙或能参加香火龙为快。

6. 板凳龙

板凳龙是一种极为轻松活泼的民间舞蹈，是石城灯彩的一种，其他各县也有表演。板凳龙，也叫凳板龙，由于是儿童玩耍的象形龙，只是灯彩中的一个小项目。但因为儿童表演，情趣盎然，却在灯彩中备受男女老少喜爱。

相传，在很久以前，当地遇上了百年罕见的干旱，井枯河干，田地干裂，渴死的人不计其数。人们渴望天降大雨，可雨就是不下。这万物枯死，生灵干死的惨景被东海一小龙看在眼里，于是它不顾一切跃出水面，在当地下了一场大雨。万物复苏，百姓得到了解救，可小龙由于违反了天规，被刀剁成一段一段，撒在人间。人们忍着悲痛，把龙体放在板凳上，并把它连接起来，希望它能活下去……板凳龙灯的习俗也由此产生了。另一则传说更富有民间性：从前有一位以打卖草鞋为生的老人，收养了两女一男三个孙儿。某年春节，有钱人家的孩子舞龙灯，欢天喜地。三姊弟十分羡慕，回到家中后，聪明的小弟看到爷爷打草鞋用的长凳子，一端系着未打完的草鞋，活像一只龙头，就高兴地喊："看这草鞋凳，活像一条龙！"两姊妹一看确实像，三个人就各举起凳子的一条腿舞了起来。他们舞得开心，村邻们发现后也觉得有趣，就领他们到街道上去舞。从此，"板凳龙"这个民间舞蹈便形成和流传开来。

板凳龙灯，顾名思义就是用板凳扎制的龙灯，在专用的板凳上用竹条扎成两个灯笼，内有烛台，外边就根据各自喜好加以修饰。拼接好的长龙在"龙珠"的带领下，摇头晃尾，穿屋过巷，煞是神气。所过之处爆竹喧天，烟花竞放，呈现出一派喜庆的气氛。

赣南客家板凳龙分独凳龙和多凳龙两种。独凳龙是用普通长条高凳，由三人抬举，两人在前，一人居后的简易式板凳龙；多凳龙则是用细篾扎成，有龙头、龙角、龙尾、龙眼、龙嘴，再加上各种颜色的鳞片，把扎成的两条龙放在板凳上，木脚表示龙爪，非常形象美观。

独凳龙由三人舞，一人出右手，一人出左手，第三人则双手抓住后头的两只脚。舞时要求头尾相顾，配合协调。当头高时尾要随低，头向左，尾则随后右摆；头往上引，要尾者则松手换位。舞龙尾者必须由步法灵、速度快、眼力好的人担任，舞龙头的两人要求身高基本一致。

多凳龙由九条长凳组成，第一节为龙头，第九节为龙尾，其余为龙身。龙头在耍宝人的带领下，时起时落，穿来拐去，活像出水蛟龙，整条龙要求配合默契，节节相随。多凳龙则是用细篾扎成，有龙头、龙角、龙尾、龙眼、龙嘴，再加上各种颜色的鳞片，把扎成的两条龙放在板凳上，木脚表示龙爪，非常形象美观。

板凳龙灯的招牌动作有：二龙抢宝、黄龙穿花、金龙戏水、金蝉脱壳、黄龙盘身等。现今，板凳龙表演已搬上文艺舞台。

宁都板凳龙

道具多取自民间用的条凳，一端塑造龙头型，另一端塑造龙尾型（与龙头一样，里面均有光源，过去为烛，现多为手电筒），为表演方便，去掉板凳下面的长木条。舞蹈时，有碎踏步、摆龙、龙花组合等动作，显示儿童的天真活泼，极富民间气息。夜空下，宛如一条巨龙腾舞，情景甚为壮观。板凳龙较之其他灯彩形式，极富表演性、观赏性与童趣，每每表演，观者如潮，掌声如雷。在第十九届世客会上，赣南就把这种客家儿童表演的板凳龙向来自全球的海内外客属乡亲作了表演，获得巨大成功。

客家古屋

八

历史星空——客家故园名人谱

历史从来没有忽视客家故园。这块人文深厚的土地，自古以来就是一个人才辈出、英雄竞起之地。客家人依托“耕读传家”的生存理念，边耕边读。他们遥望中原故土，将希望寄托于读书求学问求功名。绵延的大山里，清冷而长寂；孤寒的青灯下，白水伴书卷。祠堂里的书声，岩洞里的书写，赶考路上的书包……寒窗中，终于走出了一批批傲立于历史的骄子，走出了一批批客家人的典范。他们中有客家乡贤钟绍京、温革、曾幾；有客家名族“易堂九子”、“南安四戴”、“义宁四陈”，有客家才俊罗牧、陈炽、郭大力……

1. 客家乡贤

江南第一位宰相——钟绍京

钟绍京，字可大（公元659—746年），兴国县人。他是钟姓第十二世钟繇的十七世孙，钟繇是中国早期的大书法家，一代宗师。钟绍京秉承先祖遗风，在唐代也是一代著名书法家，尤精小楷，堪称一绝。历史上把钟姓这两个著名书法家“二钟”，钟繇称“大钟”，钟绍京称“小钟”。

钟绍京的家乡是兴国县高兴镇上社村。据说，他小的时候，便志向不凡。他追慕晋二王遗风，为求书法真谛，在离家乡东北十五里的山中寻得一清静之地——东龛寺，乃在山中结茅庐为舍，读书写字。山中有一水池，钟绍京练字常在此洗笔，几年下来，据说池水常年皆黑。伴随他一块读书的有两只白鹅，每每看书写字累了，他便在池旁看鹅戏水。钟绍京在山中发奋读书写字的事迹流传甚广，千古不衰。如今，钟绍京当年读书之处，因为上世纪修水库，池塘成了无边的绿色库区，位于半山腰的东龛寺旧址与水面几近水平。赣南客家人以钟绍京为学习样板，在钟绍京成名后，家乡尊其为乡贤，民国时期，甚至定其为赣南十大乡贤之首。历朝历代文人墨客，尤其是热爱书法艺术的文化人，到兴国县城

兴国宝石寨

越国公祠

钟绍京陵墓

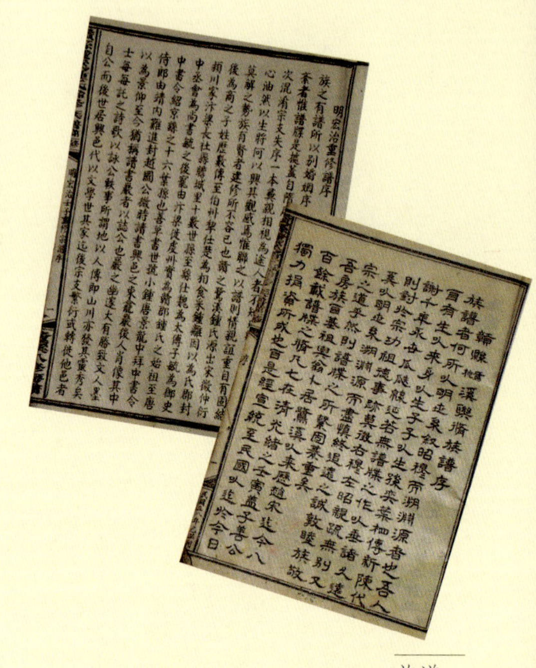

族谱

钟绍京族祠、高兴镇上社钟绍京墓、方太乡钟绍京读书处来瞻仰者络绎不绝。这一带风景旖旎、适宜旅游开发，现代人便把处于方太乡境内的这片水域称做“宝石仙境”，把钟绍京读书处的东龛寺遗址改称为“读书岩”，读书岩下面一片湖泊也被叫做“鹅湖”，以激励后生学习先贤，发奋读书。现读书岩处陋舍残迹犹存，湖水深不可测，两岸峭壁森严，虽不见白鹅引颈高歌，但见山巅飞瀑如练，湖面水鸟展翅，一派诗情画意景象。

钟绍京虽然贵至相国，命运却颇为波折。武则天改唐为周时，他在长安为司农录事，因其字写得好，唐中宗景龙年间专职书写，朝廷宫苑几乎所有的匾额联语都出自他的手笔，受喜欢书法的兵部尚书裴俭的推荐，升为宫苑总监，专管宫廷苑内馆、园林池苑、禽鱼果木诸事的设计安排。从这个意义上说，钟绍京又算是唐代宫苑园林师。这个看似闲淡的职位，却因为领导着数以百计的宫苑杂役，无意中为他日后参与政治活动创造了条件。

公元 710 年 6 月，在平息了一场危及李唐王朝生存的“韦氏宫廷之乱”之后，重新登上政治舞台的唐睿宗李旦，五天之内连下三道“圣旨”，将在平乱斗争中功勋卓著的钟绍京封为中书令、越国公、享一品。钟绍京入相比后来在唐玄宗开元二十二年（公元 734 年）封中书令的广东曲江人张九龄早 24 年，所以史称钟绍京为“江南第一宰相”。其时，李旦昏庸，他一方面立李隆基为太子，另一方面又助长太平公主权势，致使太子与太平公主之间矛盾重重。钟绍京狭缝中为相，不久即觉难于应付。这时，一些出身名门世族的官僚们与太平公主的亲信串通，攻击中伤他，遂以“恣情赏罚”、“无可教世”的理由将他从相位上拉了下来，不久便出为成都刺史。李隆基登基后，又进京、出京，升官、贬官，折腾了好几回，直到开元十五年（公元 727 年），68 岁的钟绍京才召回朝廷任职。

公元 746 年 2 月，这位赣南客家历史上的人物以 87 岁高龄逝世于长安。钟绍京逝世后，朝廷追赠为太子傅，并以“忠孝通博崇祀乡贤”准予葬其在故乡兴国县殷富岗（今高兴镇境内）。清乾隆十三年和民国初年，钟绍京墓有过两次重修，后来年久失修，尽圮，幸好钟氏后人将遗骨保存完好，直到 2004 年，钟氏后人才将墓冢重修复。新修的钟绍京墓，庄严大方，气势恢弘。

客家办学第一人——温革

石城，向号闽粤通衢，虽然远没有大庾梅岭“商贾如云，货物如雨”的商业繁荣，但也同样有过“万足践履，冬无寒土”般的热闹。客家人世代南迁北返的脚步千年来根本就没有停歇过，这条千余米长的客家店铺构筑成的街衢，留住了欲往闽地或粤境的老客，那条千年未息载舟渡客的滔滔琴江河，迎归了无数正返回赣南故土的新客。

闽粤通衢，属于客家先民。自西晋以来，最早从广昌、宁都、瑞金等地大量涌入石城的客家先民，在即将踏入闽粤之地时，无不停缓了脚步，在北门外搭起了逶迤东去的临时住所，作观望或休整，他们不仅仅是被通天寨下这方山水秀丽所吸引，他们其实也是在作最后的情感斗争——是更远地避离战火，继续往闽、往粤，或是离中原故土稍近些，憩息赣南，融入赣南？终于，一部分先民选择了入闽、入粤，一部分先民选择了在石城或返回赣南地域寻求生存的空间。

闽粤通关

堂下村就是一个留在石城的老客们生存的乐园。而这个乐园的形成缘于一位伟大的民间教育家。

这是一个貌似平常却曾经藏龙卧虎的小山村。几棵巨枫在翠竹中泛着异彩散落村头，一条溪水蜿蜒淌过阡陌人家，名字雅雅的“川至桥”从溪上横跨，将古驿道延伸往宁石交界的大山深处，五幢宋明时期的祠堂流放着千年古风，矗立于溪边山脚……今天的堂下村，虽说不上风景如画，然而，却让人透过仲冬的寒流冷风，非常容易感觉到氤氲在村落四处的文化古韵。直到我们完全走进堂下村的峥嵘历史，方才明白这氤氲的文化古韵并不是空穴来风，历史曾将辉煌的一页予以了它，北宋时期这里诞生了赣南最早的教育家、图书收藏家——一代大儒温革！

堂下村乃石城温氏祖地，开山祖乃温同保，一介教书先生，传说其五世祖曾为唐宁都县令。同保公在往宁化去的古道上择中了一块风水宝地，此地古柏参天、野芋丛生、溪流潺潺，更为难得的是溪流边有一巨石形状如龟，寓意甚好，令同保公喜悦不已，于是，公元 909 年，同保公举家从石城丰义迁居柏林野芋窝。

时光走过近一百年，1006 年的一个吉祥之日，野芋窝里传来一声尖锐的婴儿哭啼，令这块土地千年来享不尽荣耀的温革（字廷斌）出生了。温革生性宽厚仁义，正直厚道，聪明过人，极喜读书，饱读典籍，至少年时，其善读的名声已响遍乡里四邻。然而，似乎天公并不青睐于他，乡试成绩优异的他，在京城开封的考试却屡屡未中。1036 年，就在温革第七次京试失败后，冷静思考后的他作出了人生重大选择：“不在吾身，宜在吾子孙。”遂立志办学。他投以巨资，将当时“国子监所藏之书市上有售者尽购以归”，并在野芋窝的柏林丛中建藏书楼“青钱馆”及“柏林讲学堂”，另有洗砚池、膳食房等附属建筑。青钱馆的名字有些来历，传说当年温革在柏林掘地建藏书楼时，意外获得五万铢钱币，温革认为这是祥瑞之兆，是上天在帮助他成就这番事业，乃取藏书楼名为“青钱馆”。自然，柏林山上的讲学堂的建立，也使这一带的地名发生了改变，原来粗俗的“野芋窝”从此改叫做“堂下”。

一时间，石城境内乃至赣南诸县并衍至闽粤四方学子接踵而来，投身于温革门下，一个荒僻之地兀然成为声震北宋朝野的学院圣地。由于温革的青钱馆藏书量富过国子监，北宋时期有“江南名楼”之称。许多官宦及读书人也不畏山高水长，纷至沓来堂下村，一睹山村书院风采，也借机与温革交流学问，并到他的青钱馆里饱览群书。这其中，最著名的两个人物是北宋名儒、人称盱江先生的南城李觏（字泰伯）和李觏的高足、后为唐宋八大家之一的曾巩。他们二人为温革的精神所感动，交往之中遂成密友，并各自为堂下留下了墨宝。李觏为青钱馆撰联：“照榻有嫦娥齐问天香消息；登楼无俗客共谈花样文章。”曾巩则有感于柏林讲学堂鸿儒往来的情景，赠堂名为“雅儒馆”，并高度赞扬温革“自此遂开首办图书馆讲学堂之先河”。于是，这一方山水，在温革的教化下，文风昌盛，气象日新，有人颂之：“使简陋消于醇雅，鄙俚化于诗书，风化肃然，其业绩流惠四方化及乡党……”朝廷闻讯，甚感欢慰，遂敕封温革为大儒，祀乡贤。至今，在温氏家庙和温氏宗祠里，“大儒”、“乡贤”、“雅儒馆”等昭示着那段辉煌的匾牌仍高悬着，彰显着温革的不

温氏祠堂

朽和岁月的久远。

1076年温革逝于柏林，葬于湖坑，今巨墓犹存。四十年的教学生涯，使他的弟子遍及朝野，他本人也因此被《宋史》《大明统一志》《江西通志》《赣州府志》《石城县志》记载，成为千古流芳的一代伟人。而且因为受温革办学堂的直接与间接影响，石城的文化教育之风日渐昌盛，他之后共出了 24 名进士（他之前仅两名进士），直到今天，小小的石城县，每年高考录取率仍居赣州市前列。文化风气，世代相传。一代乡贤温革，不仅是七万石城温氏后代之荣耀，也是整个石城乃至赣南之荣耀。

温革当是赣南客家人的骄傲，称其为赣南私人办教育第一人丝毫不为过。与他同时代的理学师祖周敦颐（1017—1073 年），也是赣南教育的重要开基人与传播者，但与温革比较，显然周氏稍后一点。1045 年周敦颐由分宁主簿调任南安军司理参军后的第二年才与程颢、程颐有了师生关系，1062 年周敦颐任虔州通判时，与赵清献在水东玉虚观开办清溪书院（后为莲溪书院）。而温革在 1036 年便创建了柏林讲学堂与青钱馆了。

温革墓

可惜，随着南宋王朝的覆没，元军的铁蹄也踏入赣南的尺山深处，柏林的雅儒馆不再雅儒，青钱馆不再藏书，书香也不再有，只有一流溪水依旧淙淙，两口唐朝古井一饮一用的功能划分未改，还有关于温同保宁化虎形墓中金棺悬葬、温革柏林办学及湖坑自觅“乌鸦落墩”的传说依旧……

陆游最敬重的老师——曾幾

赣州城最有历史底蕴的是古街巷，“三十六条街七十二条巷”构成赣州的基本格局。从东晋高琰筑城开始，赣州城有了最早的两条街——阳街和阴街。清代，阳街改名南大街，上个世纪 40 年代初，为纪念赣州籍名人曾幾，取其谥号文清，而改名为文清路。以一条街名纪念一位名人，这是最隆重的纪念方式，如同纪念孙中山先生，全国各地均有中山路一般。

曾幾（1084—1163 年），北宋虔州人，字吉甫。据《赣州府志》，曾氏祖先居城东长兴乡杨梅曾屋村，纯正的客家人身份。北宋时，举家迁入城，在西南居民区形成曾家巷，稍后迁城内世臣坊，原因是曾准、曾开、曾幾等数代为臣。曾幾在宋徽宗大观（1107 年）年获进士，且为 500 人之首，初为校书郎，高宗时历官江西、浙西提刑，以反对秦桧议和而被罢官。秦桧死，复起为浙东提刑，知台州。官至礼部侍郎、敷文阁待制。后

文清路

宋代文庙慈云塔

迁居河南洛阳，卒谥文清，世人又称曾文清公。

曾文清是宋伟大诗人陆游最敬重的师长，他自己也因有这个大名鼎鼎的弟子而愈发名噪历史。

曾幾是清官，但曾幾并没有因他为官清廉而闻名，使他永垂史册的是他的文学成就。当时，学者每以“剽掇”死背为能事，曾幾一反时俗，扭转文风。他的为人亦如为文，《宋史·曾幾传》用九个字“为文纯正雅健，诗尤工”概括了他的诗文个性。南宋魏庆之在他的《诗文玉屑》之转述中对曾幾的诗歌影响给予了极高的评介，说他（指曾幾）的诗风格调比吕本中的还要轻快，尤其是一部分近体诗，活泼不费力，堪称杨万里的先声。

南宋人把陆游、范成大、杨万里、尤袤称作“中兴四大诗人”，陆游、杨万里声名尤大。陆游是绍兴三十一年（1161 年）在会稽认识曾幾的，从此，二人来往极为密切，甚至达到了陆游“无三日不进见，见必闻忧国之言”。曾幾对陆游不仅传授过诗法，更重要的是灌输了爱国思想。

世臣坊一隅

曾幾逝世后，陆游在《曾文清公墓志铭》中对曾幾推崇备至，认为曾幾是一代宗师。陆游说："时先生年过七十，聚族百口，未尝以为忧，忧国而已。"陆游极其钦佩曾幾在学术思想上的反潮流精神。他记叙了曾幾在考场为"元祐学术"洗刷，为被禁止的苏洵、苏轼、苏辙、黄庭坚等的文体争气的一件事情：一日，曾幾找到一篇被贬斥的好文章，当众朗诵，一个个耸听称善，使贬斥者为之气馁，因这篇文章作者遂被录取。

因反对秦桧的妥协求和，曾幾被罢官，之后一直寓居在江西上饶茶山，自号茶山居士，诗集为《茶山集》。他经历了靖康之乱，深知民瘼，反对秦桧议和。他的爱国主义思想深深地渗透在他的诗作中，也反映了一些社会现实生活。他虽然受过禅学的影响，但并不侈谈禅理哲学，用词明白，轻快活泼，形象丰富，他的一些山林泉石、富于韵味的诗，如清泉朗月，畅人肺腑，和江西诗法那种艰深拗硬的格调相比，更显示出它的自然、流畅、清淡来。无意中为杨万里建立的一种比较新鲜活泼的诗体"诚斋体"发挥了前驱作用。杨万里是中兴四大诗人中，转变诗歌风气的枢纽，冲击了江西诗派的引经据典、博奥难深、死声活气的形式主义诗风，比较有节制的吸取口语、俚语和歌谣，锻炼出一种新鲜活泼、明白自然的体裁。

当然，曾幾的名头不如陆游、杨万里，文学创作上自有其差异。曾幾和陆游一样是爱国诗人，但尚不如陆游那样壮烈深邃博大；曾幾和杨万里一样主张活泼轻快，但不如杨万里那样自觉摒弃江西诗派。不过，历史总归是历史，一日为师，终身为父。当代评论家郑振铎先生在他的

《插图本中国文学史》中直截了当地认定"陆游、范成大、杨万里俱为江西派诗人曾幾的弟子"。曾幾是一位承前启后的爱国诗人。

2. 客家才俊

江西山水画派的开派画家——罗牧

赣南宁都有"文乡诗国"之称。诗文的光芒,让有些不涉足画界的人往往会忽略它的另一个为之骄傲的重量级的人物——大画家罗牧。

罗牧(1622—1708或1711年)字饭牛,号云庵、牧行者、竹溪,中国美术史上清初山水画坛的一位重要人物,是中国山水画派中"江西派"的开派宗师,被扬州八怪誉为"一代画宗"、"江西画派英才"。

罗牧出身贫寒,祖祖辈辈均务农于江西省宁都县钓峰乡的黄潭村。这位赣南客家平民出身的大画家,骨子里流淌着客家人传统且又积极进取的血液,他的作品自然也充满着客家人特有的人文情怀。他所创建的江西山水画派和东湖诗画社,为中国画坛的繁荣添加了新鲜的美学力量。

罗牧所处的时代值明末清初。康熙皇帝为了在政治上尽快消除"满汉畛域"的妨嫌,采取了一系列的怀柔政策,在充分尊重汉儒的前提下,文化、艺术都出现了前所未有的昌明。中国画坛在这种大环境下当

宁都梅江风光——寒信潭

然也就有了活跃的气氛。正是这生机盎然的艺术领域，罗牧把一种新生的美学力量呈现出来。

明代中后期开始，江西的商业经济十分兴盛，且自有特色。赣商以经营手工业为多，“其货之大者，摘叶为茗，伐楮为纸，坯土为器”。这种以茶叶为主的商业社会氛围，给了茶商出身的罗牧以极大的影响。经济的发达必然促使有闲阶级的增多，从而使绘画需求量大增，这又刺激了绘画的发展，罗牧从宁都移居南昌，往返于扬州的江淮地区，其目的就是为了卖画、售茶方便。江西巡抚宋荦和罗牧的深厚友谊，宋荦自然极力推崇罗牧，在当时趋炎附势的江淮商人社会里，罗牧山水在这个社会中的地位很快得以确立。罗牧本身“敦古道，重友谊”的道德观念，又让他和一般文人轻视商人倨傲的性格有所不同，于是很自然地他就成为商人中最容易接近的艺术家。

罗牧山水的整体效果来看，干净秀丽，平稳无奇，雅俗共赏的成分因素，显然要比八大山人等人的作品多得多，而明末清初特别是康、乾时期的江淮，既是江南地区的文化中心，还是江南地区的商埠中心。这为罗牧作品的流传，提供了一个庞大的市场。

宋荦由江西调任江苏的迁移，继续在江淮间推崇罗牧，因此吸引来更多的学画者拜罗牧为师。于是“江西派”之祖的地位，也就很自然地非罗牧莫属了。

时间的年轮还是不停地旋转，但是收藏在各大博物馆中的罗牧山水画，依旧张扬着灿若朝阳的艺术生命力，飘扬在欣赏者的视线之内。

戊戌变法的重要理论家——陈炽

早期改良派是相对于戊戌变法运动中改良派代表人物而言的。这一派别主要活动在 19 世纪六七十年代到甲午战争期间。早期改良派的代表人物主要有陈炽、王韬、薛福成等人。在早期改良派这一群体当中，有的是从洋务派中分化出来的开明人士；有的是中国最早期的留学生；有的是出使西方的外交官；有的是长期给传教士办报并游历欧美的知识分子;有的是长期居住在香港并担任议员的公众人物。这表明,早期改良派与其同时代的人相比,他们更多地接触了资本主义世界,更多地了解了西方社会,这就使得早期改良派成为较早萌生近代民权宪政意识并广泛介绍西方民权宪政的群体,他们除了采用办报、教学手段之外,主要是通过著述宣传其朦胧产生的民权宪政主张,如陈炽撰有《庸书》;王韬撰有《韬园文录外编》;薛福成撰有《筹洋刍议》……

陈炽(1855—1900年),原名家瑶,改名炽,字克昌,号次亮,又号瑶林馆主。咸丰五年四月初七(1855年5月22日)出生于瑞金市瑞林乡一个普普通通的客家小山村——禾塘横背村。

陈炽自幼好学,6岁起受业于当地私塾,以聪敏享誉乡里。12岁赴宁都直隶州参加州试,中秀才,遂有“神童”之誉。19岁,以生员身份参加乡试,因成绩优异被江西学政保送入京参加科考。次年朝考,录为一等第四名,钦点七品小京官,签分户部山东吏司任职。21岁,他告假回乡,在家乡与朋友们集资创立宾兴会,以筹集兴办教育资金,专门接济应考之贫困生员,为家乡培养人才尽力。28岁,应乡试中第四十六名举人,仍任职户部。光绪十二年,他参加军机章京录取8名的考试,一举夺魁。此后,历任户部郎中、刑部郎中、军机章京等职。这期间,陈炽对内政外交,如处理朝鲜问题、黄河改道、筹建铁路等要事都提出过建议,并被李鸿章、翁同龢、陈宝箴等当政者采纳。

甲午战争失败,给中国人民带来耻辱,也带来深刻反省。有志之士,首先高呼变法,一时变法思潮席卷全国。陈炽是这一思潮的有力推动者和积极参加者,同时也是帝党与维新派的中间联络人。他的官衔是军机章京、户部员外郎,思想上又主张变法维新,救亡图存,特殊的身份和激进的思想使他得到了帝党翁同龢与维新首要代表康有为、梁启超双方面的信任。作为桥梁,他经常引荐康有为拜见游说当政要人。光绪二十一年,他为翁同龢与康有为起草了十二条新政意旨,这就是最初的变法大纲。维新派为给变法制造声势和扩大影响,在全国各地掀起了宣传变法的浪潮,并在北京、天津、上海、广州等地创办学会、学堂和报纸,而陈炽始终是这股浪潮的有力推动者和积极参与者。他捐资帮助康有为创办《万国公报》,并代英国传教士李提摩太起草《新政策》,发表于该报,影响极大。1895 年 8 月,中国资产阶级维新派第一个政治团体——强学会成立,陈炽被推为会长,梁启超为书记员。强学会三日一会于北京嵩云草堂,商谈时政,呼吁救国,来者日众,影响深广。李鸿章捐银行利 3000 元入会,因其名声太坏而遭拒绝,从而给以后变法的艰难埋下了伏笔。

1898 年,陈炽重译英国斯密斯著作《富国论》。之前,他深入研究经济问题,探讨适合中国的富强道路,已于 1896 年撰写并刊印了一部系统的中国经济学专著《续富国论》。陈炽的经济思想趋于成熟,成为中国近代早期的经济学家。同时,在对甲午战争的深刻反省基础上,他提出了自己完整的外交思想。此时的陈炽,思想体系已经形成。

然而,陈炽最终因结怨权贵太多,而理想成空。他因变法心切而责备翁氏因循守旧、变法不力;因办强学会得罪于李鸿章;因倡民权议院

赣南风光

而遭守旧派忌恨……不久，戊戌变法失败，维新志士或被杀或被遣或逃亡国外，维新事业遭受重大挫折，陈炽痛心疾首，愤慨不已，于是，往往酒前灯下，高歌痛哭，若痴若狂。

光绪二十六年（1900 年），新世纪的第一个秋天，这位杰出的理论家病逝于北京，终年 46 岁。三年后，家乡陈育勋等人将他的灵柩运回江西，葬于其祖上曾居住的宁都石皮头莲塘尾底后丙龙丁山。

《资本论》中文全译本的第一个译者——郭大力

郭大力出生时并没有异彩霞光出现。一个普普通通的日子——光绪三十一年乙巳（1905 年）八月二十八日，太阳正艳的辰时，一声新生儿的啼哭划破天空，叫响了一个古村宁静的日子。南康县潭口区斜角村田心自然村，一个读书人家庭又添了一个丁。祖父、父亲都是文化人，指望新生儿出人头地，遂为其取名秀勍，字大力，两层寓意——生命旺盛、强劲有力，秀才书生中脱颖而出。母亲更务实些，只希望儿子健康成长，认为喊的名字要贱些，乳名便叫了过生，意思是凡事都过得去，生（活）得下来。

过生 7 岁时就读于南康县立高等小学，1919 年考入江西省立赣州第三中学。1923 年，18 岁未满的郭大力考取了厦门大学化学系，开始了他的大学生涯。次年，他转入上海大夏大学学习哲学，从此，他开始潜心于马克思理论的研究与翻译，开始真正成了“偷取天火的人”！

大学四年，郭大力的英文水平达到一个相当的高度。此时的郭大力才华横溢，学术造诣很深，但毕竟他在大学学的专业不是经济学，而是化学和哲学，在马克思著作的翻译过程中，感到自己对古典经济学素养不够。于是，大学毕业后，他一面在上海光华中学教授英语，以维持基本生活，一面自修德语和钻研古典经济学。以后的几年，他先后翻译发表了李嘉图的《经济学及赋税之原理》、亚当·斯密的《国富论》、伊利的《经济学大纲》、马尔萨斯的《人口论》、穆勒的《经济学原理》、洛尔贝图的《生产过剩与恐慌》、朗格的《唯物史论》等一批著作的中译本，为

郭大力汲过水的水井

之后翻译《资本论》奠定了厚实的基础。

大潮奔涌，风云际会，命运让两位贤哲历史性地走在了一起。1928年，在杭州大佛寺里正着手翻译马克思巨著《资本论》(德文版)的郭大力结识了同样流寓于那里的王亚南，两人一见如故，相谈甚欢，遂决定合译《资本论》。后由于王亚南因“福建事变”避难于德国，该书的翻译工作一度中断了。次年，郭大力回到故乡，在赣州第三中学教英文课，同时继续钻研经济学著作和法文。稍后他又回到上海，并以译书为业。1935年，郭大力与从国外避难归来的王亚南再度聚首，从此两人安下心来，致力于翻译《资本论》。1937年初，读书生活出版社决定出版《资本论》中文全译本，经艾思奇、郑易里介绍，与郭大力签订了翻译出版合同。郭大力夜以继日地工作，翻译进展很快。岂料，抗日战争爆发，日军大举进攻上海，上海整日战火纷飞，生活不安。郭大力不得不将译好的《资本论》第一卷书稿交给出版社后，带着妻子儿女离开上海，辗转回到江西老家，继续翻译二三卷。

郭大力以顽强的治学精神，每天工作12小时，日复一日，年复一年，书稿每译出一部分他就寄出一部分。期间，王亚南也在斜角村居住了一些时候，陪同郭大力一同翻译《资本论》。

1938年初，译完第三卷时，读书生活出版社打来电报，要郭大力速去上海，共同处理排印出版等事宜。郭大力从家乡过渡至潭口，经南康、大余，过梅关至韶关，乘火车到广州，历时两周，经香港到达上海。此时的上海已经沦陷于日本鬼子的铁蹄下，整个上海一片恐怖。郭大力下榻于法租界的读书生活出版社，闭门工作，经过三个月的紧张校对，《资本论》的1—3卷中文本终于在1938年面世，这部人类文化史上的鸿篇巨著，在一伙“偷取天火的人”的执著努力下，第一次以方形汉字展现在中国人民面前。

郭大力的老家南康县三江乡斜角村地处三江汇合处，江风浩荡，风景旖旎。虽说是穷乡僻壤，生活条件差，但绿树环抱，古树参天，环境相当宁静，很适合于翻译工作。1937年至1941年这几年，郭大力一方面从事翻译工作，一方面为养家糊口，先后在赣州三中、赣县中学、广东文学院教书。期间，为躲日本鬼子，还举家随赣县中学搬迁到王母渡，郭大力在镇上教高中英文，妻子在横溪教初中。王母渡是因为宋高宗时期隆祐太后从赣州往南面奔走过渡桃江而留落下的名字，横溪是横对着桃江从大山深处流出的一条溪水，横溪这地方民国初出过一个名字叫刘景熙的名人，清末进士，民国初期赣州新学教育的奠基人。

从1941年夏至1947年春，将近六年的时间里，郭大力辞去外面的所有工作，潜隐故乡，一直住在三江老家，平时很少出门。他喜欢着长衫，戴眼镜，一副教书先生模样，说话平声静气，平易近人，待人十分和气。这期间他除了译完《剩余价值学术史》，还第三次重译《恩格斯传》，此外就是钻研马恩著作和撰写一些通俗文章。这期间，郭大力的生活很是清贫。妻子余信芳在赣县女子师范学校中学教英文，一家人仅靠妻子的微薄工资和郭大力的稿费维持生活。郭大力甘于清贫。他不怕寂寞，从不外出串门游玩，也回绝一切高薪聘请。据说，时任赣南行政督察专员的蒋经国，得知郭大力在三江定居，曾多次派人请他做经济顾问，并亲自到斜角村拜访。郭大力采摘自己亲自种的瓜果蔬菜招待蒋，但对其盛情之邀婉言谢绝。

郭大力的父亲是前清秀才，做过小学校长，他从小刻意培养儿子，以致郭大力的小学都不在本村读，而是被送到县里的南康县立高等小学。对郭大力拒绝蒋经国邀请，有官不当之举大为不快，觉得郭大力辜

郭大力大庾岭遇险

郭大力 1938 年秋从上海回乡的路上，这位纯粹的学者却经历了一件极为传奇的惊险故事。据载，客车行至大庾岭时却意外地遭遇了一伙土匪绑架，据传，土匪头子姓赖，同车被绑的还有赣州城协记大药房的何老板及许多有钱人，当时，土匪要每人拿出 2000 个大洋来赎人。郭大力身上除了几本样书和《资本论》草稿，只有一个学校胸章，土匪便要郭大力留下来做文书，郭大力以其智慧和正义之心，以在上海所见的日寇对中国同胞的残忍行径讲述给他们听，真诚劝告他们积极投身抗日，不要与普通百姓为敌，最后，土匪有感于郭大力的劝说，并请郭大力为他们写一封表示愿意被政府收编的信，随后，他们派人送郭大力到大余县城。很快，这支土匪队伍被收编，成为一支抗日力量。回家后，郭大力以“在匪窟中”为题，叙述了这一传奇故事，并刊登在国立赣县中学校刊第 189、190 期专稿栏目，一时传为美谈。60 多年后，在他的家乡，在郭氏乡亲中间，议论起郭大力智斗土匪这一往事时，人们仍然津津乐道。

大庾岭

负了父辈的栽培，责备郭大力“读了这么多书，却待在家里吃老米”，没出息，坚持要郭大力去谋求一任县长什么的。郭大力坦然地告诉父亲：“当县长有什么意思，我现在从事的工作比当县长更有意义。”

郭大力的祖父是个专门为人打官司写状子的人，传说凡他写的状子官司必赢，以致猪肉粮油多得要请人抬回来，从而有了一定的积蓄，遂造了一幢大屋。郭大力在家乡这几年，就居住在这幢祖父留下的大屋里。这是一幢典型的天井式赣南民居，他们夫妻居中间一屋，青砖铺地，木板隔成两层，下为卧室，上为书房，儿子郭奕琳（现北京大学退休教授）和女儿则各居两侧的耳房。

据说，郭大力每天翻译之余，一般只在自家天井里伸伸懒腰，活动活动筋骨，侍弄侍弄自家菜地；隔三差五也会走出家门，往几十米远的郭氏宗祠前的三口连片池塘边去，在石板堤上吹吹凉风，与乡亲们聊聊家常；每周也有一两回走过十几里外的凤岗浮桥到达凤岗圩，寄取邮件，或领取稿酬，购买日用品。村里的老人们告诉我们，郭大力极为朴素，喜欢背一个农村人用的大斗笠在身上，路上行走随时应付不测风雨或烈日暴晒，行为举止完全类似于当时的乡村教书先生。依今天村里老人对郭大力的回忆，郭大力在乡亲们眼中有些神化。因为翻译工作紧张，他没有太多空闲时间，所以他不太轻易走近乡人，自然，乡人也不太敢走近他，毕竟他是大学者，尽管乡人又渴望他走近。由于郭大力研究经济学，又每天看书看报，了解当下市场行情，尤其是上世纪 40 年代中后期市场物价动荡，金圆券贬值得厉害，百姓和小商人无所适从，斜角村的乡人便每每通过与郭大力聊几回便知当下什么可卖什么当买。大家远远见郭大力从家里出来，早聚在河堤上的各式乡人便欢呼：“过生出来了！”于是纷纭聚向前去，七嘴八舌问他当前经济形势如何，向他询问明天或最近市场行情。郭大力并不太针对性地回答问题，话也不太多，然而他说出的话，却让所有的人都心里掂量出了他的所指，于是按照他的理解分析去进货出货，今天该进些棉布，明天该出些大米……在物价浮动强烈的国乱中，这些围绕在郭大力身边的经商的乡人们竟然多有盈余。

亲不亲，斜角亲。美不美，三江水。1947 年之前，郭大力数次离家、返乡，家乡都以质朴、热情迎抱他，尤其是最后栖居故乡的 6 年。斜角村是郭大力的故乡，也是《资本论》中文译本诞生的故乡。

1947 年春，担任厦门大学经济系主任的王亚南，力邀郭大力到他那里任经济学教授，郭大力从此离开家乡。这次离家，郭大力再没有回过斜角村，这年他 42 岁。1950 年夏，郭大力出任中共中央党校政治经济学研究室主任，用家乡人的话，他成了“翰林”。从此，他作为家乡的俊杰贤才之楷模，被用来教导、鼓励后生。

1976 年 4 月，郭大力完成重译《资本论》和《剩余价值学说史》。这项工作，前后历时 48 年，比马克思著《资本论》还多 8 年时间，可以说穷尽了他一生的精力。这年的 4 月 9 日，一代名师溘然仙逝。

3. 客家名族

才高行独的宁都“三魏”

作为道教七十二福地中第三十五福地的宁都翠微峰，丹霞地貌，岩奇洞幽，仙风道气，自然天成。但翠微峰的最精妙处，怕是莫过于它包容并孕育的易堂九子了。这些人物的生活，直接为翠微峰本身注入了影响整个宁都、江西乃至整个江南的相当厚重的文化底蕴。

清初，以魏禧为代表的九位文人，不甘于委身清政府的统治，结伴相邀结庐于翠微峰顶。他们或聚会于易堂，或群集于勺庭，或饮酒茗茶，或诵诗唱戏，或谈古论今，或听风看花，或著书说教……把外面世界抛于山外脑后，只在山麓与清风明月唱和与天下名流侠客纵横谈笑，并从山水风云中领悟功名的无聊道德的崇高，从而获取心灵的平静和超越。于是乎，易堂九子及其道德文章传扬天下；于是乎，翠微名山借易堂九子美名而增色，易堂九子亦假翠微名山而益彰；于是乎，易堂九子当时及之后，翠微峰真正成为江南名山，三十五福地真正成了仙聚之地。

易堂九子的旧址如今早已圮毁了。山水有情，岁月无痕。只不过400年的风吹雨打，养育过九子生命的摇篮便成了废墟，比之于万年之久的翠微峰，人类生命及其建筑物真是太过短暂了。好在文学之力量把九子的生命延续到今天，甚至千年、万年，九子们留下的169卷诗文集使他们如翠微不老。滋润过九子生命的那一泓清泉呀，在翠微山麓仍数百年不变地保留着那份清纯与深幽，给后来崇拜者无尽的遐想。还有那天边拂来的浩荡清风，总是那么愉悦人，让人无端想象，当年的易堂九子是不是也曾醉于这清风？否则，这宁静僻远之地怎么能挽留下这群民族文化精英？号称“文乡诗国”的宁都人当真该骄傲与自豪，易堂九子以他们的人格与精神力量给翠微峰注入了鲜活的生命，从而使翠微峰有了内在美。而且九子种植的文化之籽，开花结果世代芬芳了整座大山，造就了翠微满山满谷浓浓的文化氛围。

宁都“文乡诗国”之雅号的来由，当归属易堂九子。他们的文学成就在中国文化史上，编织成一道道流光溢彩的绚丽风景。“宁都三

宁都翠微峰

湖映翠微

魏”更是九子中之佼佼者。

“三魏”是魏际瑞（祥）、魏禧、魏礼兄弟三人的合称，宁都城关人。其父魏兆凤，字天民，乐善好施。明亡后，不愿为清臣，削发为僧，率全家隐居翠微山中，终年40岁。魏际瑞、魏禧、魏礼兄弟三人天资敏捷，聪颖好学，刻苦自励，才学深高，俱善诗词古文，均为清初著名的散文家，时人称为“宁都三魏”，而其中尤以魏际瑞、魏禧的成就最大。

魏际瑞（1620—1677年），字善伯，原名祥，17岁时改名际瑞，魏禧胞兄，人称伯子先生。这位魏家老大的性格豪爽强急，急公好义，宽厚待人。而且他自幼好学，很能强记硬背，因此对兵、刑、礼制、律法各科都很有研究。20岁时，他所著的诗文已有3尺高，其中《魏伯子文集》10卷、《杂俎》5卷、《四此堂稿》10卷，可谓著作等身了。他的《与子弟论文书》一文，今天已成为我国古代现实主义文论宝库中的一件珍品。

魏禧（1624—1680年），字冰叔（又作凝叔），号裕斋，人称叔子先生。魏叔子生于明天启四年（1624年），可惜身体欠壮，自幼体弱多病，药不离口，秉性仁厚，文静，喜好读书，11岁即补诸生。魏禧对史书很有研究，造诣很高，其文章受《左传》及苏洵的影响较大，《听松庐文钞》对其评价道：“冰叔先生尤深于史，举数千年，治乱兴衰，得失消长之故，穷究而贯通之，而又验之人情，参之物理，本胸中所积而发之于文，故其势一往而不可御。其行文之妙，得力于《史记》、老苏者居多。”《赣州府志》评价其：“最辨古今得失，指陈时事，廉利透闻，独出手眼。”魏禧文风凌厉雄健，尤喜表彰忠孝节烈，摹画淋漓，慷慨激昂。著有《左传经世》10卷、《魏叔子文集》22卷、《目录》3卷、《诗集》8卷。他的散文作品《邱维屏传》和《大铁椎传》尤为著名，成为清初中国散文的代表作之一，《清史稿》列魏禧为《文苑传》之首。前者记叙了传主的一生主要经历，写出了邱维屏道德风貌的可贵之处，展现了其高尚情操和富有特征的个性。后者曾入选中学语文课本。记述了一个身怀绝技，却不为世用的奇人。传文把这个古代剑客式的传奇人物描述得生龙活虎，若隐若现，颇有顿挫虚实之妙。因此，魏禧以其文学成就与汪琬、侯方域并称为“清初三家”。魏禧一生无子，自称“不忧嗣子不立，而忧后起无人”。他对自己的著作非常看重，视若精神产儿，他说：“吾有三子：《左传经世》，长子也；《日录》，次子也；《文集》，三子也。”

魏礼（1628—1693 年），字和公，魏禧胞弟。性慷慨，重然诺，敢任难事。少年时由魏禧管教其学业，年近 20 时补诸生，之后更加刻苦，遂与两位兄长齐名，人称季子先生。魏礼喜欢游历，足迹几乎遍布全国，每到一处，必结交贤豪隐逸之士。著有《魏季子诗文集》16 卷。

值得一提的是，魏际瑞之子魏世杰、魏礼之子魏世、魏世俨三人，也因有很高的文学成就，被世人并称为“小三魏”。

“宁都三魏”不仅以著作闻名于世，更以易堂九子为主的易堂讲学之风影响深远。

明朝末年，“三魏”随父举家迁至离县城 10 余里的翠微峰上。翠微峰山势险峻，四面均是悬崖绝壁，仅一条蹬道可与山下相通。魏禧还派人在险要处置闸守望，使山寨更为安全，不受战乱兵灾的侵扰。随后，士友中不少人也携家眷迁居此山，谈学论文，一时为盛。其中有南昌的林时益、彭士望，宁都本县的李腾蛟、邱维屏、彭任、曾灿等 6 人。此 6 人与“三魏”，以魏禧为首，常聚堂讲《易》，相互切磋，加上此堂方位取易，当时人称他们 9 人为“易堂九子”。易堂诸子隐居于翠微峰讲学，门生弟子常达数十人之多。易堂讲学以致用为宗，好评论古今成败得失，认为学问必须通过阅历和实践，不能师心自用，闭户造车绝不能出门合辙。易堂讲学所形成的翠微学派，成为明末清初学派中的主流，与南丰的程山（谢文存讲学处）学派、星子的髻山（宋之盛讲学处）学派并称为“江西三山学派”。

“宁都三魏”生活在明末清初这一大动荡时期，他们所处的环境是极其困难而复杂的。以魏禧为首的“三魏”与易堂诸子作为明末遗民，均是负有气节的志士。“三魏”均无意入仕，终身以布衣结交天下贤士。他们坚贞卓绝，甘居草野，但并不是消极地高卧深山，而是有所作为。易堂诸子在魏禧的领导下，在翠微峰躬耕自食，亲如骨肉，以诚相待。明末四公子之一的方以智至翠微峰亲眼目睹后，感叹道："易堂真气，天下罕二。"

九子们时常会走出大山，或在异地坐馆授徒，或出游于大江南北，与各地名流交游。然而，大山何等宽容，他们生活得如同仙人；山外，却是残酷与无奈。魏际瑞在赣州总兵哲尔肯处为幕僚，为了地方的安宁，魏际瑞前往召抚吴三桂余党韩大任，不幸遇害。其子魏世杰悲痛万分，拔刀自刎，众人奋力夺刀，他又猛捶胸腹，以至内脏出血而亡，年仅 28 岁。康熙十九年（1680 年）魏禧在去扬州联络友人途中，船至江苏仪征时，突发重病而逝。其妻谢秀孙闻讯，悲痛异常，绝食 13 日，以身殉夫。魏际瑞、魏禧相继去世后，易堂诸子各散他处，只有魏礼独自率领妻儿居守在翠微峰，直至康熙三十二年（1693 年）逝世。

一门四进士的西江"四戴"

大余，明清时为南安府，辖大庾、南康、上犹、崇义四县。因控制赣粤通道梅关而政治、军事、经济地位显赫，遂与赣州府地位一般重要。

明清时的南安府出了许多名人轶事，如明代北归滞留于南安的汤显祖借牡丹亭故事写下了传世之剧《牡丹亭还魂记》，如清代南安镇戴家一门出了一状元四进士，一家同出两相，等等。

历史上的西江"四戴"指的是戴衢亨及其父戴第元、叔父戴均元、胞兄戴心亨；民间的"一家同出两相"之说就是指戴衢亨和戴均元。

戴衢亨（1755—1811 年），字荷之，号莲士，大庾县水城（大庾城三面环水，历史上有水城之说）人，生于清乾隆十九年。据说戴衢亨是个神童，天智聪慧，7 岁能诗文，17 岁便中举。1776 年，乾隆皇帝出巡天津，命戴衢亨以举人的身份召试，因成绩突出，钦取一等，授内阁中书，从此步入仕途。次年，又由皇帝选调入军机处，为军机章京行走（时称小军机），辅佐乾隆帝处理军国要务、官员任免和重要奏章。乾隆四十三年（1778 年），戴衢亨参加科考，经殿试，中戊戌科状元，他是赣南四状元（郑獬、谢元龙、池梦鲤、戴衢亨）中的最后一人，授编修。戴衢亨曾多次随同乾隆皇帝南巡。

嘉庆二年，戴衢亨以侍读学士加三品卿衔兼军机大臣（时称大军机），辅佐嘉庆皇帝“除去权臣和珅，抄没其家产，责令其自杀，清除其余党；整顿刷新吏治；整理财政，节约开支，不加赋税，百姓称颂”。后任兵部尚书（从一品），又任工部、户部尚书，协办大学士，翰林院掌院学士。嘉庆十五年，拜体仁阁大学士（正一品）兼管工部。次年三月，随嘉庆巡视西北，至五台山，身染重病，嘉庆让他先行回京治病，四月，医治无效而卒，终年57岁。死后，嘉庆皇帝追谥文端，赠太子太师。戴衢亨任军机大臣达15年，又拜大学士，在清代汉人官员中屈指可数。可见他一生办事谨慎，为官清正，才能如此深得嘉庆帝信任。著有《震无咎斋诗稿》《南安诗草》，他的诗深沉隽永，寓涵深意，给人以无穷的韵味和启发。戴衢亨逝世后，后人移居南昌。今南昌市内“状元桥”即为纪念戴衢亨而建。

衢亨之父戴第元，字正字，号省翁，乾隆丁丑科进士，授编修。曾主江南、山东、湖北乡试。其父官至太仆少卿，也不算太小的官，但衢亨与父亲相比，显然是“青出于蓝而胜于蓝”了。

衢亨之兄戴心亨，字习之，号石士，乾隆乙未科与叔父戴均元同登进士，授翰林院编修，先后典试江南，视学湖北。

衢亨之叔父戴均元，也是个杰出人物，曾一度官至军机大臣。戴均元（1746—1840年），字修原，号可亭，乾隆乙未科进士，翰林院编修，五任江南等省主考，四任四川等省学政，三任会试总裁，二读殿试朝考卷，赏戴双眼花翎，官至太子太保、军机大臣，拜文渊阁大学士。

戴均元的一生远没有侄子戴衢亨顺利，他是在波折中度过一生的。他在乾隆四十年（1755年）参加会试，成进士，入翰林院，进士比戴衢亨早三年，但戴衢亨是一举成名，殿试第一中状元。戴衢亨官运亨通，一路高升，官至相国甚至达15年之久，直至死在其位；戴均元是在戴衢亨死后才官至高位，期间一度担任过军机大臣之要职，但由于他主要是承担治河及修建陵园等实际工作，做的事大多是出力不讨好的事，官场上

大余梅关古隘口

五十多年，尽管他尽心尽职，但难免工程中出现这样那样一些问题，致使皇帝对他这位三朝元老的评价反复无常，也使得他官场上沉浮数次，有时甚至官降三级，甚至返乡养老后，仍受批评，而且牵连儿孙受累。年老在家的戴均元重养身。他会吸纳之功，日日练习，颐养天年，鸦片战争爆发的当年（1840 年），戴均元以 95 岁高龄病逝于故乡。死前，看淡人事的他嘱家人：连夜出殡，墓地不立碑。不过，整体来说，乾隆、嘉庆、道光三帝对他还是不薄的，道光五年（1825 年），戴均元 80 生辰，皇帝亲笔书“颐性延祺”祝寿；道光八年，距戴均元中举人正好一个甲子，皇帝又是降旨表彰，又是赏御书匾额“三朝耆旧”。这些匾额，早些年还有人在大余县城戴氏旧居中见过。2004 年，城市改造，大余城水城一侧的戴家旧宅被彻底拆毁。

大余嘉祐塔

声震全国的义宁陈氏“四杰”

历史上，修水叫义宁州，这块神奇的土地同时是客家人的一块飞地。它的周围都没有客家人，唯有修水之地有从赣南返迁回去的客家一族，令世人叹奇。

修水县地处赣西北边陲，是湘鄂赣三省交界地区，县境四周群山环抱，是典型的“八山半水一分田，半分道路和庄园”的山区县，地理形势与赣南山区极为相似。义宁名人荟萃，北宋著名诗人、书法家黄庭坚诞生于此，清朝湖南巡抚陈宝箴及其子陈三立，孙陈寅恪、陈衡恪也是从这里走出的名人，历史上号称义宁陈氏“四杰”。

陈宝箴

陈宝箴（1831—1900 年），谱名观善，字相真，号右铭，晚又自号“四觉老人”，清道光十一年出生于义宁桃里乡竹塅村一个世代耕读的客家人家。

陈宝箴 20 岁时，乡试及第得举人。初在乡随父组织义宁州团练，当时太平军威震北京，咸丰五年（1853 年）石达开部占领义宁城，立即被陈宝箴率团练克复，因此得功，咸丰帝谕以知县候补。咸丰十年（1860 年）陈宝箴入京会试未中，一度留京，与四方俊雅之士交往，与湖南汉寿易佩绅、武宁罗亨奎尤厚，当时被人们誉为“三君子”。一次他正在茶楼小饮，遥见英法联军火烧圆明园，义愤填膺，击案痛哭，震惊四座。同治元年（1862 年）秋，到安庆谒两江总督曾国藩，被待为上宾，尊为“海内奇士”，曾国藩意欲留陈为佐幕，陈未就。后往江西佐席宝田军事，在赣南石城县打家牌打败太平军余部，俘获天王洪天贵福、干王洪仁玕等太平天国领导人，太平天国领导中枢至此彻底覆灭。

同治三年（1864 年），陈复投曾国藩幕下，从此官运亨通。次年即被引见皇帝，以知府衔发湖南候补，代理因病而去职的席宝田。光绪六年（1875 年），担任辰、永、靖、沅道台，在治凤凰厅（今湘西凤凰县）时，教当地山民植茶栽竹，种薯为粮，使民得解困乏；又率民凿沱江，使舟通城下。光绪十五年（1889 年），湖南巡抚王文韶奏，“陈宝箴可大用”，即于次年授湖北按察使。旋改为湖北布政使。光绪二十一年秋，受任湖南巡抚。他对国势日下深为忧虑，理解为根源在弊政，于是有志于借湖南一省试行新政，以“营一隅而天下倡，立富强之根基，足备非常之变，亦使国家他日有所凭恃”，在其子陈三立的辅助下，遂与按察使黄遵宪（客家人）、学政江标、徐仁铸、候补知府谭嗣同等，以变法开新为己任，实施“肃吏治、辟利源、变士习、开民智、敕军政、公官权”等措施，创设南学会、时务学堂、湘报馆；设保卫局、矿务局、蚕桑局、官钱局、工商局、电报局、水利公司和轮船公司等；还建造枪弹厂，开办武备学堂。一时间，各项新兴事业蓬勃而起，湖南风气大开，海内外人士纷纷前往观光。

陈宝箴为清末地方督抚中推行新政最有力者，然而，光绪二十四年（1898 年）秋，慈禧发动戊戌政变，囚光绪，废新政，诛六君子。因陈宝箴曾推荐杨锐、刘光第等维新变法的主要人物，以“滥保匪人”之罪名，被“即行革职，永不叙用”。其子陈三立以“招引奸邪”罪一并革职。陈宝箴父子被罢黜后，全国上下一片痛惜声。这年冬天，陈宝箴携全家离湘返赣，在新建县西山麓葬夫人黄氏后，自筑“崝庐”以居。光绪二十六年（1900 年）古历六月二十六日，悲愤而死，享年七旬，葬于西山“崝庐”侧。

长子陈三立（1858—1937 年）字伯严，又字散原。陈三立与谭嗣同、徐仁铸、陶菊存并称“维新四公子”，近代“同光体”诗派的重要代表人物。

三立年少博学，才识通敏，洒脱而不受世俗礼法约束。光绪十二年赴京会试中进士，授吏部主事官职。平居之日，常与有进步思想之士大夫交游，谈学论世，慷慨激昂，希望“维新”“变法”。还参加了陈炽的“强学会”。光绪二十一年，其父宝箴任湖南巡抚，推行新政，在办时务学堂、算学馆、《湘报》、南学会过程中效力较多。戊戌政变，与父亲一起被清廷革职。后随父返江西，居西山“崝庐”。光绪二十六年，三立移居南京，于金陵青溪桥畔构屋，号“散原精舍”，与友人以诗文相遣。

三立定居金陵后，虽不过问政治，但对兴办社会事业，仍极热忱。光绪二十九年，他办家学一所，延聘外国教师，开设英语及数、理、化学新兴课目，创新式学校之先例。光绪三十一年初，与罢职官僚李有棻等人共同创办铁路公司，筹建江西第一条铁路（南浔线），先后任协理、总理、名誉总理等职。1924 年 4 月，印度诗人泰戈尔来中国，在风光旖旎的杭州西湖之畔的净慈寺，泰戈尔特地拜晤了此时移居杭州的陈三立。两位不同国籍的老诗人，通过徐志摩的翻译，各道仰慕之情，互赠诗作。

陈三立

陈衡恪

泰戈尔以印度诗坛代表的身份，赠给陈三立一部自己的诗集，并希望陈三立也同样以中国诗坛的身份，回赠他一部诗集。两人比肩合影，传为中印文化交流史上的佳话。1932年，日军侵占上海闸北，陈三立正移居庐山牯岭，见时局艰危，忧形于色。一夕，梦中惊呼："杀日本人！"1934年，三立离开庐山寓居北平，目睹西山八大处遭八国联军破坏，连叹"国耻"！1937年，卢沟桥事变，北平，天津相继沦陷。日军欲招致三立，百般游说，皆不允。日本侦探日夜守于门口，三立大怒，呼佣拿扫帚将其逐出。从此五日不食，忧愤而死，享年85岁。死后，其著以《散原精舍文集》17卷出版。为纪念陈三立，1945年江西省政府决定：将设在修水境内的赣西北临时中学改为省立散原中学，以纪念之。

陈衡恪（1876—1923年），字师曾，号槐堂，又号朽道人。陈三立长子。近代著名画家。衡恪五岁，生母病卒，由祖母抚养。幼时颇得良好家教，六岁，随祖母游杭州西湖，见湖面荷花盛开，便情不自禁地用手指在桥板上画起来，回家即索笔砚，开始自学绘画，初露绘画才华。

光绪二十四年（1898年），其祖父宝箴、父三立作为维新运动的倡导者和推行者同被革职。通过这一系列变故，他们不再让儿孙参加科举考试。衡恪遵照长辈要求，考入南京江南陆师学堂附设矿务学堂，在校与鲁迅等同学，结下友谊。1902年，东渡日本求学。1904年，与李叔同（即弘一法师）相识，李在日本上野美术专科学校攻读西洋美术，在书法、篆刻、国画、诗词等方面很有造诣，两人一见如故，频频交往。

宣统元年（1909年）陈衡恪在日本东京师范毕业后返回祖国。二年，任教江苏南通师范大学，讲授博物学。他钦佩画家吴昌硕的书、画、刻印，遂拜其为师。衡恪因直接继承了老师的优点，为人正直谦虚，处事全面合理，得到金石书画界的好评。这年，他为鲁迅翻译的《域外小说集》及《会稽郡故事杂集》题写封面，还多次为鲁迅刻“俟堂”、“会稽周氏”等印章，鲁迅视为珍品，给予极高评价。

1915年2月，国立北京高等师范学校开办三年制手工图画科，他受聘为国画教师。这年，作《北京风俗人物画》17页，用速写漫画的形式，画出那些不为人画的劳动人民。这种风俗画，或描写劳动大众的日常生活，或揭露现实社会黑暗，如《墙有耳》一画，以茶馆为背景，厅内正面赫现“闲谈莫论国事”几个大字，厅外墙边有人耳贴墙壁，探听厅内饮茶者的言谈，深刻讽刺了当时军阀统治镇压舆论的用心，被称为中国最早期的漫画。

1918年春，陈衡恪到北京大学作一次绘画演讲，使满堂听者叹服，顷刻之间，报名画法研者究七十多人，校长蔡元培乃决定成立北京大学画法研究会，约请衡恪任中国画导师。四月，国立北京美术专门学校聘请他为中国画教授。第二年，开始在该校讲授《中国绘画史》。这本讲稿，在他逝世后，经其门人整理成书，为近代研究中国绘画史的先导。1920年5月北京成立中国画研究会，衡恪为主要成员之一。1921年，撰《文人画之价值》，归结文人画有“人品、学问、才情、思想”四要素，是其最有价值、最有影响的一篇，至今在画坛仍有参考价值。1922年，陈衡恪应邀，带着自己和好朋友齐白石等人的作品，赴日本参加“中日联合绘画展览会”，其画被抢购一空，其中齐白石之《杏花》首次为海外艺术家赏识。

1923年6月，陈衡恪继母俞淑人病故。他冒雨抬棺，伤风感冒，竟至一病不起，于8月27日在南京逝世。梁启超喻衡恪之死为“中国之大地震”，评价衡恪是“现代美术界具有艺术天才、高人格、不朽价值的第

陈寅恪

一人”。根据他的遗愿于1925年12月3日将其遗体安葬于杭州西湖牌坊山其母之墓侧。

陈寅恪（1890—1969年），陈三立的三子。陈寅恪少时在南京家塾就读，在家庭环境的熏陶下，从小就能背诵十三经，广泛阅读经、史、哲学典籍。

光绪二十八年（1902年），陈寅恪随兄衡恪东渡日本，入日本巢鸭弘文学院。1905年因足疾辍学回国，后就读上海吴淞复旦公学。1910年考取官费留学，先后到德国柏林大学、瑞士苏黎世大学、法国巴黎高等政治学校就读。1914年因第一次世界大战爆发回国。1918年冬又得到江西官费的资助，再度出国游学，先在美国哈佛大学随篮曼教授学梵文和巴利文。1921年，又转往德国柏林大学，随路德施教授攻读东方古文字学，同时向缪勒学习中亚古文字，向黑尼士学习蒙古语，在留学期间，他勤奋学习、积蓄各方面的知识而且具备了阅读蒙、藏、满、日、梵、英、法、德和巴利、波斯、突厥、西夏、拉丁、希腊等十几种语文的能力，尤以梵文和巴利文特精。文字是研究史学的工具，他国学基础深厚，国史精熟，又大量吸取西方文化，故其见解，多为国内外学人所推重。

1925年，陈寅恪回国。这时，清华学校改制为大学，设立国学研究院，聘任当时最有名望的学者王国维、梁启超、赵元任等人为导师。当时的研究院主任吴宓很器重他，认为他是“全中国最博学之人”。梁启超也很尊重他，虚心地向人介绍：“陈先生的学问胜过我。”他们都曾极力向校方举荐他。1926年6月，时年36岁的陈寅恪，就与梁启超、王国维一同被聘为研究院的导师，并称“清华三巨头”。他当时在国学院指导研究生，并在北京大学兼课，同时对佛教典籍和边疆史进行研究、著述。在清华大学开设满蒙语文和历史、佛教研究等课程。他讲课时或引用多种语言，佐证历史；或引诗举史，从《连昌宫词》到《琵琶行》《长恨歌》，皆信口道出，而文字出处，又无不准确，伴随而来的阐发更是精当，令人叹服！名教授如吴宓、朱自清等也常来听课。盛名之下，他朴素厚实，谦和而有自信，真诚而不伪饰，人称学者本色。1930年，清华国学院停办，陈寅恪任清华大学历史、中文、哲学三系教授兼中央研究院理事、历史语言研究所第一组组长，故宫博物院理事等职。

陈寅恪原攻比较语言学，通晓多种文学。他对佛经翻译、校勘、解释，以及对音韵学、蒙古源流、李唐氏族渊源、府兵制源流、中印文化交流等课题的研究，均有重要发现，是国内外学术界公认的博学而有见识的史学家。1938年日本史学权威白鸟库吉研究中亚史遇到疑难问题，向德、奥知名学者求助，未能解决，柏林大学乃推荐寅恪。他向寅恪请教后，才得到满意解答。苏联考古学家发掘一突厥文碑石，无人能辨识，请教寅恪，终于得到准确破译。

1939年春，英国牛津大学聘请他为汉学教授，并授予英国皇家学会研究员职称。他离昆明到香港，拟全家搭英轮转赴英国牛津大学任教，因第二次世界大战爆发，被迫暂居香港，任香港大学客座教授兼中文系主任。1942年春，取道广州湾至桂林，先后任广西大学，中山大学教授，不久移居燕京大学任教。

解放前夕，他到广州，拒绝了国民党中央研究院历史语言研究所所长傅斯年要他去台湾、香港的邀聘，任教于广州岭南大学。院系调整，岭南大学合并于中山大学后，遂移教于中山大学。解放后，先后被选为中国科学院社会科学部委员、中央文史馆副馆长、第三届全国政协常务委员等职。陈毅、陶铸、周扬、胡乔木等领导同志，都先后去看望过他。

十年动乱期间，陈寅恪遭到残酷折磨。使他最伤心的是，他珍藏多年的大量书籍、诗文稿，多被洗劫。1969年10月7日在广州含恨离开人世。其平生著作,1979年上海古籍出版社出版了经过复旦大学中文系教授蒋天枢整理、校勘的编为《陈寅恪文集》;2001年,三联书店出版了《陈寅恪集》。

4. 客家英烈

文天祥与客家人的抗元

民族英雄文天祥(1236—1283年),南宋末年抗元名臣。原名云孙,字履善,字宋瑞,号文山。宋理宗端平三年五月初二,出生于吉州庐陵(今江西吉安)。史书记载,文天祥是个“多谋善断,精忠劲节”之人。宝祐四年(1256年),白鹭洲书院走出来的20岁的文天祥,在父亲文璧陪同下来到临安(杭州)参加进士考试,写出了长达万言的策论,殿试成绩第一,成为客家人中的又一名状元。开庆元年(1259年),补授承事郎、签书宁海军节度判官。

可惜,生不逢时,文天祥从入仕之初便与战争的残酷紧密相连。也有人说,文天祥天生就是为谱写一曲民族正气歌而生而死的。刚刚走上仕途的文天祥面临的是,狼烟四起,战火连天,元兵的滚滚铁骑从北边向南方全境压来,偏安南方百余年的南宋王朝哀歌四起。此时,元军已攻下武汉,宦官董宋臣主张继续往南迁都,以避元兵锋芒。此时的文天祥尚未就职,闻知消息后,立即上书朝廷,建议依靠各方力量分地防守,从民兵中选精兵,破格选用将帅,并请朝廷除杀动摇民心的董宋臣。结果文天祥的建议未被采纳。文天祥愤而辞官回乡。稍后,朝廷起用文天祥任刑部郎官、知瑞州、尚书左司郎官等职。咸淳六年(1270年)四月,任军器监、兼权直学士院,因草拟诏书有讽刺当朝奸相贾似道之语,又被罢官。九年,再度起用,为湖南提刑。咸淳十年(1274年),赴赣州任知府。从此,这位客家出身的状元开始了他与客家人共同抗元的光荣历史。

此时的赣州,民风淳朴,物产丰饶,人文璀璨,已属全国十四大名城之一。因为文天祥父亲曾有在赣县做私塾先生的经历，因此赣南客家人对客家出身的文天祥的到来，表现出了巨大的热情。这一年，文天祥一面熟悉赣南政治军事人文，一面广为动员客家人积极抗元，为即将来临的战事做着大量的准备。他感怀苏东坡的坎坷境遇，感怀辛弃疾郁孤台上的声声长叹，也时常在政务之余，登临城外马祖岩之尘外亭、城内郁孤台、八境台，步苏东坡、辛弃疾之后尘，面向北方，遥望朝都，留下许多寄情山水忧国忧民的壮丽诗句。

然而，这样平和的日子不过一年，德祐元年（1275 年），元军沿长江一路东下，沿途各城宋朝守将多败降于元，宋赵天下几尽瓦解。眼见得国破家亡，文天祥忧心如焚，慨然尽倾家财为军资，在赣州招勤王之士 5 万人。4 月 1 日，春雨潇潇的日子，文天祥率领勤王之师从赣州出发了。

郁孤台

文天祥的勤王，令朝廷大为安慰，迅即给了文天祥右文殿修撰、枢密副都承旨、江西安抚使兼知赣州等头衔，后又兼江西提刑。但，朝中投降派领袖右丞相陈宜中阻挠文天祥勤王，以种种理由不准文天祥率领的客家赣军开赴临安。文天祥的赣军滞留吉州竟达三个月之久。其间，赣南龙南县杨村的八百弟子自发追随文天祥，从龙南追至赣州，复追至吉安，才赶上文天祥的勤王队伍。杨村人素来逞强好斗，名闻江南。据杨村人说，这八百杨村弟子全部牺牲在战场上，为杨村历史上写下了最辉煌、悲壮的一笔。

8月，这支队伍才到临安，驻西湖之滨。投降派想夺取这支部队，把文天祥逐出临安，遂将给文天祥挂了个端明殿学士的虚衔，让他出知平江府（即今苏州市）。文天祥当即上了一个奏札，要求建长沙、隆兴、番阳、扬州四镇，发动全民抗元。可惜，建四镇的方案被“阔远”二字否决。十月，常州告急。勤王的客家赣军经历了第一场战斗。此时，伯颜、吕文焕率元军主力攻向常州，朝廷投降派派了一个叫张全的，带淮兵两千人救常州，文天祥从平江赣军中派出客家将领朱华、尹玉、麻士龙三人率三千人前往支援张全。张全埋伏在虞桥，10月26日，支援张全的麻士龙和元军战死，而张全在虞桥竟坐视不救，转至五木。五木是朱华所领广军的驻地，朱华要构筑防御工事，张全不许，显然是按照右丞相陈宜中“求好”乞降的主张办事，想把常州送给元军。27日元军攻打五木，运河西岸是朱华广军，对岸是张全的淮军。朱华与元军自辰至未战了四个时辰，张全隔岸观火，不仅不渡河支援，而且不准淮军发一矢一箭，朱华支持不住，为保存有生力量，指挥军队渡河撤退至东岸，军士有渡水攀登张全兵船的，竟被张全下令，一律砍断手指。麻士龙、朱华两军失利，张全竟带着淮军“宵遁”向陈宜中报功去了，仅剩下尹玉所率赣军五百人。这五百赣军，面对成百倍的敌人，展开了通宵激战，杀死元军无数，田野上布满了元兵尸体，最后，尹玉被元军四支枪压架在头颈上，逼他投降，尹玉坚决不投降，被元兵用木棍生生地敲击而死。在此役中尹玉身先士卒，亲手杀死元兵七八十人。死时的尹玉身上的箭密如猬刺。

在尹玉的壮烈英气鼓舞下，五百赣军一直坚持杀敌，无一投降，到天明，生的只剩四个人。这是文天祥所组织的勤王之师的第一次抗元战斗，虽然失败了，但显示出客家人组成的赣军是一支能够战斗敢于牺牲的爱国军队。

五木之役后，文天祥一度被元军俘虏。文天祥领导的客家赣军被投降派强令解散，但赣军首领陈继周率众回到赣南。此时，赣南已经失陷，陈继周则将兵士隐藏于山林，以各种形式进行着抗元斗争，一直到最后一刻，陈继周一门全部自杀。

从文天祥勤王至第一次落难，客家人矢志不忘文天祥的义举，赣军在 1276 年底和 1277 年又两度重现辉煌——

1276 年 11 月，文天祥从元营逃脱，打听到宋朝廷拥立了新皇帝益王（帝昰），便从海上进入福建。益王立于福州之后，任命从元军中逃归的文天祥为右丞相，这是一次真正意义的受命于危难之中，文丞相之称谓由此而来。为保福州平安，文天祥当即率部活动于赣闽粤边，与元军展开周旋。

此后一段时间，文天祥抗元的

文天祥像

活动主要在赣闽粤边山区。他在赣中、赣南广为联络地方豪强和畲民起兵勤王。期间，大量的客家人参加了文天祥的抗元队伍。当文天祥从汀州取道石城，进入赣南后，获知信息的客家人倍感兴奋，赣军残余部将刘洙、肖明哲、陈子敬等纷纷从各地起兵再度来会。1277年文天祥率各路汇集的部队，于五月入会昌，六月于都大捷，一路收复失地，旋即在兴国开设府衙。

兴国开府，从组织上为文天祥抗元奠定了一定的基础。此后，文天祥组织了客家义军，以雷霆万钧之势收复了一些失地，惊骇了元军，振奋了汉民，无数客家人前仆后继，加入义军，奋勇救国。组织客家义军，从形式上讲，聚拢了客家人松散的力量；从内容上讲，实现了多少代客家人孜孜以求的誓与外族人决一死战的梦想。身为客家人的文天祥在兴国县建立了抗元的大本营，赣南各县到处摆开了抗元的战场，比如，上犹客家人与元军血战72天，仅仅依靠只有肩膀高的城墙做掩护，他们杀敌数千，致使元军久攻不下，退之他处。宋朝灭亡后，第二年元军又返回再次攻打上犹，城破后，守将李梓发与子侄47人誓不降元，自焚而死，全城“死者1316家，仅存68人”（《上犹县志》）。

随后，文天祥派兵围攻赣州城。素有“铁城”之称的赣州城难以攻下，只好作罢。此时，文天祥的人马不足5000人，却在兴国县方石岭意外地与元军发生了一场激烈的遭遇战。战斗中，文天祥

汉仙岩石刻

的主将巩信中箭身亡，军士皆溃。这一战，文天祥的军队损失惨重，重要将领如赵时赏、彭震龙、张汴、吴文炳、林栋、刘洙等，或死或俘，连文天祥妻妾女都成了元军俘虏。文天祥只好“收残兵奔循州驻南岭”。1278年11月，邹沨、刘子浚引客家兵进入广东追赶文天祥而去。

据史载，这些追随文天祥的客家将领们都死得极其壮烈。被俘的刘洙，很有才略，元军诱降，刘洙骂不绝口，遂与长子同日被害；刘洙的从兄刘子浚后来也被俘，元兵将烧热的油鼎放在他面前，要他投降，子浚奋骂不屈，元人烹之，死得极其壮烈；肖明哲也临刑骂不绝口；邹沨在得知文丞相被俘后，当即自刎而死。另一位有史可查的文天祥部将潘任，留在赣南抗元，得到文天祥被俘、南宋完全灭亡的消息后，一夜之间满头黑发皆白，他不甘屈从于元政府统治，将余部解散后，独率全家隐居于寻乌县最高山——项山，在野草蔽人荒山中忧愤而死，他的后人繁衍成了今天寻乌县一大姓氏。可以说，在抗元斗争中，赣南客家人出现了无数可歌可泣的英勇壮举，客家人万难不悔、宁死不屈、杀身成仁、舍生取义的精神业已成立。不仅客家赣军的首领们表现了客家人顽强不屈的意志，整个客家人在文天祥的抗元事业中，都表现出了极为可贵的爱国献身精神。

文天祥在南海零丁洋被俘后，被元军押着亲眼目睹了南宋最后一个皇帝被大海吞没的惨景，决定以死抗争。当他被押解到大余梅关，进入江西境内后，他开始了绝食，他测算七天后，舟至故乡吉州时自己将饿死，他是希望自己能死在故乡的。七天后，船至吉州，文天祥绝食未成。仍然活着的文天祥，承受比死还更艰难的屈辱与痛苦，一直到元朝皇帝忽必烈对他失去信心。赣南人至今仍在传颂他在赣江十八滩的最后一滩——万安的惶恐滩上写下的千古绝唱：“惶恐滩头说惶恐，零丁洋里叹零丁……人生自古谁无死，留取丹心照汗青。”文天祥的死与赣南客家人的抗元历史辉耀千秋，精神万古。

至今，会昌县城仍存有一栋纪念文天祥的古建筑——文信国公祠，它遥对巍巍龙光塔和滚滚湘江水，岁岁年年传达着会昌人民对文天祥的深切怀念。在会昌县著名风景区汉仙岩，丹霞耸秀，湘水如碧，开阔的田野，屋舍隐于其中，至今仍散布着大量的文姓人家，他们个个十分自豪地称是文天祥的后代，居于此地已有几十代了。其实，文天祥的后代在赣南繁衍的可能性不太大，这些自称文姓的人的祖先，应当是追随文天祥抗元的将士的后人，文天祥抗元失败，死在北京后，他们一概改姓文，以纪念这位伟大的民族英雄。

血写工运春秋的英烈——陈赞贤

陈赞贤

今天的老地委大院，在明、清、民国时一直为县衙。然而，就是在这个县衙，民国时期，发生了屠杀共产党人的惨案。

陈赞贤，字子襄，1896 年出生于南康东山乡陀圳村，父亲陈锦兰，母亲朱辛珠，都是勤劳朴实的农民。陈赞贤从小就爱读书，6 岁时就把《千字文》读得滚瓜烂熟，8 岁时入私塾。18 岁时从江西陆军讲武堂返乡，在唐江乐群高小当教员。在南昌学习期间，他接触到进步思想，阅读过一些传播革命真理的书籍，开始走上革命道路。1926 年春，由南雄当地党组织的负责人傅恕介绍加入中国共产党。从此，他在中国共产党领导下发动和组织工人运动。

作为中共现代史上杰出工运领袖的陈赞贤，一身蓝布旧衫，同工人们吃住在一起，备受工人朋友的尊爱。1926 年春，他担任南雄工会委员长，7 月，赴广州向全国总工会领导人刘少奇汇报工作，并要求回赣开展革命运动。8 月初，他返回赣州，当月，创建了赣南第一个党组织——中共赣州支部。

赣州龟角尾，是章贡江汇合处，赣江源头，也是赣南工人运动的源头。除了位于西大街的广东会馆之外，陈赞贤等工会领袖们喜欢选择这里开会。这一天，全城各行业工人代表四十多人齐聚会场，聆听陈赞贤的工运报告。会场沸腾了，在代表们的一致要求下，赣州总工会筹备处当场成立，陈赞贤被推选为筹备处主任。随之，赣州的工运迅速展开。不到一个月，赣州所有工人以56个行业工会形式全部组织了起来，开展了以签订"增加工资，改善待遇，保障职业，实行8小时工作制"为内容的劳资集体合同斗争，举行了赣南工运史上首次有组织、有领导的大罢工。罢工首先在钱庄取得成功，紧接着在各个行业取得进展。赣州工人运动因此名闻遐迩，为此，1926年还受到路经赣州的宋庆龄的热情赞扬，赣州工运因此获得了"一广州，二赣州"之美誉。

正当工人运动继续高涨的时刻，国民党右派集团纠集反动势力，伺机反攻倒算。应该说，通过大罢工，陈赞贤在工人中树立了巨大威信，但也极大地激起了赣州的豪绅和国民党右派的仇视。1926年冬，在南昌的蒋介石命令国民革命军新编第一师进驻赣州，派出右派倪弼为新一师的党代表，郭巩为赣县县长。他们网罗地方反动势力，结成反革命联盟，名为驻防整训，实际上是武装镇压工农革命。他们使尽花招，一无所得，便蓄意制造摩擦，寻衅肇事。然而，万般手段，也摧毁不了陈赞贤的革命斗志。1927年3月6日晚，春寒料峭，梆声如泣，广东会馆，赣州总工会的会议室正在开会，筹备纪念孙中山逝世两周年。突然，新一师秘书胡启儒闯进来，说今晚县政府开会，倪代表、郭县长约陈赞贤有急事相告。不等回话，闪入几个便衣武装，簇拥陈赞贤走出总工会大门。赣县县政府西花厅里，两厢布满了持枪的彪形大汉，倪弼、郭巩等，凶神恶煞地坐在花厅之上。被押进来的陈赞贤，还未及说话，急不可耐的反动军官胡启儒、陆剑鸣便开枪向陈赞贤射击。陈赞贤中弹不倒，向敌人傲视，这举动把屠夫们吓得面如缟灰，惊恐之余，纷纷朝陈赞贤开枪。陈赞贤身中十八弹，倒在血泊之中。这枪声，向全中国昭告：蒋介石公开背叛革命，放出了反共反人民的第一枪。陈赞贤用鲜血和生命谱写了工人运动壮丽的篇章。

陈赞贤遇难的消息当晚传出，赣州工人悲痛万分，群情激奋，全城哀声成片。工人们纷纷要求为烈士报仇。赣州总工会当即决定，罢工三天，以示抗议，同时派出请愿团赴南昌、武汉请愿，要求严惩凶手，改编新一师，保障工会活动自由。在南昌，请愿团配合南昌工人，高举烈士血衣，游行示威。从四月十日起，赣州人民饱含热泪，倾城出动，在卫府里公祭陈赞贤烈士。他们打着“你死我来，看他怎样？”的横幅，愤怒的群众抓来工贼曹厚清，用梭镖将他刺死在卫府里，以祭英灵。岁月如霜，直到解放后的1953年，杀害陈赞贤的凶手郭巩才被抓获归案，3月6日，陈赞贤烈士就义26周年纪念日，郭巩被人民政府处决。1958年，另一主凶倪弼也被逮捕归案，解押回赣州枪决。烈士终于安息于九泉之下。

陈赞贤烈士的遗骨掩埋在南康市东山镇陀镇村陈家祖山上，野草芳菲，季风浩荡，少有人知。经拆墙透绿的赣州城西北部的八境公园内，巍峨古城墙下，碧绿八境湖旁，还矗立着一座高大的陈赞贤烈士纪念亭，数十年来遮风挡雨，寄托着赣州人民对先烈的一份深切怀念。

将军县兴国

兴国位于赣州市东北部。三国吴嘉禾五年（236年），析赣县，置平阳县，北宋太平兴国七年（982年），又从赣县划出七乡，加上庐陵、泰和部分地区设兴国县。

兴国县民风纯朴、物产富饶，素有“山歌之乡”、“油米之乡”、“灰鹅之乡”、“红鲤鱼之乡”之称；兴国县的水土保持最具成效，是“全国生态建设先进县”、“水土保持示范县”。

兴国县诞生过54位将军，是全国3个“将军县”之一；二次国内革命战争时期，兴国人民为革命事业英勇献身，长征路上兴国烈士中有名有姓的便有12038名，位居全国之首。

兴国县境内有将军园、潋江书院、灵山、宝石山等游览胜地。

兴国，这是一个响当当的名字。二次国内革命战争时期，一首流行于苏区的民谣“南京北京不如瑞京（金），美国英国不如兴国”，兴国因此名扬全苏区。无疑，革命形势如火如荼的兴国县为中国革命演绎了绚丽的一幕。

“苏区干部好作风，自带干粮去办公，日着草鞋干革命，夜打灯笼去办公。”艰苦战争环境中的兴国干部，创造的“第一等工作”，不仅使得兴国全县成为革命基础最扎实的全红县，而且赢得了毛主席的关注目光，留下了著名的《兴国调查》和《长冈乡调查》。兴国获取了彪炳千秋的创造“第一等工作”的“模范兴国”的光荣称号！

第三次反“围剿”的成功，兴国的天更红更亮了，一家三代，甚至全家男子齐当红军的情形在兴国县随处可见。“送郎当红军”的歌声响彻田野村头、家家户户，仅 23 万人口的兴国县竟然有八万五千弟子戴上了红五星。“一首山歌三个师”说的是“中国工农兴国模范师”、“中国工农红军少共国际师”、“中国工农红军中央警卫师”等三支雄壮的队伍，竟全部由兴国子弟组成，这在中国人民军队的军史中是绝无仅有的。当年的兴国子弟，有许多人是在兴国山歌激情的旋律中投身革命队伍的。

第五次反“围剿”的失利，凄凉的唢呐声在山川低吟，兴国的天空一片阴沉，大批兴国子弟牺牲在战场，许多妻子在家守望着丈夫回归。

模范兴国碑

23179名有名有姓的兴国子弟，还有连名字都失去了的兴国子弟，倒在第五次反“围剿”战场和二万五千里长征途中，其中，仅牺牲在长征路上的烈士就达12038名，几乎每一公里就有一名兴国籍将士的英灵。茶园乡教富村，有一位叫池育华的红军留下的女人，她不相信丈夫会牺牲，执著地为丈夫——红军将领李才莲守望至今，因为她记住了李才莲临别时说的“我不会死的，我会回来的！”这句话。这一守，便是七十载，她的家中，一尺高的门槛被她日日守望的脚磨成了月牙形。守望理想的老奶奶呀，让每一个走近她的人都肃然起敬！

难怪，京九铁路从遂川至赣州路段，要弯到兴国境内，是想让所有的途经这块为革命做出过最大贡献的红土地的人，奉上一片深深敬意，以告慰九泉之下的英灵呀！难怪，县城横街小井头的潋江书院总是奇事不断——一位来兴国投资的外商，在毛主席坐过的椅子上久久不语，用手机接过一个长途电话后，当即同意签下巨额合同，原来他香港的公司就在他静坐的那几分钟内完成了数次完成不了的华表奠基，他认定这个做过兴国县苏维埃政府的潋江书院有仙灵之气。难怪，兴国城内靓丽得如同新娘，平川大道、潋江大道、将军大道、国兴大道、滨江大道、红门大道、五福广场、将军大桥……兴国实现了真正意义的振兴！

自然，兴国人要高扬将军旗帜！是兴国这片红土地，孕育出了54位

将军；是数万名英烈，托举出了54位将军。而54位将军的英雄气概，则激励着整个兴国县人民奋发向上，始终保持旺盛的革命斗志和百折不挠的拼博精神，在新世纪的征途上披荆斩棘、勇往直前。

在“二万三千名烈士血洒热土，五十四位将军功昭千秋”的巨幅宣传牌匾的引领下，走进城南巍峨壮观的“将军园”，走进这“赣南现代十景”中的“南赣将星”之灿烂星汉中吧！面对毛泽东主席、陈毅元帅，面对肖华、陈奇涵等54位兴国籍将军的雕像，面对12组“长征组歌”碑刻，面对“兴国三师”之军旗和71位冲锋陷阵战士组成的战斗群雕……我们除了激越情怀，便是放飞歌声！

后记

《经典江西》丛书由中共江西省委宣传部组织编写。中共江西省委书记孟建柱非常关心这项工作，并欣然作序。中共江西省委常委、宣传部长刘上洋担任主编并审定了全书。在编委会的指导下，丛书各分册作者对书稿进行了多次修改。本书的编写得到许多领导、专家、学者的热情关心和支持，余伯流、陈雨前、胡青、夏汉宁等同志给予有关作者许多帮助，提出了许多指导性意见。马雪松、叶青、赖功欧对丛书进行了审阅，郭佳胜同志为搜集丛书图片做了大量工作，饶彬华、李曜、陈彦同志参与了丛书的组织协调工作。

本书在编写过程中参考和借鉴了相关研究成果和资料，有关部门和单位提供了多方面的支持和帮助，在此一并表示衷心感谢。

由于水平有限，加上时间比较仓促，书中难免有疏漏和不妥之处，敬请广大读者批评指正。

编　者

2007年7月